KADPR 지식총서 5

반갑다

광고와 PR!

광고와 PR 전공을 생각하는 학생들을 위한 필독서

KADPR 한국광고홍보학회

서울경제경영

반갑다
광고와 PR!
광고와 PR 전공을 생각하는 학생들을 위한 필독서

2019년 8월 14일 | 1판 1쇄 인쇄
2019년 8월 20일 | 1판 1쇄 발행

지은이 | 한국광고홍보학회
발행인 | 김은중
발행처 | 서울경제경영출판사
편집디자인 | (주)우일미디어디지텍

주 소 | 03767 서울특별시 서대문구 신촌로 205, 506호
전 화 | 02)313-2682
팩 스 | 02)313-8860
등 록 | 1998년 1월 22일 제5-63호

ISBN 979-11-6282-053-7 93320 정가 18,000원

저자소개

최홍림 교수
(선문대학교 미디어커뮤니케이션학과)

미국 아이오와대학교(University of Iowa)에서 PR전공으로 박사학위를 받고, 현재 선문대학교 미디어 커뮤니케이션학과에 재직 중이다, PR윤리, 기업의 사회책임 캠페인, 정책 PR, 기업/공공캠페인, 위기관리 관련 과목 강의와 연구 활동을 하고 있다. 교수 임용 전에는 PR회사 프레인앤리의 선임 컨설턴트로서 기업PR과 공공 캠페인 업무를 담당하였다.

이형민 교수
(성신여자대학교 미디어 커뮤니케이션학과)

University of Minnesota에서 미디어 커뮤니케이션 전공으로 박사 학위를 받았으며, 현재 성신여자대학교 미디어커뮤니케이션학과 부교수로 재직 중이다. 학교에서는 전략 커뮤니케이션 개론, 커뮤니케이션연구방법론, 글로벌 마케팅 커뮤니케이션, 공공/정책 PR 등의 수업을 가르치고 있다. 주요 연구분야는 공공 PR, 소셜 네트워크 분석, 미디어 효과 측정이며 다수의 학술 논문을 국내/외 학술지에 게재하였다.

김유정 교수
(건국대학교 미디어커뮤니케이션학과)

현재 건국대학교 미디어커뮤니케이션학과에 재직 중이며, 광고와 커뮤니케이션, 광고와 소비자 행동, 광고기획실습 등을 가르치고 있다. 미국 텍사스대학교 (University of Texas at Austin)에서 광고학(Advertising) 전공으로 석사 및 박사학위를 받았다. 유학 전에는 (주)금강오길비에서 광고/미디어 실무를 담당하였으며 학위 취득 후 홍콩 시티대학교(City University of Hong Kong)에서 광고와 디지털 미디어 담당 교수로 재직했다. 소셜미디어, 디지털 테크놀로지와 관련된 다양한 분야의 커뮤니케이션, 소비자 및 광고심리가 주요 연구분야다.

조삼섭 교수
(숙명여자대학교 홍보광고학과)

제일기획에서 8년간 근무하다가, University of Florida에서 매스 미디어 전공으로 박사학위를 받았으며, 현재 숙명여자대학교 홍보광고학과 교수로 재직 중이다. 숙명여자대학교에서 PR원론, 공공PR, 리서치와 데이터분석 등의 수업을 가르치고 있다. 주요 연구 분야는 조직-공중관계, PR윤리, PR과 사회, PR효과측정 등이며, 다수의 학술 논문을 국내외 학술지에 게재하였다. 한국PR학회 16대 회장 (2014.11-2015.11)을 역임하였다.

김효규 교수
(동국대학교 광고홍보학과)

현재 동국대학교 광고홍보학과 교수로 재직 중이다. 고려대학교 신문방송학과 학사/석사를 거쳐, 미국 텍사스대학교 오스틴(University of Texas at Austin)에서 광고학으로 박사를 취득하였다. 제일기획 미디어전략연구소에서 근무한 경력이 있으며, 주요 관심 분야는 미디어 환경 변화에 따른 매체 운영 전략과 효과 측정이다.

이희복 교수
(상지대학교 미디어영상광고학부)

광고회사 MBC애드컴과 오리콤, FCB코리아에서 카피라이터로 캠페인을 제작하였고 이후 언론학박사(광고PR전공) 학위를 받았다. 경주대학교를 거쳐 지금은 상지대학교에서 광고와 홍보를 가르치고 있다. 한국광고PR실학회 회장 · 편집위원장, 한국광고홍보학회 · 한국광고학회 편집이사와 편집위원, 공익광고위원, 캘리포니아주립대학교 풀러턴 방문교수를 역임하였다. 현재 한국광고자율심의기구 · 건강기능식품 광고심의위원, 행정안전부 · 대한적십자사 자문교수, KT스카이라이프 시청자위원, CJ영서방송 시청자위원장, 대학생 광고대회 집행위원으로 있다.

유승철 교수
(이화여자대학교 커뮤니케이션 · 미디어학부)

현재 이화여자대학교 '커뮤니케이션 · 미디어학부' 교수로 '융합 미디어 트랙'과 '미디어 공학 & 창업 트랙' 주임교수로 재직 중이다. 미국 텍사스대학교(Univ. of Texas at Austin)에서 광고학(Advertising) 전공으로 석사 및 박사학위를 받았다. 유학 전 에는 (주)제일기획에서 다년간 미디어/광고PR 실무를 담당했으며 학위 취득 후 미국 로 욜라대학교(Loyola University Chicago)에서 디지털 · 인터랙티브 광고(Digital/Interactive Advertising) 담당 교수로 재직했다. 뉴미디어 기술을 활용한 광고 PR 커뮤니케이션, 디지털 사이니지, 엔터테인먼트 미디어, 소비자 및 광고심리가 주요 연구분야다.

전종우 교수
(단국대학교 커뮤니케이션학부)

단국대학교 커뮤니케이션학부에 교수로 재직 중이며, 미국 플로리다대학교(University of Florida)에서 매스커뮤니케이션 전공으로 박사학위를 마쳤다. 공부를 시작하기 전에 광고회사인 LG애드(현 HS애드)에서 일하는 등 광고업계에 종사하였다. 〈광고론〉, 〈글로벌 브랜드 마케팅〉, 〈엔터테인먼트와 광고〉를 강의하고 있으며 연구 관심 주제는 소비자 감성, 엔터테인먼트 마케팅, 브랜디드 콘텐츠 등으로 소비자의 감성과 재미 등에 대한 연구를 주로 하고 있으며 이들 주제에 대한 글로벌 차원의 연구를 선호한다.

홍문기 교수
(한세대학교 미디어영상광고학과)

한국외국어대학교 신문방송학과에서 학사, 고려대학교 대학원에서 신문방송학 석사, 미국 플로리다주립대에서 커뮤니케이션학 박사 학위를 받았으며, 플로리다 주립대학교 LSI 연구소 연구원, 언론중재위원회 위원, YTN 시청자 위원회 위원, 지역신문발전위원회 위원 등을 역임했다. 현재 한국PR학회 부회장과 채널 A 시청자위원회 위원, 한국공익광고협의회 위원, 식품의약품안전처 규제개혁심사위원회 위원을 맡고 있으며, 한국광고학회, 한국광고홍보학회, 한국소통학회 등에서 이사로 활동하고 있다. 주요 관심분야로는 광고/PR/미디어 정책과 다양한 분야의 커뮤니케이션 캠페인 전략 등이다.

엄남현 교수
(홍익대학교 광고홍보학부)

미국 텍사스주립대학교(University of Texas at Austin)에서 광고(Advertising) 전공으로 박사학위를받았 받았다. 위스콘신 대학교 광고학과 조교수를 거쳐, 현재 홍익대학교 광고홍보학부에 부교수로 재직 중이며, 광고학개론, 세일즈 프로모션 및 광고/홍보조사방법을 가르치고 있다. 유명인 광고, 게이광고, 정치광고 및 소비자 인게이지먼트 관련 연구활동을 하고 있다. 제일기획에서 AE로 삼성그룹광고, 삼성전자 '또 하나의 가족', 풀무원, 월드건설, 성균관 대학교, KTF 브랜드 광고 등을 담당했다.

이세진 교수
(국민대학교 언론정보학부)

현재 국민대학교 언론정보학부 광고홍보학전공 교수로 재직 중이다. 미국 텍사스주립대학교(University of Texas at Austin)에서 광고학(Advertising) 전공으로 석사 및 박사학위를 받았으며, 제일기획 브랜드마케팅 연구소 책임연구원으로 근무하였다. 주 연구 분야는 다양한 매체환경에서의 광고효과와 소비자 행동에 관한 것이다. 국민대학교에서 학부수업으로는 소비자행동, 데이터분석 등을 가르치고 있으며, 대학원에서는 광고이론, 광고전략, 광고캠페인론 등을 가르치고 있다.

심성욱 교수
(한양대학교 광고홍보학과)

현재 한양대학교 광고홍보학과에 재직 중이며, 디지털 미디어, 디지털 사이니지론, 브랜드커뮤니케이션을 가르치고 있다. OOH(Out of Home)광고, 디지털 광고 관련 연구 활동을 하고 있다. 2014년-2016년 한국OOH광고학회장을 역임했으며 현재 한국광고홍보학회 부회장으로 활동하고 있다.

발간사

한국광고홍보학회 (KADPR)는 2017년부터 광고와 PR과 관련된 총 네 편의 KADPR 지식총서를 발간하였습니다. 지난해 제14대 집행부가 출범하면서 구상했던 계획 중에 지식총서는 큰 비중을 차지하고 있었습니다. 이번에 발간하는 다섯 번째 지식총서를 기획하면서 저는 한국광고홍보학회 회원님들의 뛰어난 역량과 노하우가 발휘되면서, 다른 광고 및 PR 관련 서적과는 차별화를 시키고, 마지막으로 학회에서 발간되는 연구도서 이상으로 많은 사람들에게 회자될 수 있는 의미 있는 책을 만들어보고 싶었습니다. 이러한 이유로 본 지식총서는 지금까지 발간된 광고와 PR 관련 서적에서 많이 다루어보지 않았던 중고등학생을 위한 주제로 기획되었습니다.

광고와 PR은 많은 중고등학생이 관심을 가지면서 희망하는 대표적인 전공 중 하나입니다. 다양한 매체를 통해서 전달되는 문화콘텐츠를 즐겨보거나 듣는 학생들은 광고와 PR에 대해서도 역시 많은 관심을 가지고 있습니다. 하지만 이처럼 높은 관심에도 불구하고 중고등학생들의 눈높이에 맞추어 이들이 가지고 있는 지식에 대한 욕구를 충족시켜줄 수 있는 광고와 PR 관련 서적은 거의 없었습니다. 특히 진로 지도 관련 특강에서나 이메일을 통해서 학생들과 전공이나 진학에 관해서 이야기를 나누어보면, 학생들은 어떻게 하면 광고와 PR 관련 학과에 입학할 수 있는지, 대학의 광고와 PR 관련 학과에서 어떤 공부 및 생활을 하는지, 그리고 대학을 졸업하고나서 어떤 진로를 밟게되는 지에 대해서 주로 궁금하게 생각하고 있었습니다. 따라서 이러한 학생들의 질문에 대해서 광고와 PR 관련 학과에서 수년 동안 학생들을 선발하고 지도하신 교수님들께서 직접 답변을 주시면 좋을 것이라는 생각을 가지게 되었습니다.

지난 연말 한국광고홍보학회 회장으로 취임한 이후, 다양한 학회 회원님들을 만나면서 저의 이러한 계획을 말씀드렸고, 학교에 몸담고 계시는 많은 회원님들께서 이번 지식총서의 기획 의도에 공감을 표시해주셨습니다. 특히 중고등학생들이 주로 읽는 광고와 PR 관련 도서가 매우 한정적이라는 사실과 광고와 PR에 관심이 있는 학생들의 전공 학과 진학, 대학 생활, 진로에 대한 안내 등이 그동안 체계적으로 제공되지 않았다는 사실을 많이 지적해주셨습니다. 아울러 이러한 성격의 지식총서는 보다 많은 분들께서 저자로 참여하셔서 다양한 경험을 공유하는 것이 좋을 것이라는 의견도 제시해주셨습니다. 이와 더불어 한국광고홍보학회에서는 올해 광고와 PR 전공으로 대학에 입학한 신입생들과 광고와 PR에 관심이 있거나 향후 전공으로 생각하고 있는 고등학생들을 대상으로 설문 및 인터뷰를 진행하여 진학과 진로에 대한 학생들의 의견도 파악하였습니다.

이러한 각계각층의 다양한 의견을 수렴하여 한국광고홍보학회에서는 향후 광고와 PR 전공을 생각하는 중고등학생들이 가장 궁금하게 생각할 수 있는 12개의 주제를 선정하여 "반갑다 광고와 PR! - 광고와 PR 전공을 생각하는 학생들을 위한 필독서"를 다섯 번째 KADPR 지식총서로 발간하였습니다. 이를 위하여 이번 지식총서 프로젝트에서는 각 주제에 대해서 지식을 나누어주실 저자로 현재 대학에서 광고와 PR 전공 학과 교수로 재직 중인 학회 회원을 섭외하였습니다. 또한, 보다 다양한 지식과 경험을 공유하기 위하여 12명의 저자를 모두 다른 대학교에 계시는 교수님으로 구성하였으며, 각 저자의 세부 전공을 감안하여 광고 전공과 PR 전공 교수님을 균등하게 섭외하였습니다. 많은 분들의 수고와 소중한 지식으로 탄생한 본 지식총서는 앞으로 광고와 PR 분야를 공부하기를 희망하는 중고등학생들에게는 물론이며, 현재 대학에서 광고와 PR 전공과목을 공부하고 있거나 광고와 PR 분야 진로를 생각하는 대학생들에게도 매우 유용한 지침서가 될 것이라 믿습니다.

마지막으로 이 책이 발간될 수 있도록 도움을 주신 여러분께 이 자리를 빌어서 감사인사를 드리고자 합니다. 먼저 이번 지식총서의 아이디어에 대해서 적극적으로 공감해주시고 초기 기획 단계에서부터 원고 수집 및 최종 출판에 이르기까지 수고를 아끼지 않아 주신 엄남현 총무이사님께 깊은 감사드립니다. 그리고 풍부한 학생 지도 및 집필 경험을 바탕으로 이번 지식총서의 구성과 주제 선정에 많은 아이디어를 주시고 집필진으로 참여해주신 이희복 교수님을 비롯하여, 귀한 시간을 내어 지식과 노하우를 공유해주신 11분의 저자님들께도 감사 인사드립니다. 아울러 학회출판지원사업을 통해서 이 책이 발간될 수 있도록 실질적인 도움을 주신 한국언론진흥재단에 깊이 감사드립니다. 그리고 올해 처음으로 한국광고홍보학회의 지식총서 편집 및 출판 작업을 맡으며 많은 도움을 주신 서울경제경영의 김은중 사장님과 담당자분들에게도 깊은 감사를 드립니다. 한국광고홍보학회가 발간한 다섯 번째 지식총서 "반갑다 광고와 PR! - 광고와 PR 전공을 생각하는 학생들을 위한 필독서"가 학생들이 광고와 PR 전공을 선택하는 과정에서 유용한 지침서가 되기를 소망하며 여러분의 관심과 응원을 부탁드리겠습니다. 감사합니다.

2019년 8월

한국광고홍보학회 제14대 회장 고한준

(국민대학교 언론정보학부 광고홍보학 전공 교수)

머릿말

1886년과 1974년, 우리나라에서 광고가 처음 시작되고 대학에 광고홍보학과가 처음 생긴 게 벌써 이렇게 되었습니다. 어느덧 광고PR산업과 학문 분야가 성숙기 후반으로 접어든 것입니다. 그동안 미디어와 커뮤니케이션 관련 산업에 인재를 양성해 오던 광고PR학계는 미디어와 소비자의 변화를 맞으면서 새로운 단계에 접어들고 있습니다. 이 책은 이런 배경에서 한국광고홍보학회가 우리 학생들의 고민, 나아가 학문의 미래와 업계를 이끌어갈 인재양성의 문제를 어떻게 풀어갈 것인가에 초점을 맞췄습니다.

기존 학회의 저술이 주로 대학원생과 연구자, 또는 현업에 초점을 맞춘 반면 대학진학을 앞둔 예비 광고PR 학부생을 위한 가이드북이 부족한 실정입니다. 이점을 깊이 자성하면서 한국광고홍보학회는 미래의 광고PR 학부생을 적극적으로 리쿠르팅 하고 관련 전공을 알리는 역할은 물론, 학부 기초과정에서 전공을 안내하는 오리엔테이션의 역할을 할 저술을 기획하게 되었습니다.

따라서 이 책의 첫 번째 독자는 대학에 진학을 앞둔 고등학생, 또는 갓 대학에 입학한 1학년들입니다. 커다란 학술적 의의나 실무적 함의보다는 이들에게 광고와 PR을 차근차근 일러주는 가이드북이라고 보는 것이 좋겠습니다. 저술에 참여한 저자들은 몇 가지 차별점을 지키려 애썼습니다.

첫째, 전달보다는 대화를 하였습니다. 저술의 형식을 기존의 평문에서 높임말로 구성하였습니다. 저자들에게도 익숙하지 않은 글쓰기였지만 최대한 편하게 말하듯이 내용을 풀어가도록 하여 독자가 쉽게 접근할 수 있게 하였습니다. 이런 노력은 책 제목 〈반갑다 광고와 PR : 광고와 PR을 공부하려는 학생들의 필독서〉에 잘 나타나 있습니다. 둘째, 설명보다는 공감을 유도하였다. 많은 내용보다는 최신의 자료와 사례, 그림으로 공감할 수 있게 하였습니다. 셋째, 관심과 관계를 만들려하였습니다. 개인적으로 상담을 하듯이 한 주제에 대한 내용을 전달하면서 관심과 관계를 유도했습니다. 마지막 부분에서 졸업생들의 현재를 알려줌으로써 광고PR의 미래에 대한 확신을 갖도록 구성했습니다.

전체 4부로 구성하고 "대학에 가려면, 대학에서 공부하기, 졸업 후 진로, 졸업생 소개"와 같이 시기별로 만나게 되는 고민들에 집중하였습니다. 12장으로 내용을 채움으로써 1학년 광고PR 전공 오리엔테이션과 관련 과목에서 교재로 선택하기에도 부담이 없습니다. 구체적인 목차와 저자는 아래와 같습니다.

먼저 "1부. 광고와 PR 전공으로 대학에 가려면"은 선문대 최홍림 교수님이 '1장. 광고와 PR은 무엇인가?', 성신여대 이형민 교수님이 '2장. 광고와 PR학과는 어느 대학에 있나?', 건국대 김유정 교수님이 '3장. 광고와 PR 캠페인이란?', 숙명여대 조삼섭 교수님이 '4장. 광고와 PR회사에서 하는 일은?'을 맡아 수고하셨습니다.

다음으로 "2부. 대학에서 광고와 PR 공부하기"에서는 동국대 김효규 교수님이 '5장. 광고와 PR전공은 무엇을 공부하나?', 상지대 이희복 교수님이 '6장. 광고PR의 공모전과 인턴십', 이화여대 유승철 교수님이 '7장. 우리 졸업하고 뭐할까?', 단국대 전종우 교수님이 '8장. 국제광고제와 국내 광고PR 대학축제'를 저술하였습니다.

그리고 “3부. 졸업 후 광고와 PR의 직업”은 한세대 홍문기 교수님이 ‘9장. 우리나라 광고회사와 PR회사, 그리고 관련단체는 무엇이 있나요?’, 홍익대 엄남현 교수님이 ‘10장. 글로벌 광고 및 PR대행사’, 국민대 이세진 교수님이 ‘11장. 대학원에서 광고와 PR을 공부하려면?’, 한양대 심성욱 교수님이 ‘12장. 광고와 PR의 전망’을 담당하였습니다. 이 밖에도 “4부. 나는 이렇게 광고와 PR을 직업으로 선택했다.”는 각 교수님들이 추천한 졸업생 소개로 구성하여 선배들의 사례를 살핌으로써 향후 진로를 가늠하게 하였습니다.

무엇을 어떻게 가르칠 것인가? 라는 고민이 끊임없이 이어지는 강의 현장에서 광고PR학문이 해야 할 역할에 대한 근본적인 물음이 교육에 있음을 인식한 우리 학회의 문제제기에 이 책 한 권이 답이 될 수는 없습니다. 그러나 광고와 PR 연구와 교육, 그리고 이를 사회로 환원하는 과정의 핵심에 ‘사람’이 있음을 다시 한 번 인식하고 미래의 광고PR과 만나고자 지난 여름 원고지의 빈 칸을 채워온 노력은 의미가 있을 것입니다.

이 책이 나오기 까지 함께 애쓴 저자들에게 고맙다는 인사를 보냅니다. 그리고 서울경제경영출판사 김은중 대표님과 편집 팀에게도 감사드립니다. 무엇보다 이 책의 독자인 여러분에게 기대를 걸고 싶습니다. 광고PR의 미래가 될 여러분의 도전에 박수를 보냅니다.

2019년 8월

한국광고홍보학회 저술준비위원 이희복, 엄남현

추천사

미래사회를 살아나갈 청소년들은 광고 관련 회사의 취업과 상관없이 광고나 PR의 역량이 점점 중요해지고 있습니다. 현대는 수많은 사회적 관계 속에서 자기 자신을 어떻게 보이느냐가 중요하기 때문입니다. 특히 4차 산업혁명 시대에 3D프린터가 가정에 보급되면 공장의 수는 줄어들고 개인 기업이 증가할 것입니다. 이 때 개인의 광고나 PR 역량은 사업의 성공을 좌우하는 매우 중요한 요소가 될 것입니다.

그 동안 고등학생을 대상으로 하는 광고 교재는 많이 있었지만 실제 학교 현장에서 외면 받았습니다. 그러나 이번에 출판되는 "반갑다 광고와 PR! 광고와 PR 전공을 생각하는 학생들을 위한 필독서"는 지금까지 책과 확실히 구별되는 점이 있습니다.

첫째, 청소년 눈높이에 맞는 책입니다. 지금까지 청소년을 대상으로 하는 광고 관련 교재가 선택되지 않은 이유는 눈높이가 광고에 종사하는 전문가들의 용어가 많았습니다. 그러나 이 책은 청소년이 쉽게 이해할 수 있는 단어와 문장들을 사용하여 쉽게 읽힙니다.

둘째, 광고와 PR 관련 진로를 고민하는 청소년에게 확실한 도움이 될 수 있습니다. 이 책은 광고와 PR 관련 대학소개, 대학에서 공부하는 내용, 졸업 후 진로, 관련 직업 소개 등을 담고 있습니다. 이로 인해 광고와 PR관련 꿈을 꾸는 학생들에게 확실한 로드맵을 보여주고 있습니다.

개인적으로 책을 읽다가 마무리를 못하는 사례가 많음에도 이 책은 끝까지 읽힌다는 표현이 맞을 정도로 쉽고 눈에 쏙 들어왔습니다. 광고나 PR에 관심을 가지고 있는 청소년이라면 이 책 한 권만으로도 충분하게 필요들을 채울 수 있을 것이라 확신합니다. 특히 광고나 홍보 PR관련 대학에 입학하려는 학생들은 면접을 보기 전 필수적으로 이 책을 선택하며 후회하지 않을 것이라 생각합니다.

강정훈 경기도교육청 대변인실 장학사
(깨끗한 미디어를 위한 교사운동 전대표)

차례

1부

광고와 PR 전공으로 대학에 가려면

반갑다 광고와 PR!

광고와 PR 전공을 생각하는 학생들을 위한 필독서

1

광고와 PR은 무엇인가?

최홍림(선문대학교 미디어커뮤니케이션학과 교수)

1장에서는 광고와 PR이 무엇인지에 대해 알아보려고 합니다.

"어제 OO광고 OOO가 나오던데 재밌더라", "광고하는 동안 딴 데 들어"
"자기 PR 좀 해봐", "그거 다 자기네 PR(홍보) 하는 거야"

이런 말을 한 번쯤은 들어 봤을 것입니다. 기업이나 관공서 등에서는 광고, 홍보, PR 부서 등을 두고 있으며, 대학 진학을 앞두고 있는 학생들 중에는 광고홍보(광고PR) 전공을 준비하는 학생들도 있습니다. 이렇게 일상 속에서 우리는 광고와 PR이란 말을 많이 듣고 쓰지만, 이들이 정확하게 무엇인지에 대해 이해할 수 있는 기회는 많지 않습니다. 따라서 이 장에서는 광고와 PR이 무엇인지에 대해 알아보고자 합니다. 특히 하루가 다르게 변화하고 있는 미디어 환경에서 광고와 PR은 어떤 의미와 역할을 가지며, 앞으로 어떻게 변해 갈지 알아보겠습니다.

1. 커뮤니케이션, 미디어, 광고, PR

광고나 PR을 이해하기 위해서는 먼저 '커뮤니케이션'에 대한 이해가 필요합니다. 실제로 전문가들을 포함하여 많은 사람들이 광고 커뮤니케이션, PR 커뮤니케이션이라는 말을 많이 쓰고 있습니다. 이는 광고나 PR이 커뮤니케이션과 떨어질 수 없는 관계에 있으며, 커뮤니케이션의 영역에서 이해해야 함을 의미합니다.

그러면 '커뮤니케이션(communication)'은 무엇일까요? 커뮤니케이션을 우리말로 하면 '의사소통' 또는 '소통'이라고 번역 할 수 있습니다. 커뮤니케이션이라는 말 자체로 우리에게 어색하지 않게 통용되기도 하지요. 쉽게 말하면 '서로 말이 잘 통하게 하는 행위나 통함'이라고 할 수 있습니다. 커뮤니케이션은 공통된(common), 공유(share)의 뜻을 가진 라틴어 '커뮤니스(communis)'에서 유래됐습니다. 그래서 더불어 사는 우리 인간사회에서 커뮤니케이션은 필수적이라고 할 수 있습니다. 왜냐하면 우리는 혼자 살아갈 수 없으며, 다른 사람들과의 커뮤니케이션을 통해 공통의 관심사를 나누고 협력하며 사회를 발전시켜 나가야하기 때문입니다.

'커뮤니케이션을 하는 이유가 무엇인가?'에 대한 답은 '상호간의 이해'라고 할 수 있습니다. 그리고 인간은 커뮤니케이션을 통해 서로간의 이해를 넓혀 가면서 관계를 만들고 인간사회를 구성하며 살아갑니다. 쉽게 말하면, 일상생활에서 각기 다른 사람들이 커뮤니케이션을 통해 서로를 이해하면서 관계를 형성하고, 이러한 관계가 바탕이 되어 인간 사회를 이루게 됩니다. 사람들은 일상에서 생기는 사소한 문제들부터, 혼자 해결하기 어려운 환경, 경제, 정치적 갈등이나 사회적 문제와 같은 어려움까지 서로 공유하고, 문제해결을 위해 협력하며 인간사회를 발전시켜 가게 됩니다.

그러면 여기서 '미디어(Media, 매체)'가 무엇인지에 대해 생각해 볼 필요가 있습니다. 여러분은 미디어라고 하면 가장 먼저 생각나는 것이 무엇인가요? 아마도 TV, 라디오, 신문, 잡지 등을 떠올리거나, 페이스북이나 인스타그램, 또는 유투브 같은 소셜미디어를 떠올리기도 할 겁니다. 이들 모두 미디어라고 할 수 있습니다. 그런데 미디어는 이보다 훨씬 넓은 의미에서 이해하여야 합니다. 미디어는 말 그대로 '중간', '매개'의 뜻을 가지고 있습니다. 따라서 미디어는 중간에서 커뮤니케이션을 매개/중재하여 사람들의 이해를 돕는 모든 것을 의미합니다. 따라서 미디어는 위에서 말하는 기술이 접목된 미디어들 외에 사람, 환경, 시간 등도 모두 미디어라고 할 수 있습니다. 예를 들어 A라는 친구와 C라는 친구가 갈등이 생겼을 때 이들의 관계 증진을 위해 만남과 대화를 돕는 B라는 친구도 미디어가 될 수 있습니다. 하지만 여기서 우리는 기술이 접목되어 우리 인간사회와 함께 더불어 존재하는 미디어에 대해 생각해 볼 필요가 있습니다.

미디어 기술은 인간사회의 커뮤니케이션을 좀 더 원활하게 돕기 위한 방향으로 발전되어 왔습니다. 과거 인쇄미디어부터 라디오, TV 등의 영상 미디어, 그리고 소셜미디어에 이르기까지 미디어의 발전은 우연히 이루어 진 것이 아닙니다. 인간사회의 발전을 위해 커뮤니케이션을 필요로 하는 인간은 지속적으로 미디어기술을 발전시켜왔고, 전통 미디어의 커뮤니케이션 한계를 보완하는 과정에서 현재의 소셜미디어 등으로 까지 발전되어 왔습니다. 그리고 향후 미디어 기술도 사람들이 좀 더 공정하고 민주적인 사회를 만들기 위해 필요한 이상적인 커뮤니케이션을 이루기 위한 방향으로 발전해 갈 것입니다.

그러면 인간사회에서 광고와 PR은 무엇일까요? 광고와 PR은 방송과 신문과 마찬가지로 커뮤니케이션을 하는 하나의 방법입니다. 특히 이러한 커뮤니케이션을 하는 방법은 '누가'커뮤니케이션을 '어떤'미디어를 '어떻게'활용하는가에 따라 분류될 수 있습니다. 쉽게 말하자면, 방송은 방송 전문가가 방송 미디어(매체)로 커뮤니케이션을 돕는(원활하게 하는) 것, 마찬가지로 신문은 신문사의 전문가(기자 등)가 신문 미디어를 활용해 커뮤니케이션을 돕는 것이라고 할 수 있습니다. 그러면 광고와 PR은 어떻게 설명해야 할까요? 마찬가지로 광고는 광고 전문가가 광고를 활용해 커뮤니케이션을 돕는 것, 그리고 PR 전문가가 PR을 활용해 커뮤니케이션을 돕는 것이 PR 입니다.

여기서 광고와 PR을 정의하는데 있어 궁금증이 생길 수 있습니다. 방송이나 신문은 방송 미디어, 신문 미디어를 각각 활용한다 했는데, 광고나 PR은 왜 별다른 미디어를 언급하지 않고 광고, PR을 활용한다고 했을까요? 이는 광고나

PR 자체가 커뮤니케이션 활동일 수도 있지만, 미디어 자체가 될 수 있기 때문입니다. 광고와 PR이 미디어라는 말은 어떤 의미일까요? 이를 위해서는 먼저 미디어 환경 변화에 따른 광고, PR을 먼저 이해하는 것이 필요합니다.

2. 미디어환경 변화와 광고PR

19세기 산업화가 진행되면서 대중사회가 발전하게 됩니다. 대중사회는 대량생산과 소비 시대로 불리기도 하는데, 대중사회 발전의 원동력은 바로 교통통신 기술의 발전이라고 할 수 있습니다. 특히 통신기술의 발달은 인쇄미디어 시대를 넘어 라디오, TV로 대표되는 대중매체환경을 급속하게 발전시키는 결과를 가져옵니다. 따라서 대중매체는 인쇄, 방송 전반을 아우르며 우리 사회의 대중매체 환경을 가속화 시킵니다. 특히 '자본주의의 꽃'이라고 불릴 만큼 대중매체는 고도 산업화된 자본주의의 발전을 이끌어오며 우리 사회 주류 미디어로 발전하게 됩니다.

이러한 가운데 대량생산, 소비를 위한 대중과의(에게) 정보 교환(전달)의 방법으로 광고와 PR도 발전하게 됩니다. 앞서 말한 대로 광고와 PR도 미디어가 될 수 있다고 했는데 이는 사회에서 커뮤니케이션을 활성화하기 위한 수단으로 볼 수 있기 때문입니다. 그런데 이러한 광고와 PR도 원활한 커뮤니케이션을 위해 또 다른(2nd, 3rd) 미디어를 활용합니다. 특히 대중매체환경에서 광고와 PR은 신문, 잡지, 라디오, TV와 같은 주류 미디어를 적극 활용하게 됩니다. 이에 따라 뒤에 설명될 바와 같이 전통적인 관점에서 광고와 PR의 정의도 매스미디어를 활용하는 개념으로 이해해왔습니다.

하지만, 디지털. 인터넷 기술의 발전은 과거의 원자화된 대중에게 메시지 전달하는 대중매체를 대신하는 다매체, 모바일 미디어 환경을 발전시켜가고 있으며, 특히 페이스북, 유튜브 등으로 대표되는 소셜미디어가 주류미디어로 등장합니다. 이와같은 미디어 환경변화는 과거 수동적으로 메시지를 전달받는 수신자 입장의 대중이, 능동적으로 커뮤니케이션에 참여하는 공중, 적극적인 소비자로 변화해가고 있다는 것을 의미합니다. 따라서 대중매체 환경에서 이해되던 전통적인 광고, PR의 모습과 개념도 새로운 환경에 맞게 이해해야합니다. 이는 광고나 PR도 과거 조직이나 기업이 대중매체를 통해 다수의 대중, 소비자에게 메시지를 전달하는 방식에서 벗어나, 수동적 대중이 아닌 공중과 상호 커뮤니케이션을 구현하고 관계를 형성하는 방식으로 변해가야 함을 의미합니다.

3. 광고와 PR 커뮤니케이션: 커뮤니케이션 방식의 차이

광고와 PR을 이해하기 위해 이들 각각의 개념보다 먼저 드는 의문이 있습니다. 어쩌면 이는 광고가 무엇인가? PR이 무엇인가? 라는 질문 이전에 생각하게 되는 것이기도 합니다. 특히 PR 전공자, 전문가들이 아래와 같은 질문을 많이 받습니다.

"PR은 광고 비슷한 건가요?"
"PR과 광고의 차이는 무엇인가요?"

위 질문에 대한 답은 미디어의 활용, 목적, 커뮤니케이션 참여자 등 다양한 관점에서 설명할 수 있습니다. 하지만 광고와 PR의 구체적인 개념을 정의하기 전에 가장 쉽게 설명할 수 있는 것은 커뮤니케이션 방식의 차이라고 할 수 있습니다. 커뮤니케이션/미디어 환경변화에 따라 달라지고 있지만, 일반적으로 광고는 '직접', PR은 '간접'메시지 전달형의 커뮤니케이션 방식을 지향합니다. 예를 들어, A라는 기업이 신제품을 출시하고 이를 목표 소비자 B에게 어필하고자 한다고 가정해봅시다. 이런 상황에서 A 기업이, 광고를 한다면,

"우리 기업에서 이번에 새로운 제품이 나왔는데 아주 좋아."

라고 직접적으로 소비자 B에게 말하는 방식을 취합니다.

반면, A 기업이 PR을 한다면, A는 직접적으로 소비자 B에게 신제품을 어필하기 보다는, 목표 소비자에게 영향을 미치거나, 설득할 수 있는 다른 3자를 먼저 찾고 그 3자에게,

"우리 회사 신제품 A가 나왔는데 B에게 좋다고 말 좀 해줘."

라고 3자를 통해 간접적으로 메시지를 전달하는 방식으로 커뮤니케이션 합니다.

PR의 가장 기본적인 커뮤니케이션 방식은 '3자 인증(3rd party endorsement)'이라고 할 수 있습니다. 이는 PR을 기획하고 실행하는데 있어 가장 중요한 고려 사항이 될 수 있습니다. 왜냐하면 PR을 위해서는 목표 공중에게 영향을 미칠 수 있는 다수의 3자가 누구(무엇)인가 부터, 그 3자와 목표 공중과의 관계 파악, 그리고 해당기업(조직)의 3자와의 관계 유지가 PR 성공의 핵심이기 때문입니다. 여기서 3자는 언론매체나 전문가, 유명인(celebrity) 등에서부터 공중들의 지인 등도 고려 될 수 있으며, 디지털 공간상의 영향력자(인플루언서, influencer)가 될 수도 있습니다.

특히 광고나 PR을 하는데 있어 TV나 신문 같은 대중매체가 중요한 역할을 해왔습니다. 대중매체는 많은 사람들이 보거나 들을 수 있어, 짧은 시간 안에 메

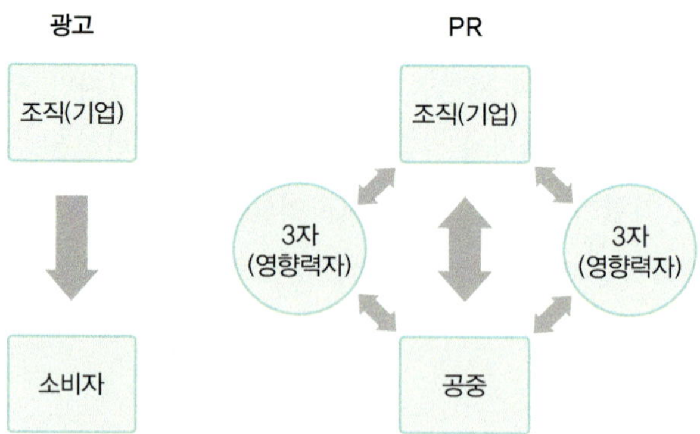

그림 1.1 광고와 PR 커뮤니케이션 방식

시지를 전달하고, 영향을 미칠 수 있기 때문입니다. 따라서 최근까지 광고와 PR은 대중매체를 활용하여 메시지를 전달하는데 많은 노력을 기울여 왔습니다. 광고는 TV, 신문광고를 통해 소비자에게, 그리고 PR은 대중매체를 활용하는 언론의 기사(뉴스)를 통해 소비자나 공중에게 메세지를 전달하는 방식을 취해 왔습니다. 다시 말해 광고나 PR이 소구(appeal)하는 방식은 다르지만, 둘 다 '대중매체'를 활용하여 그 성과를 높이려는 노력을 기울여 왔다는 것입니다. 이제 본격적으로 광고와 PR의 개념에 대한 이해를 통해 그 차이와 공통점에 대해 알아보겠습니다.

4. 광고와 PR의 이해: 정의, 종류와 역할

1) 광고

광고의 정의

광고는 영어로 '애드버타이징(Advertising)'으로 쓰고 있습니다. 이는 각각 'to'라는 의미와 'turn'이라는 의미의 라틴어 'ad'와 'vertere'가 합성된 말인데, '돌아보게 하다' '주의를 끌다'라는 의미를 가지고 있습니다(이희복, 2014). 우리말로 광고는 '넓을 광(廣)' '알릴 고(告)'의 한자 표기대로 '널리 알린다'라는 뜻을 가지고 있습니다. 광고는 지금까지 다음과 같이 정의되어 왔습니다.

"광고란 광고주가 청중을 설득하거나 영향력을 미치기 위하여 대중매체를 이용하는 유료의 비대면적 의사전달 형태" (한국광고학회, 1994)

"광고란 확인이 가능한 광고주에 의해 아이디어, 상품, 서비스를 유료의 비대인적 방법으로 소개하거나 촉진하는 것(Advertising is any paid of nonpersonal presentation and promotion of idea, goods, services by an identified sponsor)" (미국마케팅학회, 1963)

위의 광고에 대한 정의에서 우리는 세 가지 요소를 파악 할 수 있습니다. 이는 '광고주', '유료형태', '비대인적(비대면적) 의사전달'형태라는 것입니다. 이들은 지금까지 광고를 이해하는데 있어 핵심적인 요소로서 알려져 왔습니다. 먼저 광고를 이해하기 위해서는 우선 자신들의 아이디어, 상품, 서비스를 소개하고 촉진하는 목적을 가진 '광고주'가 명시되어야 한다는 것입니다.

다음은 '유료형태', '비대인적 의사전달'인데, 이것은 매체 활용과 커뮤니케이션 방식에 대한 것입니다. '유료형태'라는 것은 광고주가 매체에 돈을 지불하고 광고지면(시간, 공간)을 산다는 것입니다. 예를 들어 TV광고를 위해 방송시간을 구매해야 하는 것을 의미합니다. 특히 광고학회의 정의처럼 TV, 신문, 라디오, 잡지 같은 대중매체의 지면에 돈을 지불하는 것을 의미합니다. 그리고 '비대인적 의사전달'이라는 것은, 광고가 사람이 아닌 대중매체를 활용하여 메시지를 전달하는 것이라는 말입니다.

위의 정의에서 매체를 이용하는데 있어 '유료'라는 것과 '의사전달'이라는 부분은 광고와 PR을 구분하는 중요한 특징이 되기도 합니다. 특히 의사전달의 전달(transit)은 일방향적 의미를 지니고 있으므로, 광고가 '일방향 커뮤니케이션(one-way communication)'으로 정의되어 왔다고 할 수 있습니다. 이 부분에 대해서는 뒤에 다시 설명하겠지만, 전통적으로 광고가 '유료' '일방향 커뮤니케이션'이라고 정의하는 것에 반해, PR은 매체, 특히 대중매체 활용에 있어 '무료' 그리고 '쌍방향 커뮤니케이션(two-way communication)'을 지향한다는 점이 다릅니다.

하지만 최근 미디어환경 변화에서 광고의 정의에 대한 변화가 일어나고 있습니다. 이렇게 쌍방향적 커뮤니케이션이 강화되고 있는 디지털 미디어 환경에서 광고가 유료의 비대인적 의사전달이라고 단정 짓는 데는 한계가 있습니다. 왜냐하면, 소셜미디어 같은 커뮤니케이션 기술의 발전은 가장 이상적인 커뮤니케이션이라 할 수 있는 '면대면(face to face)', '인간커뮤니케이션'을 강화하는 방향으로 진화하고 있기 때문입니다. 또한 기업과 광고의 사회적 가치에 대한 중요성이 강조되면서, 광고가 청중을 설득하고 사익을 추구하는 것을 넘어, 사회의 공익 가치 실현에 대한 요구를 수용하는 것에 대한 고민이 필요해지고 있습니다.

광고 활동

TV, 신문, 라디오, 잡지, 인터넷, 소셜미디어 뿐만 아니라 일상생활 속에서 우리는 광고를 쉽게 접하게 됩니다. 또한 새로운 광고의 모델, 노래, 유행어 등이 화제가 되기도 합니다. 우리 생활 속에서 광고는 어떤 것들이 있을까요? 광고는 목표청중, 제품/서비스의 속성, 지리적 특징 등 분류 기준에 따라 다양하게 종류를 나눌 수 있습니다. 이러한 분류 방법 중 아렌스(Arens)는 목표청중, 지리적 범위, 매체, 광고목표 4가지 기준에 따라 광고를 분류합니다(이희복, 2014).

표 1.1 아렌스의 광고분류(이희복, 2014: 28)

분류기준	광고 종류
목표 청중	소비자광고, 비지니스광고
지리적 범위	지역소매광고, 지방광고, 전국광고, 국제광고
매체	인쇄광고, 전파광고, 옥외광고, DM광고
광고 목표	제품/비제품광고, 영리/비영리광고, 행동/인지광고

2) PR

PR의 정의

PR은 영어로 'Public Relations'의 약자입니다. 그대로 해석하자면 공중관계(Public Relations) 라고 할 수 있습니다. PR은 지금까지 다양하게 해석되어 왔습니다. 그중에서 가장 많이 알려진 정의 중 하나는 다음과 같습니다.

"PR은 조직과 공중사이에 상호 호혜적인 관계를 구축하기 위한 전략적인 커뮤니케이션 과정(Public relations is a strategic communication process that builds mutually beneficial relationships between organizations and their publics)" (PRSA, 2012)

미국의 PR협회라고 할 수 있는 PRSA(Public relations Society of America)의 정의에 따르면 조직과 공중사이의 '상호 호혜적인 관계(mutually beneficial relationships)', '전략적인 커뮤니케이션 과정(strategic communication process)'이 강조되어 있습니다. 다시 풀어 말하면, 조직과 공중이 서로 좋은 관계를 유지하기 위한 지속적인 커뮤니케이션이라고 이야기 할 수 있습니다.

여기서 우리는 '공중'이라는 개념을 먼저 이해할 필요가 있습니다. 사실 공중(public)은 많은 의미를 가지고 있습니다. 조직 PR의 관점에서 공중은 '조직과 이해관계를 나누는 그룹', '조직에 영향을 주거나 받는 그룹'으로 해석할 수 있습니다. 일방향 커뮤니케이션에서의 광고 대상, 타겟(target)이 되는 청중, 소비자 등과 달리, PR의 공중은 쌍방향 커뮤니케이션 파트너(partner) 개념으로 이해해야 합니다. 따라서 이들은 메시지를 전달 받는 수신자, 수용자 개념 보다는 적극적으로 커뮤니케이션에 참여하는 능동적인 파트너라고 할 수 있습니다. 결국 PR은 조직과 이해관계를 나누는 다양한 공중들과 좋은 관계를 유지, 발전 시켜가기 위한 지속적인 커뮤니케이션이라고 할 수 있습니다. 조직의 공중은 내부 임직원, 투자자, 언론매체, 정부, 일반인 등 다양한 공중들을 생각해볼 수 있으며 이들과 좋은 관계를 형성하고 발전시키는 것이 PR입니다.

또 한 가지, PRSA의 2012년 정의에서 주목할 것 중에 하나는 PR이 커뮤니케이션 '과정(process)'이라는 것입니다. 과정(process)이라는 말은 '지속적인(on-going)'이라는 뜻을 내포하고 있으며, PR이 관계 관리라는 측면에서 중요한 의미를 가집니다. 커뮤니케이션의 궁극적인 목표는 '상호 이해(mutual under-

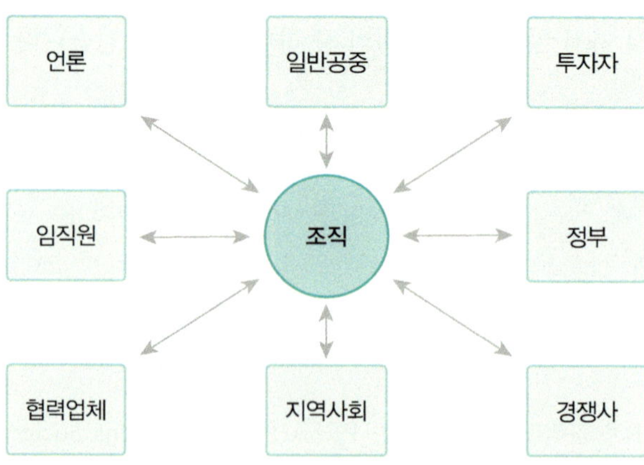

그림 1.2 조직–공중관계

standing)'이며, 이러한 상호 이해를 형성하면, 관계를 형성할 수 있습니다. 따라서 '관계'라는 것은 커뮤니케이션을 통해 형성/유지/발전 하게 됩니다. 이 말은 바로 커뮤니케이션이 멈추면 관계도 소원해진다는 것을 의미합니다. 초등학교 때 친했던 친구를 10년, 20년이 지나고 우연히 만났다고 가정해 봅시다. 처음 친구를 만나서 옛날이야기를 하며 반가워하는 것도 잠시, 이내 곧 서먹해지는 경험들을 해본 적이 있을 것입니다. 오히려 지금 매일 만나는 학교, 직장 친구들이 편하게 생각되지요. 이는 그 당시 매일 같이 만나고 함께 대화하던 옛날 친구들과 커뮤니케이션이 한동안 멈추었기 때문이고, 오히려 매일 같이 만나고 생활하는 지금의 동료들과의 관계가 돈독해졌기 때문입니다. 따라서 기업이나 조직은 지속적인 커뮤니케이션을 통해 다양한 공중들과 관계를 발전시켜가야 합니다.

PR은 우리나라에서 '홍보'로 번역되어 사용되어 왔습니다. 홍보는 한자 표기로 넓을 홍(弘), 알릴 보(報)를 사용합니다. 어떻게 보면 홍보는 한자 표기대로라면 광고와 비슷한 뜻을 가진다고 할 수 있습니다. 이는 해방 후 미군 시스템에서 전해진 Public Information(공공 정보)이 정부의 정보를 알리는 공보로 번역되고, 후에 범위를 넓혀 가면서 홍보라는 말로 쓰였습니다.

최근까지 홍보라고 하면, 언론관계(media relations) 또는 언론홍보로 많이 이해되어 왔습니다. 그래서 유능한 홍보인의 능력은 기자들과 좋은 관계를 유지하고 기사(news)를 통해 조직(기업)을 언론에 많이 노출시키는 것으로 평가받곤 했습니다. 이는 영어로 언론관계 활동이나 이런 활동을 통해 기사(news)화된 것을 의미하는 퍼블리시티(publicity)가 홍보의 중요 영역이 이었기 때문입니다. 따라서 지금까지도 PR을 홍보와 혼용해서 사용하는 경우가 많이 있습니다.

하지만 언론은 조직의 다양한 공중들 중 일부일 뿐입니다. 그런데 왜 사람들은 홍보 또는 언론관계를 PR로 생각해왔을까요? 이는 과거 언론매체의 영향력이 그 만큼 강력했기 때문입니다. 따라서 위에서 언급했듯이, 대중매체의 환경에서는 언론매체의 영향력을 활용하는 것을 3자 인증의 중요한 수단으로 활용했기 때문입니다. 다시 말해 언론이 가장 강력한 영향력 공중이었으며, 이를 통해 일반 공중, 정부, 투자자 등에게 영향을 미치는 것이 PR의 중요한 수단이었습니다, 하지만 대중매체, 전통 언론의 영향력이 감소하면서, 이를 대체하는 디지털 미디어 환경에서의 또 다른 영향력자(influencer)와의 관계가 현대 PR에서 점점 중요해지고 있습니다.

PR 활동

우리 생활 속에서 PR은 어디서 찾아 볼 수 있을까요? PR의 범위는 한정지을 수 없을 정도로 넓습니다. 먼저 조직의 종류에 따라 기업, 정부, 비영리 단체, 교육기관 PR 등으로 나눌 수 있습니다. 또한 각각 의 기관 들은 다양한 PR 활동을 전개하는데, 앞에서 설명한 공중들에 따라 분류 할 수 있습니다. 예를 들어 한 기업은 임직원, 투자자, 정부기관, 언론, 소비자, 경쟁사, 지역사회 등 다양한 공중들과의 관계를 강화하기 위한 임직원 관계, 언론관계, 정부관계 등의 식으로 PR 활동을 전개할 수 있습니다. 특히 기업 마케팅적 측면에서의 공중관계에서 소비자를 공중으로 하는 마케팅 PR도 생각해볼 수 있습니다.

또한 다양한 공중들과의 관계를 위해 다양한 목적에서 하는 PR 업무를 분류할 수도 있습니다. 이러한 PR 업무는 마케팅 캠페인기획, 공공캠페인, 위기관리, 명성관리, 기업의사회책임(Corporate Social, Responsibility) 활동, 제품 출시 이벤트 기획 등으로 분류할 수도 있습니다. 이러한 활동은 하나의 활동들이 개별적으로 이루어지는 것이 아니라, 모든 활동들이 유기적으로 연결되어 통합적으로 이루어지는 경우가 대부분입니다. 예를 들어 어떤 기업의 명성관리를 위해 위기관리나 기업의 사회책임 캠페인 등을 필요로 할 수 있습니다. 또한 정부의 정책을 변화의 상황에서, 정책을 채택하는 과정에서의 갈등관리, 위기관리를 하거나, 새로운 정책을 국민들과 공유하기 위한 공공캠페인 등을 기획할 수도 있습니다. 이렇게 PR은 공중, 목적, 이슈 등에 따라 분류할 수 있습니다.

5. 광고, PR의 이해와 전망

앞에서 우리는 광고와 PR을 이해하기 위해 먼저 커뮤니케이션에 대해 알아보았습니다. 커뮤니케이션은 인간이 혼자가 아닌 사회를 구성하며 함께 살아가기 때문에 우리 삶의 기본이라고 할 수 있습니다. 사회가 확장되면서, 우리는 좀 더 원활하고, 효과적으로 관계를 강화할 수 있는 방법을 찾아 왔습니다. 이러한 측면에서 커뮤니케이션을 중재하는 미디어 기술도 발전하게 됩니다.

최근 미디어 환경의 특징을 설명하면서, 대중매체의 시대에서 '소셜미디어(social networking services)'의 시대로 변화하고 있다고 말합니다. 그럼 왜 우리가 쓰는 페이스북, 인스타그램 등을 소셜미디어라고 이름 지었을까요? '소셜(social)'이라는 말은 관계를 의미하고 있습니다. 어쩌면 소셜미디어는 다시 한번 '관계'의 중요성을 강조하고 있는 것이라고 생각해 볼 수 있습니다. 이는 전통미디어, 대중매체가 자본과 권력에 지배되어, 미디어(매체)의 역할인 민주적이고 건강한 사회 관계강화에 제대로 기여하지 못했기 때문에, 이를 대체하기 위해 나온 커뮤니케이션 중재 매체가 현재 형태의 소셜미디어라고 할 수 있습니다. 따라서 앞으로 매체는 좀 더 건강한 커뮤니케이션을 이끌며, 사회관계성을 강화하는 방향으로 발전할 것이라고 예측할 수 있습니다.

사실 일방향 커뮤니케이션(one-way communication), 쌍방향 커뮤니케이션(two-way communication)이라는 말 자체가 성립되지 않습니다. 왜냐하면 커뮤니케이션이라는 말 자체가 서로 공유, 교류하는 쌍방향의 의미를 가지고 있기 때문입니다. '일방향', '쌍방향'이라는 말 자체가 온전한 '커뮤니케이션'의 문제를 지적하는 것이 될 수 있습니다. 요즘 곳곳에서 '소통(커뮤니케이션)'을 강조하는 것도 우연은 아닙니다.

이러한 환경에서, 광고, PR의 개념과 역할도 변화해가고 있습니다. 대중매체가 주도하던 환경에서의 광고, PR의 개념은 점점 '커뮤니케이션'을 실천하고, 사회 관계성을 중시하는 방향으로 바뀌어 가고 있습니다. 요즘 광고와 PR의 구분이 모호해지고 있다는 말을 합니다. 이는 어떻게 보면, 광고와 PR의 역할이 모두 커뮤니케이션으로 모아지고 사회관계를 중시하는 방향으로 변화해가고 있기 때문입니다. 따라서 광고나 PR을 전문가의 길을 가고자 한다면, 먼저 커뮤니케이터로서 임무를 제대로 이해하며, 전문 역량을 키워가야 합니다.

저자소개

최홍림 교수
(선문대학교 미디어커뮤니케이션학과)

미국 아이오와대학교(University of Iowa)에서 PR전공으로 박사학위를 받고, 현재 선문대학교 미디어 커뮤니케이션학과에 재직 중이다, PR윤리, 기업의 사회책임 캠페인, 정책 PR, 기업/공공캠페인, 위기관리 관련 과목 강의와 연구 활동을 하고 있다. 교수 임용 전에는 PR회사 프레인앤리의 선임 컨설턴트로서 기업PR과 공공 캠페인 업무를 담당하였다.

2

광고와 PR학과는 어느 대학에 있나?

이형민(성신여자대학교 미디어커뮤니케이션학과 교수)

1. 들어가기

자, 광고와 PR이 무엇인지에 대해서 보다 정확하고 구체적으로 알아보니 더욱 광고와 PR을 제대로 공부해 보고 싶은 마음이 드시나요? 대학에 진학하여 광고와 PR을 전공으로 공부하려면 무엇보다 어떤 대학에 광고와 PR에 관련된 학과가 개설되어 있고, 그러한 대학과 학과에 합격하기 위해서는 어떠한 준비를 해야 하는지에 대해서 알아야겠죠? 지금부터는 이러한 내용에 대해서 얘기해 보도록 합시다.

광고와 PR 관련 학과가 개설되어 있는 대학 정보를 검색할 수 있는 많은 인터넷 사이트들이 있습니다. 그러나 그 중에서도 가장 높은 공신력을 확보하고 있는 인터넷 사이트는 아무래도 '대학알리미' (www.academyinfo.go.kr)라고 할 수 있습니다. '대학알리미'는 대학정보공시 정책에 따라 2008년에 처음 개설되었으며, 교육부와 한국대학교육협의회가 운영 및 관리를 담당하고 있는 인터넷 사이트입니다. '대학알리미'는 고등교육법 제2조와 교육관련기관의 정보공개에 대한 특례법에 근거하여 국민들이 보다 쉽고 편리하게 대학정보에 접근하고 필요한 내용을 찾아볼 수 있도록 돕고 있습니다(대학알리미, 2019). 자, 그럼 지금부터 '대학알리미'에 공개되어있는 정보를 바탕으로 광고와 PR 관련 학과가 어느 대학에 있는지 알아보도록 할까요?

2. 광고와 PR을 가르치는 대학과 학과 찾기

'대학알리미'에는 대학교, 전문대학교, 대학원, 대학원대학교 등을 포함한 국내 소재 모든 대학기관의 정보가 총망라되어 있습니다. 이 책에서는 책의 목적에 맞게 대학원과 대학원대학교를 제외한 모든 대학기관(대학교, 전문대학교, 사이버대학교)으로 분석 대상을 제한하여 광고와 PR을 전문적으로 가르치는 대학과 학과를 찾아보도록 하겠습니다.

여러분들은 흔히 광고와 PR을 가르치는 학과하면 '광고홍보학과' 또는 '광고PR학과'라는 명칭을 떠올릴 것입니다. 그러나 학과 명칭에 광고, PR, 또는 홍보가 직접적으로 들어가지 않더라도 광고와 PR에 관련한 교과목이 개설되어있고, 체계적인 전문 교육 커리큘럼을 제공하는 학과들이 많이 있습니다.

우선 '대학알리미'에 방문하시면 표준분류정보라는 것을 찾아보실 수 있습니다. 표준분류정보는 표준분류체계에 대한 정보를 의미하며, 표준분류체계는 우리나라 대학기관의 교육편제단위를 구분하는 기준이라고 말할 수 있습니다. 더 쉽게 말해 표준분류체계란 현재 우리나라 대학기관들에 개설되어있는 다양한 전공 영역들을 계열별로 분류한 내용이라고 이해하시면 됩니다. 표준분류체계는 체계의 위계적 구조에 따라 대분류, 중분류, 소분류로 나뉩니다. 대분류는 가장 상위의 전공 분류로서 인문사회, 자연과학, 공학, 예체능, 의학의 총 5가지 계열로 구분됩니다. 여러분께서도 쉽게 짐작하시겠지만 광고와 PR은 인문사회 영역에 속한 전공입니다.

인문사회 영역은 더욱 세분화된 전공영역으로 구분되는데 이것이 중분류입니다. 인문사회 영역은 6개의 중분류 영역으로 나뉘는데 언어 · 문학, 인문학, 법학, 사회과학, 경영 · 경제, 교육이 인문사회 중분류 영역들입니다.

광고와 PR에 관련된 전문적인 교육 커리큘럼을 제공하는 대학과 학과들은 특히 사회과학 영역과 경영 · 경제 영역에 분산되어 분포되어 있습니다. 우선 사회과학 분야를 구성하고 있는 소분류 영역들은 심리학, 사회학, 정치외교학, 국제학, 사회복지학, 행정학, 인류학 등인데 언론 · 방송 · 매체학도 이러한 사회과학 분야의 소분류 영역에 포함되어 있습니다. 언론 · 방송 · 매체학 분야에서는 미디어커뮤니케이션학과, 언론정보학과, 신문방송학과, 언론영상학과, 영상문화콘텐츠학과, 디지털미디어학과 등이 광고와 PR에 관련된 전문 교육 커리큘럼을 제공하는 학과들이라고 할 수 있습니다.

한편 경영 · 경제 분야의 소분류 영역들은 경영학, 경제학, 무역학, 관광학, 회계 · 세무학, 부동산학 등이 있는데 광고 · 홍보학도 경영 · 경제 분야의 소분류 영역에 포함되어 있습니다. 광고 · 홍보학 분야에서는 광고홍보학과, 문화예술경영학과, 언론광고학과, 광고홍보이벤트학과 등에서 광고와 PR을 체계적으로 배울 수 있습니다.

자, 이러한 기본적인 내용을 토대로 지금부터는 '대학알리미'에 공시된 정보를 활용하여광고와 PR을 가르치는 대학과 학과를 찾아보고, 다양한 차원에서 이러한 대학과 학과를 분석해 보도록 합시다.

3. 대학과 학과 분석하기

'대학알리미'에서 광고와 PR 전공 학과가 개설되어 있는 대학을 효과적으로 검색하기 위해 앞서 살펴본 표준분류체계에서 확인된 몇 가지 검색 키워드를 도출하였습니다. 현행 표준분류체계에 따르면 광고와 PR에 관련된 전문적인 교육 커리큘럼을 제공하는 학과들은 '광고', '홍보', 'PR', '미디어', '커뮤니케이션', '언론', '방송' 등의 키워드를 학과 이름 속에 하나 이상 포함하고 있는 것으로 판단되었습니다. 따라서 이러한 키워드들을 중심으로 대학과 학과를 검색해 보았습니다.

우선 '광고'라는 키워드를 명칭에 포함하고 있는 학과와 대학을 검색해 보았습니다. 검색 결과, '광고'라는 키워드를 명칭에 포함하고 있는 전공 학과와 대학의 기본적인 정보를 정리한 내용은 아래 표와 같습니다.

표 2.1 '광고' 키워드를 명칭에 포함하고 있는 학교/학과 리스트

학과명	학교명	구분	종류	지역	설립 형태	주/야/원격
경영학과 광고미디어경영전공	유한대학교	본교	전문대학	경기	사립	주간
광고PR전공	동서대학교	본교	대학교	부산	사립	주간
광고 · 마케팅과	부산경상대학교	본교	전문대학	부산	사립	주간
광고 · 마케팅학부	백석문화대학교	본교	전문대학	충남	사립	주간
광고 · 인테리어디자인과	부산경상대학교	본교	전문대학	부산	사립	주간
광고 · 세무학부	신라대학교	본교	대학교	부산	사립	주간
광고공연기획	강동대학교	본교	전문대학	충북	사립	주간
광고디자인과	경복대학교	본교	전문대학	경기	사립	주간
광고디자인과	경인여자대학교	본교	전문대학	인천	사립	주간/야간
광고디자인과	계명문화대학교	본교	전문대학	대구	사립	주간
광고디자인과	부천대학교	본교	전문대학	경기	사립	주간
광고디자인과	상지영서대학교	본교	전문대학	강원	사립	주간
광고디자인과	창원문성대학교	본교	전문대학	경남	사립	주간
광고디자인전공	성심외국어대학	본교	전문대학	부산	사립	주간
광고멀티미디어디자인과	제주한라대학교	본교	전문대학	제주	사립	주간
광고미디어학과	한양사이버대학교	본교	사이버대학	서울	사립	원격
광고브랜드디자인과	계원예술대학교	본교	전문대학	경기	사립	주간
광고사진영상학과	배재대학교	본교	대학교	대전	사립	주간
광고시각디자인과	동주대학교	본교	전문대학	부산	사립	주간
광고영상디자인과	한국영상대학교	본교	전문대학	세종	사립	주간
광고영상디자인과	연성대학교	본교	전문대학	경기	사립	주간
광고영상디자인전공	영산대학교	제2캠퍼스	대학교	부산	사립	주간
광고영상미디어학과	한라대학교	본교	대학교	강원	사립	주간
광고이벤트학과	광주대학교	본교	대학교	광주	사립	주간
광고컨텐츠디자인학과	극동대학교	본교	대학교	충북	사립	주간
광고크리에이티브학부	가톨릭관동대학교	본교	대학교	강원	사립	주간

(계속)

표 2.1 '광고' 키워드를 명칭에 포함하고 있는 학교/학과 리스트(계속)

학과명	학교명	구분	종류	지역	설립 형태	주/야/원격
광고편집과	동원대학교	본교	전문대학	경기	사립	주간
광고홍보학과	동국대학교	본교	대학교	서울	사립	주간
광고홍보과	여주대학교	본교	전문대학	경기	사립	주간
광고홍보과	한국복지대학교	본교	전문대학	경기	국립	주간
광고홍보디자인과	대전과학기술대학교	본교	전문대학	대전	사립	주간
광고홍보문화콘텐츠전공	청주대학교	본교	대학교	충북	사립	주간
광고홍보미디어학과	경주대학교	본교	대학교	경북	사립	주간
광고홍보언론학과	목원대학교	본교	대학교	대전	사립	주간
광고홍보전공	전주대학교	본교	대학교	전북	사립	주간
광고홍보전공	한신대학교	본교	대학교	경기	사립	주간
광고홍보전공	협성대학교	본교	대학교	경기	사립	주간
광고홍보전공	대림대학교	본교	전문대학	경기	사립	주간
광고홍보전공	건국대학교(글로컬)	분교	대학교	충북	사립	주간
광고홍보제작과	경민대학교	본교	전문대학	경기	사립	주간
광고홍보학과	가톨릭관동대학교	본교	대학교	강원	사립	주간
광고홍보학과	경성대학교	본교	대학교	부산	사립	주간
광고홍보학과	경일대학교	본교	대학교	경북	사립	주간
광고홍보학과	계명대학교	본교	대학교	대구	사립	주간
광고홍보학과	고신대학교	본교	대학교	부산	사립	주간
광고홍보학과	남서울대학교	본교	대학교	충남	사립	주간
광고홍보학과	동명대학교	본교	대학교	부산	사립	주간
광고홍보학과	동의대학교	본교	대학교	부산	사립	주간
광고홍보학과	서원대학교	본교	대학교	충북	사립	주간
광고홍보학과	세명대학교	본교	대학교	충북	사립	주간
광고홍보학과	우석대학교	본교	대학교	전북	사립	주간
광고홍보학과	중부대학교	본교	대학교	충남	사립	주간
광고홍보학과	중앙대학교	본교	대학교	서울	사립	주간

(계속)

표 2.1 '광고' 키워드를 명칭에 포함하고 있는 학교/학과 리스트(계속)

학과명	학교명	구분	종류	지역	설립 형태	주/야/원격
광고홍보학과	청운대학교	본교	대학교	충남	사립	주간
광고홍보학과	평택대학교	본교	대학교	경기	사립	주간
광고홍보학부	홍익대학교	제2캠퍼스	대학교	세종	사립	주간
디지털영상광고과	강릉영동대학교	본교	전문대학	강원	사립	주간
마케팅 · 광고학과	사이버한국외국어대학교	본교	사이버대학	서울	사립	원격
미디어영상광고학과	한세대학교	본교	대학교	경기	사립	주간
미디어영상광고학부	상지대학교	본교	대학교	강원	사립	주간
방송광고제작과	충청대학교	본교	전문대학	충북	사립	주간
방송영상광고과	호산대학교	본교	전문대학	경북	사립	주간
산업 · 광고심리학과	대전대학교	본교	대학교	대전	사립	주간
스마트광고미디어전공	제주국제대학교	본교	대학교	제주	사립	주간
언론광고학부	대구가톨릭대학교	본교	대학교	경북	사립	주간
홍보광고학과	숙명여자대학교	본교	대학교	서울	사립	주간

다음은 '홍보'라는 키워드를 명칭에 포함하고 있는 학과와 대학을 검색해 보았습니다. 앞서 파악된 학과/학교 정보와 중복된 내용을 제외한 검색 결과는 아래 표와 같습니다.

표 2.2 '홍보' 키워드를 명칭에 포함하고 있는 학교/학과 리스트

학과명	학교명	구분	종류	지역	설립 형태	주/야/원격
공항홍보전공	한서대학교	본교	대학교	충남	사립	주간
관광홍보학과	경주대학교	본교	대학교	경북	사립	주간
마케팅 · 홍보학과	세종사이버대학교	본교	사이버대학	서울	사립	원격
미디어영상홍보전공	경희사이버대학교	본교	사이버대학	서울	사립	원격
언론홍보영상학부	연세대학교	본교	대학교	서울	사립	주간

(계속)

표 2.2 '홍보' 키워드를 명칭에 포함하고 있는 학교/학과 리스트(계속)

학과명	학교명	구분	종류	지역	설립 형태	주/야/원격
언론홍보학과	숭실대학교	본교	대학교	서울	사립	주간
언론홍보학과	제주대학교	본교	대학교	제주	국립	주간
의료홍보디자인학과	을지대학교	제2캠퍼스	대학교	경기	사립	주간
의료홍보영상학과	차의과학대학교	본교	대학교	경기	사립	주간
정치언론홍보학과	대전대학교	본교	대학교	대전	사립	주간
정치언론홍보학과	목포대학교	본교	대학교	전남	국립	주간

이번에는 '미디어' 또는 '커뮤니케이션'이라는 키워드를 명칭에 포함하고 있는 학과와 대학 정보를 찾아보았습니다. 이미 검색된 중복 결과를 제외하고 정리한 내용은 아래 표와 같습니다.

표 2.3 '미디어' 또는 '커뮤니케이션' 키워드를 명칭에 포함하고 있는 학교/학과 리스트

학과명	학교명	구분	종류	지역	설립 형태	주/야/원격
디지털미디어학과	명지대학교	본교	대학교	서울	사립	주간
미디어언론학과	신한대학교	제2캠퍼스	대학교	경기	사립	주간
미디어학부	고려대학교	본교	대학교	서울	사립	주간
미디어커뮤니케이션학과	가천대학교	본교	대학교	경기	사립	주간
미디어커뮤니케이션학과	건국대학교	본교	대학교	서울	사립	주간
미디어커뮤니케이션학과	경남대학교	본교	대학교	경남	사립	주간
미디어커뮤니케이션학과	경희사이버대학교	본교	사이버대학	서울	사립	원격
미디어커뮤니케이션학과	대구대학교	본교	대학교	대구	사립	주간
미디어커뮤니케이션학과	대진대학교	본교	대학교	경기	사립	주간
미디어커뮤니케이션학과	동아대학교	본교	대학교	부산	사립	주간
미디어커뮤니케이션학과	선문대학교	본교	대학교	충남	사립	주간
미디어커뮤니케이션학과	성균관대학교	본교	대학교	서울	사립	주간

(계속)

표 2.3 '미디어' 또는 '커뮤니케이션' 키워드를 명칭에 포함하고 있는 학교/학과 리스트(계속)

학과명	학교명	구분	종류	지역	설립 형태	주/야/원격
미디어커뮤니케이션학과	성신여자대학교	본교	대학교	서울	사립	주간
미디어커뮤니케이션학과	세종대학교	본교	대학교	서울	사립	주간
미디어커뮤니케이션학과	수원대학교	본교	대학교	경기	사립	주간
미디어커뮤니케이션학과	순천향대학교	본교	대학교	충남	사립	주간
미디어커뮤니케이션학과	한양대학교	본교	대학교	서울	사립	주간
미디어커뮤니케이션학부	광운대학교	본교	대학교	서울	사립	주간
미디어커뮤니케이션학부	동서대학교	본교	대학교	부산	사립	주간
미디어커뮤니케이션학부	중앙대학교	본교	대학교	서울	사립	주간
미디어커뮤니케이션학부	한국외국어대학교	본교	대학교	서울	사립	주간
미디어커뮤니케이션학부	한림대학교	본교	대학교	강원	사립	주간
커뮤니케이션학부	단국대학교	본교	대학교	경기	사립	주간
커뮤니케이션 · 미디어학부	이화여자대학교	본교	대학교	서울	사립	주간

마지막으로 '언론' 또는 '방송'이라는 키워드를 명칭에 포함하고 있는 학과와 대학을 살펴보았습니다.

표 2.4 '언론' 또는 '방송' 키워드를 명칭에 포함하고 있는 학교/학과 리스트

학과명	학교명	구분	종류	지역	설립 형태	주/야/원격
언론미디어학과	경기대학교	제2캠퍼스	대학교	서울	사립	주간
언론영상학부	서울여자대학교	본교	대학교	서울	사립	주간
언론정보문화학부	한동대학교	본교	대학교	경북	사립	주간
언론정보학과	경희대학교	본교	대학교	서울	사립	주간
언론정보학과	서울대학교	본교	대학교	서울	국립	주간
언론정보학과	영남대학교	본교	대학교	경북	사립	주간
언론정보학과	인하대학교	본교	대학교	인천	사립	주간
언론정보학과	충남대학교	본교	대학교	대전	국립	주간

(계속)

표 2.4 **'언론' 또는 '방송' 키워드를 명칭에 포함하고 있는 학교/학과 리스트(계속)**

학과명	학교명	구분	종류	지역	설립 형태	주/야/원격
언론정보학부	국민대학교	본교	대학교	서울	사립	주간
언론정치학부	인제대학교	본교	대학교	경남	사립	주간
언론학과	신한대학교	제2캠퍼스	대학교	경기	사립	주간
영상언론융합학과	부산외국어대학교	본교	대학교	부산	사립	주간
정치 · 언론 · 국방학과	한남대학교	본교	대학교	대전	사립	주간
정치 · 행정 · 언론학부	원광대학교	본교	대학교	전북	사립	주간/야간
정치언론학부	강원대학교	본교	대학교	강원	국립	주간
신문방송학과	부경대학교	본교	대학교	부산	국립	주간
신문방송학과	부산대학교	본교	대학교	부산	국립	주간
신문방송학과	성공회대학교	본교	대학교	서울	사립	주간
신문방송학과	안양대학교	본교	대학교	경기	사립	주간
신문방송학과	인천대학교	본교	대학교	인천	국립	주간
신문방송학과	전남대학교	본교	대학교	광주	국립	주간
신문방송학과	전북대학교	본교	대학교	전북	국립	주간
신문방송학과	조선대학교	본교	대학교	광주	사립	주간
신문방송학과	창원대학교	본교	대학교	경남	국립	주간
신문방송학과	한양대학교(ERICA)	분교	대학교	경기	사립	주간
신문방송학과	호남대학교	본교	대학교	광주	사립	주간
신문방송학전공	서강대학교	본교	대학교	서울	사립	주간

핵심 키워드들을 중심으로 검색한 결과, 전국적으로 약 133개의 대학 기관과 학과에서 광고/PR 전공을 제공하고 있는 것으로 확인되었습니다. 이러한 검색 결과를 대학 종류별, 지역별, 설립 형태별로 구분하여 추가 분석해 보았습니다.

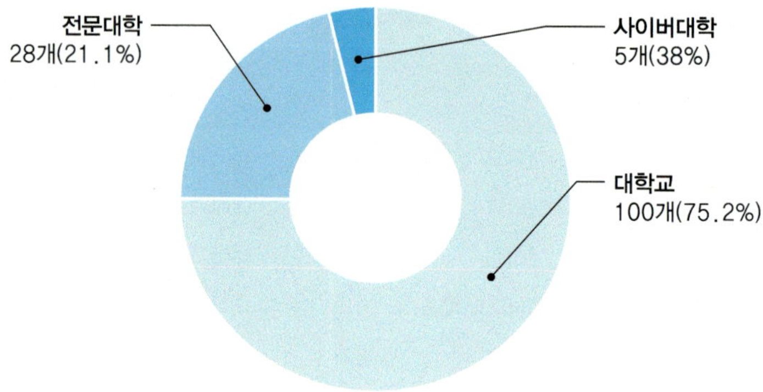

그림 1.1 대학 종류별 분포

4. 광고와 PR을 배우기 위한 준비하기

이제 어떠한 대학과 어떠한 이름의 학과에서 광고와 PR을 체계적으로 배울 수 있는지 어느 정도는 알 수 있었으리라 생각합니다. 그럼 이러한 대학과 학과에 진학하기 위해서는 어떠한 준비와 노력이 필요할까요? 물론 정답이 존재하지는 않겠지만 많은 전문가들의 의견과 필자의 경험을 바탕으로 아래와 같은 조언을 드리고 싶네요.

우선 광고와 PR 관련 전문적인 커리큘럼을 제공하는 학과들은 일반적으로 봤을 때 다른 학과들 보다 경쟁률도 높고 따라서 합격을 위한 최소 점수도 높은

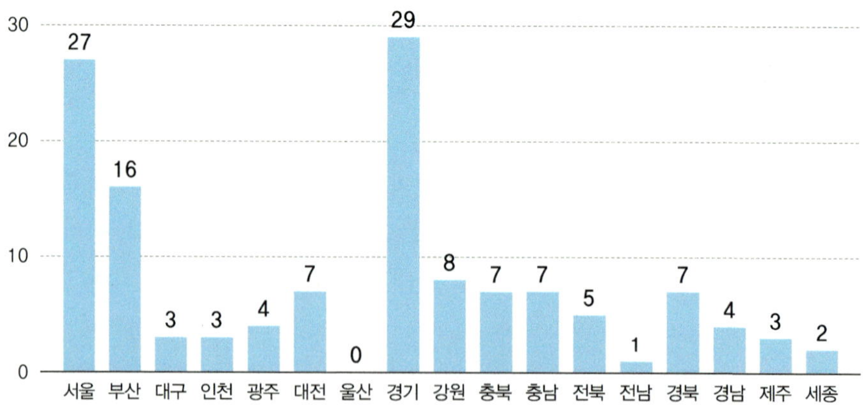

그림 1.2 지역별 분포

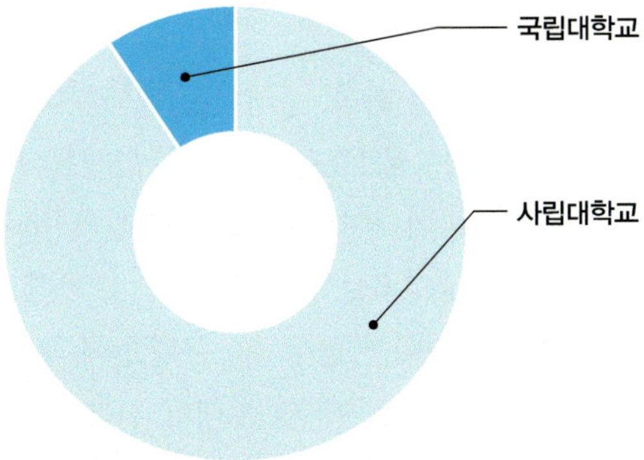

그림 1.3 설립 형태별 분포

편입니다. 광고와 PR 관련 학과의 경쟁률과 커트라인이 평균적으로 높게 형성되는 여러 가지 요인들이 있겠지만, 무엇보다 많은 학생들이 창의적이고 기발한 아이디어를 바탕으로 다른 사람들과 소통하고, 그들의 생각과 행동을 바꾸고, 그 결과로 세상을 변화시킬 수 있는 광고/PR의 매력을 느끼기 때문이 아닐까 생각합니다. 이러한 점을 고려할 때 미래 광고/PR 인재를 꿈꾸며 대학 진학을 준비하는 학생들은 다른 학생들 보다 더 많은 노력을 기울여야 합격의 영광을 거둘 수 있다고 생각합니다. 쉽게 말하자면, 더 열심히 공부하고 더 많이 준비해야 소기의 성과를 달성할 수 있다는 것이지요.

최근 학생 선발에 있어서 많은 대학들이 비중 있게 사용하고 있는 학생부 종합전형의 경우, 학생부 기록 상 어떠한 활동들을 얼마나 열심히 그리고 체계적이고 지속적으로 해 왔는지가 중요한 평가 요소가 될 수 있습니다. 광고나 PR 관련 교내 동아리 활동을 꾸준히 한다든지, 광고나 PR에 관련된 의미 있는 대외 활동이나 봉사 활동에 참여한다든지, 광고나 PR 관련 서적을 꾸준히 그리고 열심히 읽는다든지, 기타 광고나 PR에 관련하여 여러 가지 경험을 주도적으로 체험한다든지 등의 기록들이 학생부에 명확하게 드러날수록 당연히 좋은 평가를 받을 수 있습니다. 한마디로 오랜 기간 열정적으로 준비한 학생이 합격에 더 유리할 수 있다는 의미입니다. 물론 이러한 활동과 함께 우수한 교과 성적을 유지한다면 금상첨화라고 할 수 있습니다.

5. 나가기

앞서 살펴 본 '대학알리미'를 관리, 운영하는 한국대학교육협의회가 2018년 발표한 보고서에 따르면, 광고와 PR을 전공하는 학생들이 갖춰야 할 역량은 다음의 12가지라고 합니다: (1) 미디어와 커뮤니케이션의 이해, (2) 소비자와 설득에 대한 이해, (3) 마케팅과 광고홍보에 대한 이해, (4) 기획, (5) 프레젠테이션, (6) 크리에이티브 전략, (7) 아이디어 발상, (8) 콘텐츠 제작, (9) 미디어 플래닝, (10) 미디어 구매관리, (11) 미디어 운영 및 트래킹, (12) 조사 통계(한국대학교육협의회, 2018). 즉, 광고와 PR 전문가가 되기 위해서는 기본적으로 미디어와 커뮤니케이션을 깊이 있게 이해해야 할 뿐만 아니라 효과적인 광고와 PR 커뮤니케이션을 기획하고 제작할 수 있는 능력, 그리고 이러한 커뮤니케이션 메시지를 효율적으로 최종 목표 수용자들에게 전달시킬 수 있는 매체/채널 관리 능력 등이 요구된다는 사실을 알 수 있습니다.

광고와 PR을 배우기 위한 출발점에 서 있는 여러분들에게도 이러한 능력 배양에 대한 고민과 준비가 필요하다고 생각합니다. 일찍 준비하는 사람들이 더욱 많은 것을 성취할 가능성이 높기 때문입니다. 미디어와 커뮤니케이션에 관심이 있다면 여러분은 이미 광고와 PR을 공부해야 하는 좋은 이유를 가지고 있습니다. 많은 관심과 애정을 기울여 보세요. 나아가 사람과 사회에 관심을 가지고 공부해보세요. 결국 미디어는 사회적인 산물이고 커뮤니케이션은 사람과 사람 사이에서 발생하는 행위이기 때문입니다. 사회 현상과 유행을 민감하게 관찰하고, 그러한 현상이 일어나게 된 이유와 배경을 탐구해 보세요. 그러한 자세와 마음가짐이 미래 광고/PR 인재가 가져야 할 첫걸음입니다.

저자소개

이형민 교수
(성신여자대학교 미디어 커뮤니케이션학과)

University of Minnesota에서 미디어 커뮤니케이션 전공으로 박사 학위를 받았으며, 현재 성신여자대학교 미디어커뮤니케이션학과 부교수로 재직 중이다. 학교에서는 전략 커뮤니케이션 개론, 커뮤니케이션연구방법론, 글로벌 마케팅 커뮤니케이션, 공공/정책 PR 등의 수업을 가르치고 있다. 주요 연구분야는 공공 PR, 소셜 네트워크 분석, 미디어 효과 측정이며 다수의 학술 논문을 국내/외 학술지에 게재하였다.

3

광고와 PR 캠페인이란?

김유정(건국대학교 미디어커뮤니케이션학과 교수)

1. 광고 캠페인

광고 캠페인(Advertising Campaign) 이란 단발성 광고가 아닌 여러 편의 광고를 하나의 컨셉에 맞추어 제작함으로서 소비자의 기억에 길게 남게 하는 시리즈 광고를 의미합니다. 각각의 광고는 다른 광고의 이해를 돕고, 강화하면서 시너지 효과를 볼 수 있게 됩니다. 따라서 소비자들은 광고 캠페인을 볼 때 대체로 더 길게 인상적으로 기억합니다. 결국 광고회사는 광고 캠페인에서 소비자들이 각각의 광고에서 비슷한 느낌을 가지고, 소비자들이 느끼기에 한편의 광고가 전 광고의 후속편이라는 느낌을 받도록 만드는 것이 광고 캠페인을 만드는 기본적인 목적이라고 보시면 됩니다.

'캠페인'이라는 단어를 사전에서 찾아보면, '선거운동, 운동, 조직적 활동, 광고' 라는 여러 가지 뜻을 내포하고 있습니다(김병희 외, 2017). 사회적, 정치적 운동을 의미하기도 하지만, 군사적 용어로는 군사행동, 전투, 작전 등을 의미하기도 합니다. 전쟁에서 이기려면 전략이 필요하듯이 광고 캠페인을 성공시키려면 광고의 전략이 반드시 필요합니다. 따라서 광고 캠페인을 만드는데 있어서, 광고 기획(Planning) 은 매우 중요한 역할을 하게 되는 것이지요. 상품을 어떤 식으로 알리고, 어떻게 판매할 것인지 전반적인 과정에 대한 아이디어를 도출하는 과정이 바로 광고 기획이기 때문입니다(유종숙 2018).

광고 기획은 소비자에게 특정 브랜드의 이미지를 만들면서 자사 제품을 경쟁 제품과 차별화 하여 효과적으로 광고를 관리하는 것에 도움을 줍니다. 따라서 광고가 기본적인 설정하는 마케팅 목표 달성에 도달하도록 방향을 잡아주는 역할도 하고, 광고 제작에 대한 가이드라인 역할을 수행하기도 합니다. 결국, 광고 기획은 광고에 관련한 목표를 설정하고 그 목표를 달성하기 위한 수단을 결정하는 과정으로 여러 정보를 종합하여 그 중에서 가장 적합한 솔루션을 도출하는 과정이라고 할 수 있습니다.

세계적 광고회사 중 하나인 제이 월터 톰슨(JWT)은, 광고 기획을 다음의 다섯 가지 질문을 묻는 것으로부터 시작합니다.

- Where are we? (우리는 현재 어디에 있습니까?)
- Why are we there? (왜 우리는 그곳에 있습니까?)
- Where could we be? (우리는 어디로 갈 수 있습니까?)
- How could we get there? (어떻게 그곳에 갈 수 있습니까?)
- Are we getting there? (우리는 지금 그곳에 있습니까?)

이 다섯 가지 질문을 광고기획서에 적용하면 일반적으로 다음과 같은 형식으로 기획서를 작성할 수 있습니다.

- 상황분석
    - 시장환경분석
    - 소비자분석
    - 제품분석
    - 경쟁사분석
    - 상황분석으로부터 문제점과 기회요소 파악

- 전략의 수립
    - 광고목표 설정
    - 광고타겟 설정
    - 광고전략 및 컨셉 도출
- 크리에이티브 전략
    - 크리에이티브 목표와 전략 설정
    - 미디어별 크리에이티브 제안
- 미디어전략 및 예산수립
- 광고효과 측정
    - 광고내용에 대한 효과 측정
    - 미디어효과 측정

기획서의 내용을 자세히 살펴보면, 우선 광고 커뮤니케이션 전략은 회사를 둘러싼 상황분석 즉, 시장의 환경분석과 소비자분석, 경쟁사분석, 제품분석 등을 통해 회사의 문제점과 기회요인이 무엇인지를 알아봅니다. 또한 강점(Strength), 약점(Weakness), 기회(Opportunity), 위협(Threat)의 요인이 무엇인지를 분석하고, 해결해야 할 과제가 무엇인지를 도출합니다. 이렇게 회사가 해결해야 할 문제를 파악하고 나면, 본격적인 광고커뮤니케이션 전략방향을 수립해 나갈 수 있습니다.

전략방향을 수립한 후에는 광고의 목표와 커뮤니케이션해야 할 소구대상(Target)이 누구인가를 설정하게 됩니다. 이들에 대한 광고 전략을 세우고, 그에 따른 광고 컨셉을 설정합니다. 그 후에 설정한 컨셉을 크리에이티브로 어떻게 풀어 나갈 것인가 하는 크리에이티브 전략과 함께 구체적인 광고물을 제작하게 됩니다.

제작된 광고물은 광고예산, 타겟, 미디어의 특성 등을 고려하여 미디어전략을 수립한 후 해당 미디어에 집행하고, 광고를 집행한 후에는 광고효과가 어떠한 지 측정한 후, 분석 결과를 다음 번 광고에 반영합니다. 최근에는 미디어의 다변화로 광고전략의 수립 단계부터 어떠한 미디어를 통해 광고를 할 것인지 결정하고, 그 미디어의 특성에 맞게 크리에이티브를 전개하여 미디어를 집행을 하는 경우도 늘고 있습니다.

이제 광고캠페인이 무엇인지, 그리고 기획이 어떤 중요한 역할을 하는지 알아보았으니, 국내외의 몇 가지 대표적인 광고 캠페인의 예를 살펴보도록 하겠습니다. 널리 알려진 광고 캠페인의 예시들을 생각하시면 광고 캠페인이 더욱 쉽게 이해가 되겠죠.

지난 30여 년간 5천만 그루 이상의 의 나무를 심고 가꿔온 유한 킴벌리의 '우리강산 푸르게 푸르게'를 먼저 살펴보겠습니다. 캠페인을 처음 시작하는 30년 전에는 기업의 사회적 책임에 대한 개념이 정립되지도 않았던 시기였습니다. 나무를 잘라서 만드는 화장지와 기저귀 등의 생활용품을 생산하는 기업이기 때문에 환경 훼손의 책임을 피하기 위한 마케팅 이라는 인식도 있기도 했습니다. 하지만 '우리강산 푸르게 푸르게' 캠페인을 30년 이상 꾸준히 지속해오면서 기업의 대표적인 공익사업으로 자리매김 해왔습니다.

숲과 환경을 보호하자는 컨셉의 '우리강산 푸르게 푸르게' 캠페인은 최근에 '사람과 숲의 공존'이라는 비전에 맞추어 네 편으로 운영되었습니다. 유한 킴벌리 회사 웹사이트(http://www.yuhan-kimberly.co.kr/Society)에 소개되어 있는 네 편의 광고 시리즈는 다음과 같습니다. 숲에서는 다른 이를 신경 쓰지 않고 내 속도대로 걸어도 되고('위로'편), 맑은 공기를 마시며 천천히 나무 사이를 걷는 것만으로도 다 힘을 얻을 수 있으며('용기'편), 때로 숲은 아이와 함께 마음껏 뛰어놀 수 있는 놀이터가 되기도 하고('감동'편), 우리가 살고 있는 지구의 열을 식혀주는 해열제 역할까지 한다('공존'편). 이러한 일련의 광고 시리즈를 포함하는 캠페인 통해 유한 킴벌리가 지속적으로 사람들이 함께 일상에서 숲을 즐기고 숲의 가치를 잘 보전해 나갈 수 있도록 노력한다는 모습이 소비자의 인상에 깊이 남는 시너지 효과를 잘 보여주고 있습니다.

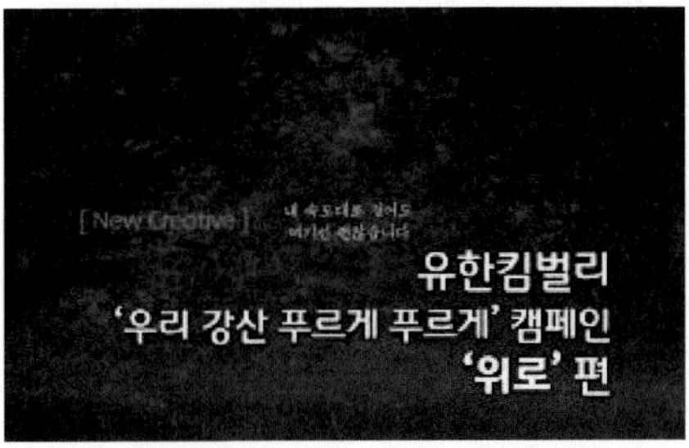

또한 "우리가 어떤 민족입니까"의 광고 캠페인을 통해 브랜드를 소비자에게 알리고 국내 배달 앱 시장 점유율 1위에 오르게 된 회사가 있습니다. 배달의 민족은 1차 광고에서 영화배우인 류승룡을 모델을 앞세우며 "우리가 어떤 민족입니까"라는 유머스러운 질문으로 다가와 소비자들에게 새로운 브랜드를 효과적으로 각인시켰습니다(김수경, 2019).

배달의 민족이라는 브랜드를 확실히 알리고 난 뒤에, 2차 광고에서는 경쟁업체와는 다른 차별 점과 강점을 확실하고 명확하게 전달하려는 목표를 가지고, 영화 예고편을 방불케 하는 파격적인 컨셉으로 '배달의 민족'의 특장 점과 정보를 전달하는 광고를 선보였습니다.

배달의 민족은 1차, 2차 광고의 성공과 더불어 국내 배달 앱 시장을 70%대로 압도적으로 점유하게 되면서, 3차 광고에서는 '배달음식'에 대한 소비자들의 고정관념을 깨고자 하는 메시지로 다가왔습니다. 전통적으로 배달음식은 간단히 한 끼를 때우기 위해 찾는 음식으로 여겨졌지만, 이제는 제대로 된 식사를 맛있는 배달 음식로 소비자들에게 제공하고자 하는 것이 핵심 내용이었습니다. 그렇게 해서 '배달맛집 대동여지도' 컨셉이 탄생하였습니다. "다들 식사는 하셨습니까?"라는 광고 문구를 내세워, 고객들이 직접 작성한 후기를 통해 모델인 류승룡이 전국에 있는 '배달 맛집'을 찾아내고 그 정보를 생생하게 고객들에게 전달하였습니다.

배달의 민족은 "기존 배달음식에서 벗어나 랍스터, 스테이크, 커피, 아이스크림 등 고객이 원하는 모든 음식을 배달해줄 수 있는 서비스가 가능해졌다"며 " 배달 맛집이 아닌, 맛집 배달로 진화한 것"이라고 전합니다. 이제 배달의 민족은 단순 음식 배달 앱에서 다양한 브랜드, 다양한 메뉴의 맛집 음식을 배달해주는 서비스로 진화했습니다. 현재 배달의 민족은 '버거킹', '폴바셋', '베스킨라빈스' 등의 브랜드와 협업하여 "버거킹도 우리 민족이었어" "폴바셋도 우리 민족이었어", "베스킨라빈스도 우리 민족이었어" 등의 광고를 진행하고 있습니다.

해외 사례를 보자면, 2004년부터 진행해온 도브(Dove)의 진정한 아름다움(Real Beauty)라는 캠페인을 들 수 있습니다. 첫 번째 광고의 제목은 '진화(Evolution)'로 영상에 일상에서 흔히 볼 수 있는 평범한 여성이 스튜디오에 등장합니다. 하지만, 능수능란하고 재빠른 메이크업과 헤어스타일 전문가들의 솜씨로 여자의 얼굴이 급격히 바뀌며 화려해 집니다. 모델같이 변한 얼굴 사진 위로 컴퓨터를 통한 포토샵 작업이 시작됩니다. 그리고 우리가 대중매체를 통해 흔히 보는 화려한 모델의 모습으로 변한 여성의 얼굴이 옥외광고판에 걸립니다. 영상은 "아름다움에 대한 우리의 관념이 왜곡된 것이 전혀 이상하게 느껴지지 않네요. 여성들의 진정한 아름다움에 대해 이야기 나누는 도브 워크샵에 참여 하세요." 라는 자막과 함께 막을 내립니다. 74초 광고 영상은 유튜브에서 방영되었고 대중의 뜨거운 반응을 얻었습니다. 대중은 이 영상을 통해 아름다움에 대해 다시 생각하는 계기가 되었습니다.

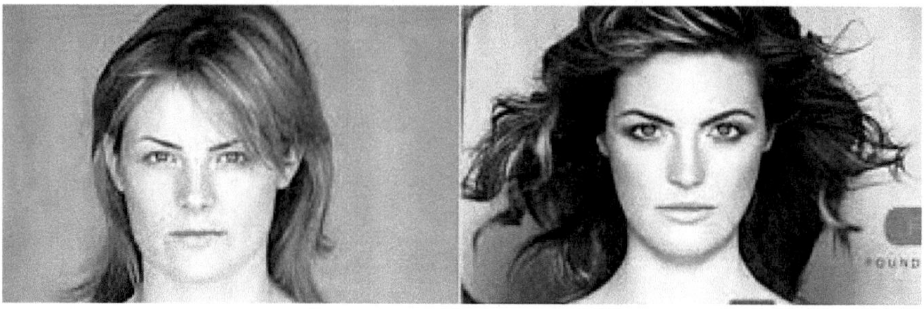

이후 2013년의 도브의 진정한 아름다움(Real Beauty) 캠페인은 '리얼뷰티스케치(Real Beauty Sketches)'를 통해 또 다른 메시지로 소비자에게 찾아오게 됩니다. 이 영상은 다큐멘터리 형식으로 진행되며, FBI 스케치 아티스트인 '길 사모라'가 실험에 참가한 여성들을 그리는 것입니다. 실험에 참가한 여성들은 그들을 바라본 제 3자가 그들을 묘사한 설명에 따라 그려진 스케치와 여성들이 직접 스스로 자신을 묘사한 것을 듣고 그린 스케치를 비교하게 됩니다. 마지막으로 이 둘의 그림을 비교했을 때, 실제 스스로 묘사한 모습의 말을 듣고 그린 그림보다 제 3자가 묘사한 그림이 훨씬 아름다운 것을 알 수 있습니다.

그리고 영상은 "당신은 당신이 생각하는 것보다 훨씬 더 아름답습니다." 라는 메세지로 마무리 됩니다. 이 캠페인은 여성들의 낮은 자존감을 높여주기 위해 '실제의 당신은 당신이 생각하는 것보다 더 예쁘다'는 메시지 전달을 시각적이고 실증적인 방식으로 이끌어내 독자들에게 큰 공감을 이끌어 냈습니다.

2. PR (Public Relations) 캠페인

PR은 매우 다양한 형태로 정의되어 왔지만, 핵심을 이루는 주요 내용은 주주, 지역주민, 언론, 종업원, 입법행정가, 소비자, 조직구성원 등 조직에 직간접으로 영향을 미치는 공중(Public)들과 지속적인 커뮤니케이션을 통해 상호 호혜적인 관계를 구축하여 좋은 관계를 유지하는 것을 목표로 하고 있습니다. 세계 최대의 PR조직인 미국PR협회는 최근 "PR은 조직과 공중 사이의 상호호혜적인 관계를 구축하는 전략적 커뮤니케이션 과정이다"라고 정의하고 있습니다. 여기에서 '관계'와 '과정'이라는 단어를 잘 살펴볼 필요가 있습니다(김병희 외, 2017).

전통적으로 PR의 주된 역할은 조직에 대한 긍정적인 이미지를 만들어 내는 것이 주된 임무였습니다. 하지만 전통적인 PR의 핵심 부분인 언론보도를 통한 이미지 형성 개념이 조직과 공중사이의 관계를 관리하는 개념으로 점차적으로 진화하고 있습니다(조용석 외, 2013). 이는 공중과 조직의 관계에 있어서, 커뮤니케이션의 주체가 조직이 될 수도 있고 공중이 될 수도 있다는 점을 반영하고 있으며, PR의 주된 역할로서 공중과 조직사이의 신뢰 관계 구축에 더 큰 관심을 가지게 된 것입니다. 조직과 공중 사이의 관계 관리 개념은 조직의 공중에 대한 장기적인 관계성을 중시하는 것입니다. 장기적인 관계성에 관심을 갖는 접근은 조직이 공중에 대해 상호 도움이 될 만한 관계성을 모색하는 것이고, 보다 근본적인 관계유지, 발전에 큰 관심을 가지는 개념이라고 할 수 있습니다.

이러한 관계 관리의 개념 하에서 PR전략을 세우는 일은 단기적인 이미지 형성과는 차원이 다르다고 할 수 있습니다. 공중에 대한 체계적인 조사를 필요로 하며, PR활동을 통해 공중들의 인지도, 이해, 태도, 행동등을 변화시키기 위한 커뮤니케이션 전략을 세워야 합니다. 즉, 전략적 PR 커뮤니케이션 활동으로 발전한 PR 커뮤니케이션은 조직과 공중이 서로 일련의 목표를 달성하기 위해 기획된 커뮤니케이션 활동을 하는 것으로 설명될 수 있습니다(조용석 외, 2013).

즉, 전략적 PR 활동은 현재 조직이 가진 문제를 해결하기 위해 현재 커뮤니케이션 문제를 진단하고, 조직이 나아가고자 하는 목표 이미지와의 차이를 줄여 나가는 커뮤니케이션 관리 활동이라 정의할 수 있습니다. 현재의 모습에 만족하지 않고 지속적으로 현재보다 나은 조직의 이미지 구축 및 평판을 위해 다양한 커뮤니케이션 활동을 전개해 나가는 것입니다. 이러한 전략적 PR활동은 문제를 파악하고, 그에 맞는 전략을 수립하고, 적절한 커뮤니케이션 메시지를 만들어 공중에게 적합한 채널을 선택하여 전달하는 것이라 할 수 있습니다.

이러한 전략적 PR활동의 관점에서 볼 때, PR 캠페인은 조직이 공중대상으로 태도나 행동변화를 유발할 목적으로 일정 기간에 계획적으로 집행하는 커뮤니케이션 활동으로 정의할 수 있습니다 (Kendall, 1996). PR 캠페인의 핵심은 조직이 가진 목표를 달성하기 위해 해당 공중과의 상호 호혜적인 관계관리를 위한 커뮤니케이션 활동이라고 할 수 있습니다.

일반적으로 잘 알려진 PR 캠페인의 실행 프로세스는 상황분석(무엇이 문제인가?) - 기획(무엇을 왜 해야 하는가?) - 커뮤니케이션(어떻게 할것인가?) - 평가(어떻게 하였는가?)의 4단계로 이루어지는 (Research-Action Plan-Communication-Evaluation) RACE 과정입니다. 상황분석의 조사단계에서는 무엇이 문제인지를 파악합니다. 전략 기획 과정에서는 조사 결과를 토대로 조직이 어떤 커뮤니케이션 목표를 정해야 하는지 결정합니다. 기획단계에서는 누구를 대상으로, 무슨 메시지로, 어떠한 미디어로 전달할 것인지에 대한 대략적인 계획을 포함합니다. 이어서 커뮤니케이션 단계에서는 구체적으로 커뮤니케이션 목표를 달성하기 위한 프로그램 실행 과정이라 할 수 있는데, 커뮤니케이션 목표를 대상에게 어떻게 전달할 수 있을지 실제 프로그램을 집행하는 과정이라고 할 수 있습니다. 평가단계에서는 각 프로그램이 목표대비 어느 정도 달성되었는지 파악하는 단계라 할 수 있고, 이러한 평가 결과는 바로 다음 단계의 조사과정에 다시 반영될 수 있습니다.

전략적 PR의 개념과 PR 캠페인이 무엇인지, 그리고 PR 캠페인이 어떻게 실행되는지에 대한 과정을 알아보았으니, 국내외에서 진행된 PR 캠페인의 예시를 살펴보도록 하겠습니다. 널리 알려진 PR 캠페인의 사례를 살펴보면 PR 캠페인이 더욱 쉽게 이해가 될 것입니다. 기업PR의 주요 활동으로 디지털 커뮤니케이션, 위기 및 쟁점관리, 브랜드 커뮤니케이션, 사내 커뮤니케이션, 평판관리, 미디어 관계 인수합병 PR, 투자자관계, 대정부관계, 사회공헌활동, 등 다양한 활동이 있습니다. 이 중에서, 기업의 자선활동은 체계적으로 관리되면 지역사회와 세계사회를 돕는 일이 되며, 그런 과정에서 회사의 명성을 높일 수 있는 좋은 기회가 될 수 있습니다. 따라서 기업의 자선활동을 통한 PR 캠페인을 진행한 화장품 방문판매회사인 에이본(Avon)의 예를 살펴보도록 하겠습니다.

에이본은 1998년 유방암 퇴치를 위한 걷기 대회를 시작한 이래, 지금까지 8억 달러 이상의 기금을 조성하였습니다. 이 대회가 열리는 각 도시에서는 유방암을 이겨내고 생존한 여성들을 포함하여 수천 명의 여성들이 유방암 퇴치를 위한 기금 마련을 위해 3일 동안 하루에 20마일씩 걸었습니다. 이 걷기 대회는 행사의 주역인 참가자 자신들이 스스로 감동하게 되며, 걷는다는 즐거움과 걷는 도중 참가자들 사이에서 형성되는 유대감이 소중한 경험이 됩니다. 에이본이 이러한 이벤트를 만들고 지원한 것은 이 회사가 전 세계의 여성들에게 절실한 문제의 해결을 위해 노력한다는 것을 전 세계에 보여준 좋은 사례가 되었습니다(아르젠티, 포먼, 2006).

AVON
WALK for
BREAST
CANCER

Avon Foundation is a 501(c)(3) public charity

특히 에이본이 여성 건강을 위해 운용하는 다양한 프로그램 중에서 가장 대규모인 유방암 십자군(Breast Cancer Crusade)는 유방암에 대한 연구를 지원하며, 특별히 가난하고, 혜택 받지 못한 여성들에 대한 치료 서비스를 제공합니다. 에이본이 여성의 건강 문제에 자선활동의 초점을 맞추는 이유는 바로 이 회사의 핵심 아이덴티티가 바로 여성들과 관련되어 있기 때문입니다. 에이본은 여성들에게 일자리가 거의 없던 1886년 창립 이래, 여성들로 구성된 판매팀에 회사의 영업을 의존했습니다. 다른 회사와 차별화되는 바로 이러한 요소가 여성들을 위한 자선 활동에 큰 의미를 부여했으며, 여성들에게 일자리를 제공한다는 회사의 오래된 전통을 부각시킴으로써 고객들로부터의 호의적인 반응을 유도할 수 있었습니다. 여성의 건강문제에 대한 이벤트를 통해 점점 회사의 아이덴티티를 형성해 간 에이본은, 기업이 대중의 이익을 위해 일하면서 기업 스스로의 명성도 동시에 쌓아나갈 수 있다는 것을 보여준 매우 좋은 예라고 볼 수 있습니다.

한편, 국내에서 '현대카드 슈퍼매치' PR 캠페인은 빅스타 이벤트를 통해 브랜드의 호감도를 높이고 다양한 뉴스 창출과 중계방송 노출 등을 이끌면서 카드업계에 돌풍을 가져온 성공 사례로 볼 수 있습니다(김주호, 2008). 현대카드는 카드업계의 비교적 후발주자로 1984년 시티회사의 다이너스클럽카드가 2001년 현대자동차 그룹으로 편입되면서 사명이 현대카드로 바뀌었습니다. 현대카드는 영어 알파벳시리즈를 선보이며 다양한 알파벳 문자를 활용하여 혜택의 선호도에 따라 카드를 선택할 수 있도록 하였습니다. 또한 블랙, 레드, 퍼플카드 등 고객을 차별화해 프리미엄 서비스를 제공하는 방법으로도 성공을 거두었습니다.

하지만, 빠르게 변화하는 고객의 수요와 더불어 카드업계의 침체에 따라, 현대카드는 경쟁에서 이기기 위한 돌파구를 일정수준의 팬덤을 보유한 테니스, 피겨 스케이트 등의 몇몇 비인기 종목에서 찾았습니다. 세계적인 스타의 단독 스폰서 활동을 통해 빅 이벤트 대회를 마련하게 된 것입니다. 현대카드는 2005년 서울 올림픽공원에서 테니스 요정 마리아 샤라포바와 흑진주 비너스 윌리엄스가 펼치는 '현대카드 슈퍼매치'를 개최하였습니다. 이어, 2006년에는 한국 피겨스케이팅의 간판스타 김연아를 비롯해 세계 최정상급 피겨 아티스트들 14명을 초대하여 화려한 아이스 쇼를 연출하였습니다. 세 번째 현대카드 슈퍼매치 시리즈는 2006년 테니스 세계 랭킹 1, 2위인 로저 페더러와 라파엘 나달이 참여하는 슈퍼매치로 개최되었으며, 특히 롤렉스, 나이키 등 글로벌 회사들이 스폰서로 참여해 주목을 받기도 했습니다. 네 번째 슈퍼매치는 2007년 로저 페더러와 과거의 테니스 황제 피트 샘프러스의 경기로 진행되어 고객의 관심을 끌었습니다.

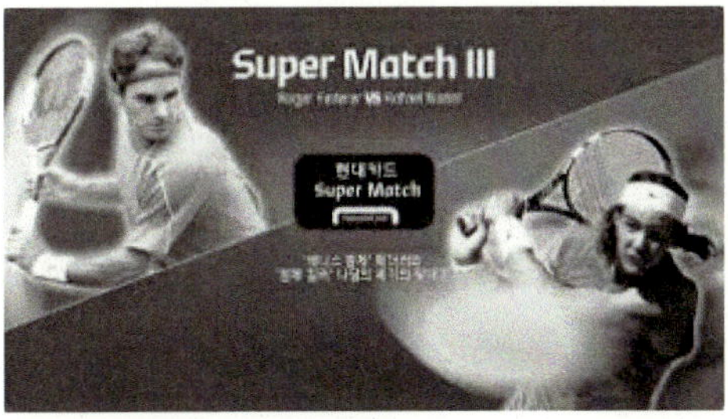

스포츠를 중심으로 진행되어 온 수퍼매치 시리즈는 문화 이벤트로 변신을 꾀하며, 다양한 예술, 문화 분야를 추구하는 고객들에게 새로운 모습으로 다가갔습니다. 2007년 문화 이벤트에서, 국내 팝 앨범 중 최다 판매를 기록하고, 독일 월드컵 공식 아티스트로 선정된 일디보(Il Divo)의 슈퍼 콘서트 공연을 출발로, 현대카드는 회원들을 대상으로 다양한 할인 혜택을 제공하였습니다. 또한 2007년 현대카드 후원으로 세계적인 팝 디바 비욘세(Beyonce)는 올림픽 공원에서 대규모 슈퍼 콘서트 공연을 가졌습니다. 현대카드는 보도 자료나 공연 실황 등을 통해 회사 로고나 카드 이미지를 노출시키는 것은 물론 현대카드 결제 시 할인 혜택도 제공하였습니다. 결국, 현대카드는 세계 최고의 스타와 만나는 차별화된 스포츠와 문화 이벤트를 통해 고객에게 다가감으로써 사회적 관심도를 높이고, 고객과의 상호 공감도 얻어내는 이중의 효과를 거두었다고 볼 수 있습니다.

저자소개

김유정 교수
(건국대학교 미디어커뮤니케이션학과)

현재 건국대학교 미디어커뮤니케이션학과에 재직 중이며, 광고와 커뮤니케이션, 광고와 소비자 행동, 광고기획실습 등을 가르치고 있다. 미국 텍사스대학교 (University of Texas at Austin)에서 광고학(Advertising) 전공으로 석사 및 박사학위를 받았다. 유학 전에는 (주)금강오길비에서 광고/미디어 실무를 담당하였으며 학위 취득 후 홍콩 시티대학교(City University of Hong Kong)에서 광고와 디지털 미디어 담당 교수로 재직했다. 소셜미디어, 디지털 테크놀로지와 관련된 다양한 분야의 커뮤니케이션, 소비자 및 광고심리가 주요 연구분야다.

4

광고와 PR회사에서 하는 일은?

조삼섭(숙명여자대학교 홍보광고학과 교수)

1. 광고와 PR의 차이

일반적으로 광고대행사와 PR회사로 잘 알려진 이 2개의 비즈니스 영역은 자본주의 시장경제 하에서 고객사라 불리우는 클라이언트(Client)의 문제를 해결해주는 역할을 합니다. 협의의 의미에서 우선 광고와 PR의 차이를 살펴보면, 광고가 온라인 혹은 오프라인 매체의 시간과 지면을 구매하여 메시지를 전달하는 역할이 큰 비중을 차지한다면, PR은 주로 미디어를 대상으로 한 콘텐츠 배포, 언론홍보, 프로모션 활동이 큰 비중을 차지합니다. 일반적으로 광고가 마케팅의 주요한 수단으로 제품과 서비스 인지 제고에 효과적인 반면에, PR은 언론과 같은 제3자에 의한 뉴스기사화나, 신뢰도 높은 정보원을 통한 긍정적 여론형성이나, 메시지 신뢰도 부여가 장점입니다. 광고는 지면과 매체시간을 구매하기 때문에 메시지 게재가 보장되는 반면에 PR은 언론 등 제 3자를 통한 뉴스 기사화가 목표이지만 항상 보장되지는 않습니다.

흔히 대형 종합광고대행사는 광고대행과, PR 대행 역할을 동시에 하는 부서를 가지고 있기도 하지만, 대부분 광고 회사는 광고를 중심으로 한 매체대행과 제작 대행을 하고, PR회사는 광고회사와 독립적으로 존재하는 게 일반적입니다. 우리나라에서 각 기업이나 정부부처는 홍보실이나 대변인실을 자체적으로 가지고 PR활동을 하는 반면에 광고 제작이나 매체대행은 외부 전문 광고대행사를 통해 하는게 일반적입니다.

디지털 매체환경으로의 급속한 변화로 인해 광고나, PR 실무도 많이 변화하고 있습니다. 한국방송광고공사[1] (2018)의 광고비 통계에 의하면, 총광고비 추정 13조6836억 중에서 온라인광고가 40.3%인 5조 5천억, 방송광고가 30.4%인 4조 1577억, 인쇄광고가 16.6%인 2조 2672억, 옥외광고가 9.8%인 1조 3366억, 기타광고 3%인 4089억 순으로 나타나고 있습니다.광고 시장 변화추이를 보면 해마다 온라인 광고는 가장 빠르게 성장하고 있는데, 특히 모바일 광고 혹은 스마트 광고의 성장속도가 두드러집니다. 종사하고 있는 인력도 전체 25,000여 명 정도가 광고 산업에 종사하고 있는데, 남성이 66%, 여성이 34% 정도를 차지하고 있습니다.

광고비는 주요 매체사의 주요 수익기반이라 할 수 있는데, 주요 지상파방송사, 케이블방송은 물론이고, 대표적인 포털인 네이버, 다음도 검색광고에 의한 광고수입이 큰 비중을 차지하고 있습니다. 이만큼 광고는 매체사 경영에 중요한 수입원 역할을 하고 있고, 마케팅에서 큰 역할을 차지하고 있다고 볼 수 있습니다.

흔히 홍보라고 불리우는 PR도 점점 성장을 하고 있는데, 일반적으로 홍보라고 하면 언론홍보 위주의 언론뉴스 기사화 정도의 역할로만 인식을 하는 경향이 강하지만 조직의 성패에 영향을 주는 다양한 공중들과의 커뮤니케이션 관리 차원에서 Public Relations 즉 공중관계라는 의미가 더 포괄적 의미를 담고 있어서 홍보보다는 PR로 부르는 것이 더 바람직하다고 하는 견해가 우세합니다.

현재 디지털 매체환경하에서 직접 고객과 소통이 가능하고, 1인 미디어 시대, 인플루언서, 블로거 등의 영향력이 점점 커지는 환경이기에 3자를 통한 커뮤니케이션은 갈수록 중요해지고 있고 결국 내가 아닌 타자의 입을 통한 PR활

[1] 과학기술정보통신부, 한국방송광고공사 〈2018 방송통신광고비 조사보고서〉

동은 갈수록 중요해지고 있습니다.

특히 최근 광고나 PR의 주된 특징은 스토리텔링의 형식을 공통적으로 중시하는 점인데, 이제 정부정책, 기업의 브랜드나 서비스에 대하여 자화자찬식의 일방적 메시지보다는 스토리가 담긴, 리얼리티와 재미를 부가한 콘텐츠 유형을 고객이나 공중들은 선호하여, 스토리텔링은 단순한 기법이 아니라, 광고나 PR 기획의 핵심 요소라고 할 수 있습니다.

2. 광고회사가 하는 일

1) 광고회사 부서별 업무

광고회사가 하는 일을 알기 위해서는 우선 광고회사의 내부조직을 이해할 필요가 있습니다. 광고회사는 회사마다 조금씩 부서 명칭이나 역할이 다르지만, 기본적으로는 광고기획, 광고제작, 디지털광고기획, 지원부서, 경영지원 팀을 가지고 있습니다. 〈그림 4.1〉과 같이 광고회사는 기본적으로 다섯 가지의 기능을 가지고 있다고 볼 수 있습니다.

먼저 광고기획 광고영업은 광고주와의 창구역할을 하면서 큰 틀에서 광고

[2] user interface
[3] user experience

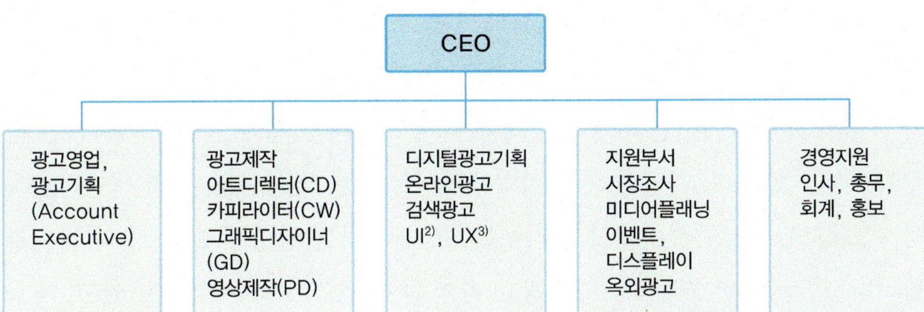

그림 4.1 광고회사 조직도

기획자 역할을 합니다. 내부에서는 광고주 입장을 대신하여 광고제작부서나, 지원 부서와의 협업을 통해 광고제작 방향을 전달합니다. 반대로 내부에서 제작한 광고안이나, 제작방향을 광고주에게 설득하는 역할을 합니다. 말하자면 광고영업, 광고기획은 전체 광고기획부터 영업에 이르기까지 전체를 총괄하는 감독의 역할을 한다고 할 수 있습니다. 광고안이라는 것이 정해진 정답이 없기에 광고를 최종 만들어가는 일은 광고주, 광고회사, 외주 제작사와의 상충되는 견해를 조율하고, 서로 이해시키는 과정이라고 볼 수도 있기에, AE라고 불리는 광고기획자는 이러한 역할을 총괄한다고 할 수 있습니다.

광고제작은 광고주가 의뢰한 광고 크리에이티브 컨셉하에 광고안을 구체화하는 일을 합니다. 광고시안을 제작하여 광고주로부터 컨펌을 받아 실제 광고안을 제작하고, 최종 광고주 승인을 받아 매체를 통해 집행될 광고를 완성하게 됩니다.

광고제작부서의 크리에이티브 디렉터는 광고제작팀을 총괄하는 역할로, 전체 광고제작의 완성도를 높이기 위해 카피, 그래픽 안이 컨셉에 맞는지 리뷰하고 조정하는 역할을 담당합니다.

카피라이터는 광고카피를 담당하며, 그래픽디자이너는 영상이나 그래픽안을 스토리 구성기획과 제작을 담당합니다. PD라 불리는 프로듀서는 CM 플래너라고 불리기도 하는데 영상광고제작 관련된 업무의 기획과 제작을 총괄하는 역할을 합니다. 각자 맡은 업무는 다르지만, 그러나 최종 광고제작안은 여러 시안중에서 하나가 채택되고, 이 시안은 광고주에게 제시되고, 승인과 수정과정을 거쳐 최종 완성하게 됩니다.

일반적으로 광고회사의 제작팀에서는 제작의 광고제작의 컨셉을 정하고, 대략적인 스토리보드를 정하는 전체 광고 제작의 총괄하는 기능을 하는데, 규모가 큰 광고대행사에서는 다양한 제작 협력사에게 다시 제작 업무를 의뢰하는 경우가 일반적입니다. 다양한 외부 협력제작사는 구체적인 광고 콘티, 시안작업을 하기도 하고, 프로덕션이라고 불리우는 CF 제작사는 영상광고제작을 전문으로 합니다. 영상광고 제작사도 영상광고 촬영을 전문으로 하는 회사도 있고, 영상광고 편집을 전문으로 하는 제작사도 있습니다. 영상이외에도 광고모델을 전문으로 연결시켜주는 모델 에이전시가 있기도 하고, 각종 광고에 들어가는 사진을 전문으로 갖춘 슬라이드나, 영상자료를 전문으로 대여해주는 외주사도 있습니다. 흔히 소규모 인원으로 구성된 광고제작을 전문으로 하는 작은 회사를 제작부티크(boutique)라고 부르기도 합니다.

최근 디지털 매체환경에서의 광고 콘텐츠는 비디오, 텍스트, 그래픽, 애니메이션, 사운드 등으로 구성되는 특징을 가집니다. 이에 따라 과거 방송광고가 주류를 이룬 환경보다 갈수록 모바일이나 컴퓨터에서 구현되는 기술이 중요해지고 있습니다. 최근에는 각 광고회사마다 디지털 광고기획팀을 별도로 두고 있습니다. 많은 소비자와 공중이 이제 모바일로 뉴스를 보고, 쇼핑을 하며, 타인과 소통하기 때문입니다. 이러한 배경에서 소비자와의 직접 상호작용성이 중요하고, 타인과 공유하는 기능을 디지털에서 구현하는 기술은 중요합니다. 이에 따라 디지털제작은 컴퓨터 그래픽, 애니메이션 기법 등을 다룰 줄 알아야 하고, 전달하는 내용이 어떻게 소비자와 상호작용을 구현할 것인지를 다룰 줄 아는 웹기술 전문 지식을 갖추고 있어야 합니다.

최근에는 디지털 광고 영역의 성장에 대응하기 위해 디지털 크리에이티브팀을 별도로 두는 경우가 많은데, 디지털 팀에서는 온라인광고, 검색광고 등 온라인이나 디지털 광고기획, 디지털 광고캠페인을 전문하는 일을 전담하고 있습니다.

광고기획과 광고제작이 핵심을 이루지만, 이러한 과정에서 지원기능을 해주는 지원팀이 각 회사마다 존재합니다. 우선 마케팅조사 혹은 리서치팀에서는 광고주가 의뢰한 브랜드, 서비스의 현황을 분석하고, 소비자가 지각하는 이미지, 경쟁사와의 구도하에서의 포지셔닝 등을 전문적으로 조사하는 역할을 담당합니다. 리서치팀에서는 필요에 따라서는 다시 조사전문회사와 협력하여 전문적인 조사업무를 의뢰하기도 합니다. 조사는 양적인 온라인 설문조사도 하지만, 해당 제품이나 서비스의 주사용자들을 모아놓고 견해를 청취하는 질적인 포커스그룹을 진행하기도 합니다.

매체기획팀에서는 제작된 광고안을 주어진 예산과 타겟을 고려하여 어느 매체에 어느 시간대에 어느 정도의 노출을 할 것인지를 결정하여 집행하는 역할을 합니다. 매체기획팀에서는 방송광고, 그래픽광고, 디지털 광고, 옥외광고 등의 비중을 적절히 조합하여 집행하는 역할을 하게 됩니다. 매체기획팀에서는 이러한 기능을 수행하기 위해서 방송 시청률데이터, 라디오 청취율 데이터, 디지털 콘텐츠 조회 데이터, 매체 발행부수 등을 중요한 매체기획 시 참고자료로 활용하게 됩니다.

이벤트팀은 클라이언트가 의뢰하는 규모가 큰 행사라 할 수 있는 각종 대회, 전시, 회의, 기념식 등 행사를 기획하고 집행하는 팀입니다. 가장 규모가 큰 올림픽이나, 스폰서쉽으로 진행되는 경기, 전시회 등은 장소대관, 출연진 섭외, 행사 공연, 행사 홍보 등을 포함하는 종합 기획이라고 할 수 있습니다. 평창동계올림픽이라든지, 전국체전 등의 유형에 해당하는 이벤트가 여기에 해당한다고 할 수 있습니다.

디스플레이팀은 전시 디자인을 담당하는 부서로, 로드쇼, 박람회, 제품전시회와 같이 클라이언트를 위한 공간 디자인, 부스설치 등을 담당하는 부서로 프로모션의 중요한 기능을 담당하고 있습니다. 신제품을 론칭하거나, 해외에서 정기적으로 개최되는 신제품 전시회가 대표적인 전시 디자인이 필요한 사례입니다.

옥외광고는 옥외매체를 이용하여 광고집행시, 기획, 광고물제작, 설치, 관리를 담당하는 부서로, 주목효과가 좋은 옥외 공간이나, 지하철이나 버스 등과 같이 교통이동 수단도 대상 매체가 될 수 있습니다. 최근에는 디지털 사인이지(digital signage)로 불리는 디지털 옥외매체가 중요해지고 있는데 이는 고객이 직접 터치로 상호작용이 가능한 기능이 증가하는 추세입니다.

광고회사는 광고기획, 제작, 프로모션을 지원해주는 부서 이외에도 전체 회사의 경영에 관여하는 기획, 인사, 총무팀 등을 두고 있습니다. 기획부서는 광고회사의 중장기 경영계획이나, 새로운 비즈니스 발굴 등의 업무를 하는 역할을 합니다. 인사팀은 신입사원이나 경력사원 등의 인력채용, 재직 중인 직원들 인사관리 업무를 하는 역할을 합니다. 총무팀은 회사 살림에 필요한 각종 설비, 공간제공, 관리 역할을 도와주는 곳입니다.

앞에서도 기술하였듯이 광고회사마다 부서의 명칭이 다를 수는 있으나 보통 이같은 기획, 제작, 지원 부서를 두고 있으며 이러한 부서간 상호 협업시스템으로 광고회사는 움직이게 됩니다.

2) 광고회사의 수입구조

흔히 광고회사가 하는 일 못지 않게 이해가 필요한 부분은 광고회사가 수익을 올리는 수입구조 부분입니다. 대행사라는 이름에 내포되어 있는 것 같이 광고회사는 광고주를 대신하여 광고대행을 통해 수익을 얻는 시스템입니다. 대행은 크게 매체대행과 제작대행으로 구분이 가능한데, 매체대행은 매체별로, 전체 광고비 별로 조금씩 다르지만, 보통 10%~15%의 대행 수수료를 광고주에게 청구하게 됩니다. 제작대행은 광고 제작물 원가에 수수료 17.65%를 더해 청구하는게 일반적입니다. 이같인 광고회사는 매체대행과 제작대행을 통해 수익을 내는 구조로 이중에서도 규모가 큰 매체대행이 광고회사의 주 수익원이라고 할 수 있습니다.

3) 광고 제작과 매체 집행 과정

한편의 광고가 기획되어 제작되기까지의 과정을 정리하면 아래 〈그림 4.2〉와 같이 요약할 수 있습니다. 먼저 광고주와의 회의를 거쳐 광고해야할 브랜드나 서비스에 대한 현 상황, 문제점을 파악하고, 광고예산과 일정을 파악함이 우선입니다. 광고회사는 주어진 문제를 해결하기 위해 해당 건에 대한 상황분석, 경쟁사분석, 이미지 분석을 통해, 광고제작방향을 정하게 됩니다. 광고 기획과 제작팀에서는 광고표현의 주제라고 할 수 있는 광고컨셉을 정하고, 매체별로 광고시안을 작업하게 됩니다. 광고시안은 보통 단일안을 아닌 복수안을 준비하게 되며 광고주에게 복수안을 제시한 후에 최종 승인을 받아 광고제작에 들어가게 됩니다. 선택한 광고시안대로 영상광고 혹은 인쇄광고를 제작하지만, 최종 광고안을 완성하기 까지는 카피, 사운드, 레이아웃 등 수정과정을 거쳐 최종 안이 만들어지게 됩니다. 광고안은 예산에 맞게 설계된 매체에 집행하게 되며, 최종적으로 광고회사는 제작비와 매체비를 광고주에게 청구하고 제작비를 정산하는 단계를 거치게 됩니다.

1. 광고주와 회의
광고주와의 회의를 통해 광고주가 가진 문제를 파악하고, 자료를 수집하고 광고예산과 일정을 파악함

2. 광고안 전략 수립
해당 브랜드나 서비스에 대한 상황분석, 경쟁사 상황을 파악하여 방향을 설정

3. 광고컨셉 도출
전체 광고표현안을 관통하는 컨셉을 정하기

4. 광고 시안 제작
광고 컨셉안에 맞는 광고 시안을 제작하여 광고주에게 승인받기

5. 광고 제작
승인받은 광고시안에 맞게 실제 광고물 제작

6. 광고안 수정
영상물의 가편집 혹은 인쇄광고물의 가제작 상태의 광고안에 대한 광고주의 승인

7. 광고안 매체집행
최종 수정된 광고안 매체집행 (영상, 그래픽 , 디지털)

8. 제작비 정산 및 피드백
광고제작비 정산 및 광고주, 소비자 반응 수렴

그림 4.2 광고 제작 과정

3. PR회사가 하는 일

1) PR회사의 조직과 담당 업무

어느 조직이나 평판(이미지), 브랜드, 서비스에 대한 커뮤니케이션 관리는 중요합니다. PR은 이같은 조직에 영향을 미치는 다양한 공중들과 커뮤니케이션을 관리하는 일이라고 할 수 있습니다. 일반적으로 공중은 조직이 직접 보내는 정보보다는 해당 조직이 아닌 3자가 보내는 정보를 신뢰하는 경향이 강합니다. 예를 들어 공중은 언론이나 전문가와 같은 정보원을 더 신뢰하는 특성[4]이 있기에 이러한 신뢰 획득에 커뮤니케이션에 역점을 두는게 PR 실무입니다. 따라서 어느 조직에서든 홍보실이나 PR팀, 커뮤니케이션팀으로 불리는 조직을 두고 있습니다. 모든 조직은 내부에 직접 커뮤니케이션 관리를 책임지는 조직을 가지고

[4] 제3자 진술(third party endorsement)

있지만, 경우에 따라서 외부의 전문적인 PR회사 서비스를 이용하기도 합니다. PR회사의 전문적 서비스를 이용하는 조직 유형을 살펴보면, 소비재 기업, 광고회사, 비영리단체, 정부, 지자체와 같은 공공조직 등 고객사들은 다양합니다. 이러한 조직들은 공중대상 커뮤니케이션을 통해, 공중태도 변용, 호의적 여론조성, 평판관리, 사안에 대한 커뮤니케이션 컨설팅 목적으로 PR 서비스 의뢰를 합니다.

PR회사는 전문적인 서비스 제공을 통해 고객사의 커뮤니케이션 문제를 해결하는데 도움을 줍니다. 광고회사와 달리 PR회사는 기획과 제작으로 구분하기보다는 PR주[5] 유형에 맞춘 PR AE 중심의 조직이 일반적입니다. 아래 조직도는 PR회사 조직의 한 예시로, PR주 유형별로 팀을 구성하여 대응하는 형태입니다. PR회사의 핵심은 AE기능을 하는 PR기획과 실행을 담당하는 AE로, AE는 PR주를 대응하며, 여러 유형의 PR서비스를 제공하게 됩니다. 클라이언트의 유형을 크게 민간과 공공으로 구분하기도 하는데, 민간 영역의 클라이언트를 회사마다 더 세분화하여 팀을 구성하기도 합니다. 최근에는 대부분 PR회사가 디지털 PR의 상대적 중요도가 높아지는 추세를 반영 디지털팀을 두고 소셜미디어 운영전략, 채널 관리, 디지털 콘텐츠 제작 기능을 담당합니다. PR회사의 경영지원팀은 인력채용이나 관리를 하는 인사팀, 회사경영을 지원하는 총무팀, 재정을 담당하는 회계팀을 두고 있습니다. 이밖에도 광고회사같이 큰 규모는 아니지만, 각종 제작물을 담당하는 지원부서가 있어 영상, 그래픽, 이벤트 제작물을 지원하는

[5] 광고주와 비교하여 PR 서비스를 의뢰하는 클라이언트를 PR주로 칭할 수 있음.

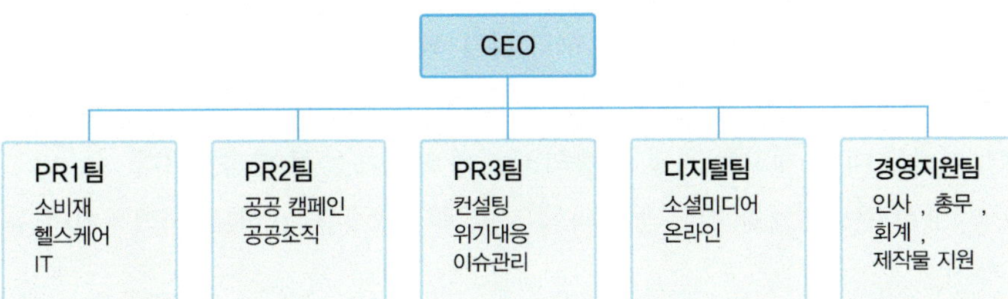

그림 4.3 PR회사 조직도 예

팀이 별도로 있는 경우가 있습니다.

2) PR실무자가 하는 일

광고가 타겟 오디언스를 고객 혹은 소비자로 집중하여 커뮤니케이션을 한다면 PR은 조직의 성패에 영향을 주는 다양한 공중들을 대상으로 커뮤니케이션하게 됩니다. 흔히 홍보라고 불리는 PR의 Public Relations을 직역하면 공중관계라고 할 수 있는데 이같이 PR은 조직에 영향을 주는 언론, 거래선, 투자가, 고객, 내부 직원 등 다양한 공중과의 커뮤니케이션을 담당하게 됩니다. 조직을 둘러싼 공중들을 대상으로 우호적인 여론형성을 위해 설득 커뮤니케이션 활동, 이슈별 커뮤니케이션 관리가 중요한 업무라고 할 수 있습니다. 실제로 이같은 대공중 커뮤니케이션은 중요하기에 어느 조직이든 홍보실 혹은 커뮤니케이션팀, PR팀이라 불리는 내부 조직을 두고 있습니다. 기업이 홍보실 혹은 커뮤니케이션팀을 가지고 있다면 정부부처는 대변인실이라는 이름으로 조직을 가지고 있습니다. 광고가 대부분 제작과 매체대행을 대행사를 통해 하는 게 일반적이라면 PR업무는 그만큼 중요하기에 언론홍보나, 내부조직원 대상 PR업무는 외부 대행을 하지 않고 자체적으로 하는 경우가 많다고 할 수 있습니다.[6] 언론홍보나, 내부 구성원 대상 커뮤니케이션은 조직의 민감한 정보가 포함되고 그러다 보니 내부조직에서 처리해야 한다고 인식하기 때문입니다.

PR회사의 PR AE 업무는 다양한데 PR 서비스 프로젝트 수주를 위한 제안서 쓰기가 우선 중요합니다. 제안서의 핵심은 PR주의 문제를 해결하기 위해 상황분석, 전략, 프로그램안이 논리적, 설득적이어야 하며, 이러한 제안서 작업을 통해 타회사와 경쟁하여 제안서 발표를 하게 되고, 내용이 설득적인 경우에 수주를 하게 됩니다. 일반적으로 PR주가 의뢰하는 PR 서비스 유형을 목적별로 분류하면 인지도 제고, 인식개선, 마케팅 활동, 호의적 여론형성, 이슈 대응 컨설팅, 이벤트 대행, 제작물 대행, 공중의 태도와 행동개선 등 다양합니다.

PR회사에서 가장 기본적인 역할은 고객사의 제품, 브랜드, 기업차원의 뉴

[6] 외부 PR회사와 구분하여 기업이나 정부부처의 자체 홍보실 조직을 인하우스 조직이라 함.

스 모니터링, 여론 모니터링 업무입니다. 일일 단위로 언론사 뉴스에서 기사화되거나, 뉴스를 통해 무엇이 어떻게 언급된 것인지 탐색하는 업무입니다. 소셜미디어 상에서 고객사의 브랜드 서비스가 어떻게 언급되고 있는지를 모니터링하여 고객사에 제공하는 일은 가장 기본적인 업무입니다. 이러한 고객사에 대한 언론보도 분석은 PR주의 유형에 관계없이 기본적으로 행하는 실무입니다.

PR실무는 언론을 대상으로 정보를 제공하거나, 정보요청에 대응하는 경우가 빈번합니다. 따라서 PR AE는 보도자료 작성을 잘 할 줄 알아야 하며, 6하 원칙(5W 1H)에 의거하여 핵심을 잘 요약하여 전달 할 줄 아는 라이팅 능력이 중요합니다. 보도자료의 헤드라인이나 부제를 적절하게 만드는 능력이 여기에 해당한다고 할 수 있습니다. 필요에 따라서 말하기 글쓰기라고 할 수 있는 연설문 작성도 PR실무자의 업무입니다. 최고 경영자, 주요 인물의 주요 스피치는 PR커뮤니케이션의 주요한 도구 중 하나입니다. 흔히 언론을 대상으로 뉴스정보 자료를 제공하는 것을 피칭(pitching) 한다고 하는데, PR실무자는 고객사의 제품이나, 서비스에 대한 긍정적 보도를 유발할 수 있는 기사자료, 참고자료를 발굴하여 언론사 기자들에게 보내는 업무도 중요한 업무입니다. 이를 위하여 언론사 기자들과의 좋은 관계를 유지하는 것은 언론PR 업무에 중요한 기반이기도 합니다. 언론대상으로 브리핑이나 기자간담회를 주선하기도 하고, 사안이 중요할 경우에는 언론과의 인터뷰, 기자회견을 열어 언론에 직접 정보를 전달하고 질의응답 시간을 마련하기도 합니다.

마케팅 차원에서 PR은 제품이나 서비스에 대한 퍼블리시티 효과로 도움을 줄 수 있습니다. PR회사는 고객사를 위하여 PR이벤트를 기획하여 실행하기도 합니다. 제품 발표회, 전시회, 기자회견, 투어, 현장 견학 등 공중과 언론의 관심을 끌 수 있는 이벤트를 기획하고 진행할 수도 있습니다. 이러한 이벤트 기획은 언론의 노출을 전제로, 참여유발, 창의성, 확산성 등이 중요한 요소가 됩니다.

PR실무자가 제공하는 다른 서비스는 이슈 대응 커뮤니케이션 컨설팅, 위기대응 커뮤니케이션과 같은 컨설팅 서비스를 들 수 있습니다. 급변하는 디지털 환경에서 전혀 예기치 않았던 이슈들은 언론 말고도 일반 공중도 문제를 제기하며, 소셜미디어를 통해 짧은 시간에 급속하게 전파되는 디지털 환경입니다. 또한 논란이 되거나, 찬성과 반대로 나뉘는 쟁점에 대하여 조직은 공중을 대상으로 이슈, 제품, 브랜드, 정책에 대하여 적절한 커뮤니케이션을 해야 합니다. PR회사는 PR주들을 대상으로 미디어에 어떻게 대응해야 하는지를 컨설팅할 뿐 아니라 실제 모의 연습을 통해 언론 인터뷰 연습인 미디어 트레이닝을 제공하기도 합니다.

모바일 환경의 급속화로 디지털 콘텐츠 제작과 관리는 PR실무자의 중요한 업무 중 하나입니다. PR실무자에게 디지털 매체운영 전략 기획, 디지털 콘텐츠 제작, 콘텐츠 업데이트 및 모니터링이 주요한 업무라고 볼 수 있습니다. 대표적인 소셜미디어라고 할 수 있는 유튜브, 페이스북, 인스타그램, 트윗터의 콘텐츠 제작 및 관리는 물론, 홈페이지, 블로그 등 운영도 디지털 PR회사의 주요한 업무 중 하나입니다.

매체운영 기획은 소셜미디어별로 어떻게 채널을 운영할 것인지를 기획하며, 어떤 성격의 콘텐츠를 올리고, 정기적인 업데이트, 효과분석은 기획과정에서 주요한 업무입니다. 더불어 디지털 매체환경에서 PR실무자는 공중의 참여를 어떻게 하면 자연스럽게 이끌어낼지, 모바일이나 다양화되는 매체 환경에 적합하게 구현이 될지, 유입과 조회수를 늘릴지 PR주와 협의하게 기획하는 역할을 합니다.

PR실무자는 이러한 디지털 콘텐츠 제작을 위해 필요하다면 일러스트 제작, 웹드라마와 같은 영상 제작, 카드뉴스 그래픽 제작 등을 전문으로 하는 외부 제작협력사에 작업을 의뢰하기도 하고 이러한 전체 작업을 총괄하는 업무를 맡습니다. 디지털 PR분야에서 PR 실무자는 디지털 콘텐츠에 대한 공중 반응을 모니터링하고 공중 의견에 답변을 달기도 하고, 이러한 반응을 요약하여 고객사에게 주기적으로 정보를 제공합니다.

PR회사는 규모가 큰 대형 PR 캠페인을 수주하여 집행하기도 하는데, 평창동계 올림픽과 같은 글로벌 PR을 진행하기도 하고, 정부차원에서는 국가 이미지 제고를 위한 해외PR, 해외관광객 유치를 위한 PR 업무를 의뢰하기도 합니다. 경우에 따라서 통합적 PR 캠페인 집행차원에서 PR회사는 광고회사와 공동으로 프로젝트를 수주하여 진행하기도 합니다.

PR 캠페인 집행은 흔히 종합홍보대행이라고도 불리우며, PR주에게 통합 PR캠페인을 기획하고 구체적인 프로그램안을 집행하게 되는데, 예산과 일정을 조율하여 집행하는 과정입니다.

2) PR회사의 수입구조

PR회사는 어떻게 수익을 내는 것일까요? PR 회사는 광고회사의 매체대행을 통한 수입 방식이 아닌, fee라고 불리우는 실무자의 인건비에 해당하는 수수료가 수입의 중심을 이룹니다. 대부분의 PR 서비스는 실제로 PR실무자의 시간을 할애하여 제공하는 것이기에 해당 업무에 투여한 시간만큼의 fee로 수익을 얻는 구조입니다. PR회사는 인건비 외 기타 제작물에 대해서 광고회사와 마찬가지로 일정 비율의 대행수수료를 부과하여 고객사에게 비용을 청구하는 시스템을 가지고 있습니다.

3) PR 회사 유형과 실무자의 자질

PR서비스를 제공하는 PR회사도 점점 전문화하는 경향을 보이고 있습니다. PR주가 의뢰하는 서비스 영역에 따라 PR회사는 다양한 영역을 다루고 있습니다. 우선 민간분야에서 소비재 브랜드, 헬스케어, IT, 엔터테인먼트, 식음료 분야의 PR서비스를 제공하며, 정부, 지자체, 공기업 등 공공분야를 전문적으로 하는 PR회사도 있습니다. 민간 영역 분야에서는 마케팅커뮤니케이션에서의 특화된 역할을 하는 경우가 많으며, 위기관리, 쟁점관리 영역에 전문 역할을 수행합니다.

앞에서 살펴본 대로 PR실무자는 언론을 상대로, 오피니언리더, 인플루언서 등 핵심공중을 대상으로 설득하는 역할을 수행하는 성격이 강합니다. 이러한 일을 잘 수행하기 위해서 PR실무자는 우수한 라이팅 능력, 문서작성 능력, 말하기 능력을 필요로 합니다. 광고회사도 마찬가지이지만, 창의적 기획력, 대인관계 능력, 프리젠테이션 능력, IT기기 숙달도 등은 PR 업무 수행에 중요한 자질입니다. PR실무자는 평소 언론뉴스, 관심가진 분야나, 이슈에 대한 오프라인 및 소셜미디어에서의 여론의 추이에도 관심을 가지는 것이 필요합니다.

저자소개

조삼섭 교수
(숙명여자대학교 홍보광고학과)

제일기획에서 8년간 근무하다가, University of Florida에서 매스 미디어 전공으로 박사학위를 받았으며, 현재 숙명여자대학교 홍보광고학과 교수로 재직 중이다. 숙명여자대학교에서 PR원론, 공공PR, 리서치와 데이터분석 등의 수업을 가르치고 있다. 주요 연구 분야는 조직-공중관계, PR윤리, PR과 사회, PR효과측정 등이며, 다수의 학술 논문을 국내외 학술지에 게재하였다. 한국PR학회 16대 회장 (2014.11-2015.11)을 역임하였다.

2부

대학에서 광고와 PR 공부하기

반갑다

광고와 PR!

광고와 PR 전공을 생각하는 학생들을 위한 필독서

5

대학에서 광고와 PR전공은 무엇을 공부하나?

김효규(동국대학교 광고홍보학과 교수)

대학 신입생 선발을 위한 면접 과정에서 가장 흔한 질문중의 하나가 "왜 이 학과를 선택하셨나요?"와 "졸업 후 어떤 일을 하고 싶으신가요?"일 것입니다. 광고홍보학과의 경우 경험상 많은 예비 신입생들이 "어릴 때부터 광고 홍보에 관심이 많았고, 졸업 후에는 훌륭한 광고 홍보인이 되겠다"고 응답을 하고 있으며, 그 중 상당수는 "많은 사람들에게 도움이 되는 공익광고를 제작"하고 싶어 합니다.

당연히 면접 과정에서 질문에 대한 응답이 옳고 그름이 있지는 않지만 많은 예비 광고인들이 제작, 특히 공익 광고 제작에 관심이 많다는 것을 알게 됩니다. 일반적으로 "광고"라는 단어를 들었을 때 가장 쉽게 떠올리는 것이 TV 광고라는 연구 결과도 있습니다. 화려한 영상미를 자랑하며 15초라는 짧은 시간동안 많은 사람들의 공감을 불러일으키는 TV CF는 아주 매력적이며 기발한 아이디어가 넘쳐납니다. 예비광고인이 이런 광고를 직접 만들어 보고 싶어 하는 꿈을 가지는 것은 너무나 당연합니다. 그리고 어쩌면 면접 과정에서 이왕에 만드는 광고라면 상업적 이익을 추구하기 보다는 보다 공익적인 면을 강조하는 광고를 만들어 보고 싶다고 대답하는 것도 당연하구요.

저는 여기에서 많은 것을 느낍니다. 일단 광고는 사람들에게 전달되는 구체적인 형태로 기억된다는 점입니다. 식당에서 맛있는 음식을 주문해서 먹는 경우를 생각해보면, 대부분의 사람들은 음식을 주문하고, 잠시 기다렸다가 제공되는 음식을 보고, 먹고, 그리고 평가합니다. 음식에 사용된 겉으로 드러나는 재료야 시각이나 후각으로 쉽게 확인할 수 있을 테지만, 그 음식이 어떻게 준비되고, 어떤 구체적인 과정을 거쳐 제공되어 이 맛을 내는지를 일반인은 굳이 알 필요도 없고 알기도 쉽지 않을 것입니다. 광고도 마찬가지라고 생각합니다. 우리가 TV나 인터넷 등에서 흔하게 접하는 광고는 쉽게 보고 느낄 수는 있지만 그것이 우리에게 전달되기까지의 과정을 일반인들이 하나하나 알 필요도 없고 또 알기도 어렵습니다. 내가 만든 광고를 많은 사람들에게 보여주고 싶어 하는 광고 제작의 꿈을 안고 광고홍보학과를 지원하는 많은 학생들의 꿈을 깨뜨릴 생각은 전혀 없습니다. 오히려 적극적으로 지원하고 응원합니다. 다만 요리를 전공할 학생이라면 맛있는 음식이라는 결과물에만 집중하지 말고 그 결과물이 나오는 과정까지 알아야 한다는 점만은 강조하고 싶습니다. 광고도 마찬가지라고 생각합니다.

한편으로 면접 상황에서 상업적인 면을 강조하는 것이 학생으로서 순수하게 보이지 않을 수도 있다는 부담이 있다는 점도 이해합니다. 당연하다고 생각합니다. 하지만 광고는 자본주의 체제하에서 발전해 왔다는 점도 간과할 수는 없습니다. 대표적으로 미국을 예로 들 수 있을 것입니다. 미국이라는 나라는 여러 분야에서 전 세계에서 가장 강력한 나라중 하나입니다. 정치, 경제, 문화, 군사력 등 어느 분야 하나 뒤처지지 않은 나라일 것입니다. 광고, 홍보 역시 마찬가지입니다. 자본주의가 발달한 큰 나라답게 미국의 광고 시장은 전 세계 광고 시장의 절반을 차지하고 있습니다. 광고홍보학 역시 미국의 주도하에 학문적인 자리를 잡아갔습니다. 국내 대학의 많은 교수님들이 해외에서 광고홍보학을 공부하고 오셨다면 상당수의 교수님들이 미국의 대학에서 공부를 하셨습니다. 결과적으로 국내 광고 교육 과정은 미국을 많이 닮아 있습니다.

학문으로서의 광고홍보학에 대해 잠시 살펴보겠습니다. 이런 구분조차 의미가 없을 수 있지만 굳이 광고와 홍보를 시기적으로 구분하자면 광고학이라는 분야가 홍보학이라는 분야보다 조금 더 일찍 학문적 체계를 갖춘 모양새입니다.

광고홍보학은 여러 학문에 기초를 두고 발전을 거듭해 오고 있습니다. 광고학에 영향을 준 학문 영역으로 가장 먼저 경영학을 생각해 볼 수 있습니다. 여러 마케팅 수단의 일환으로 광고는 제품을 소비자들에게 소개하는 일을 주로 담당해왔습니다. 생산된 제품을 잘 판매하기 위해서 기업은 다양한 수단을 활용합니다. 여러 수단 중 하나로써 광고는 제품 정보를 알리는 역할을 담당합니다. 그냥 알리는 수준이 아닌 "잘 알려야" 합니다. 경쟁사 제품보다 자사 제품이 이러이러한 점에서 더 우수하다고 얘기합니다. 제품 정보를 기초로 하는 이성적인 차원의 접근만으로는 부족할 수 있습니다. 때론 감성적인 접근도 필요합니다. 즉, 좋은 점을 알리는 차원을 넘어서 "좋아하게" 해야 합니다. 소비자들이 우리 제품이나 브랜드를 감정적으로 좋아해서 선택하도록 광고는 제작되기도 합니다. 물론 기업의 입장에서 잘 알리고, 좋은 감정을 갖도록 하는 궁극적인 목적은 판매를 유도하기 위함이겠죠. 많은 판매를 통해 이윤을 축적하는 것이 기업의 목적 중 하나일테니깐요. 따라서 마케팅 영역에서 광고학이 시작한 것은 매우 자연스러운 일입니다. 국내 대학에서 광고홍보학의 시작이 경영학 분야에서 시작된 것은 이러한 현상을 잘 반영한 것이라고 보입니다.

또 다른 학문적 뿌리는 커뮤니케이션 영역입니다. 판매 지향적인 광고는 시간이 지남에 따라 일정 정도 한계를 맞이하게 됩니다. 마케팅의 시각 역시 단순한 판매 증진이 아닌 장기적인 관점에서 소비자와의 관계 구축에 주목하게 됩니다. 소통은 언제나 중요합니다. 소비자와의 관계 구축에는 광고를 통한 소통이 중요한 역할을 합니다. 전통적인 관점에서 커뮤니케이션은 대중을 대상으로 하는 언론 저널리즘 분야의 영역이었습니다. 하지만 광고 역시 대중(소비자)을 대상으로 하는 커뮤니케이션의 일환으로 자리매김합니다. 다만 그 내용이 전통적인 언론 분야에서 다루는 내용과 다른 상업적인 커뮤니케이션이라고 할 수 있을 것입니다. 혹은 마케팅 커뮤니케이션이라고도 불릴 수도 있을 것입니다. 이러한 현상은 1960년 이후 매스미디어의 급격한 발전과도 궤를 같이 합니다. 라디오에 이어 TV의 등장은 매스미디어 시대를 본격적으로 열었습니다. 기업들은 TV를 통해 아주 짧은 시간에 많은 사람을 대상으로 자사의 제품을 알릴 수 있는 기회를 얻었습니다. 물론 현재는 인터넷을 중심으로 하는 새로운 미디어의 등장으로 인해 매스미디어의 역할이 어느 정도 축소되어, 극단적인 경우에는 소비자 한 사람 한 사람에게 맞춘 개인 맞춤형 메시지를 제공하는 시대에 이르고 있습니다. 이처럼 커뮤니케이션 기술의 발전은 광고의 발전으로 연결됩니다. 광고홍보학과의 이름으로 독립적인 학과명을 사용하고 있는 대학들도 있는 반면, 지금도 국내 다수의 대학에 광고홍보학 전공이 신문방송학, 혹은 미디어 커뮤니케이션 등과 같이 커뮤니케이션을 주로 전공하는 학과의 일부분으로 하나의 트랙(track) 혹은 시이컨스(sequence)의 형태로 많이 존재하고 있습니다.

광고학의 영역에서 중요한 또 다른 한 축은 소비자에 대한 이해입니다. 궁극적으로 광고는 소비자를 대상으로 하고 있기에 심리학을 기초로 하는 소비자에 대한 이해가 매우 중요합니다. 소비자의 개념을 확장해보면 궁극적으로 인간에 대한 이해로 귀결될 수 있습니다. 여러 가지 관점에서 인간을 바라보고 이해할 수 있을 것입니다. 광고학에서는 인간의 행위 중, '소비'라는 관점에서 바라보고 접근하고 있다고 할 수 있을 것입니다. 특히 단순한 소비라는 행위보다 인간에 대한 '설득'이라는 관점의 초점을 도입되면서 자연스럽게 홍보학이라는 분야가 광고학이라는 분야와 만나게 되었다고 생각합니다.

거칠게 정리하자면, 광고홍보학의 뿌리는 크게 마케팅, 커뮤니케이션, 그리고 심리학의 영역이 조화롭게 이루어져서 발전하고 있다고 보입니다. 광고홍보학을 가르치는 대학의 교과목 구성은 이와 같은 3분야가 기본적인 이론적 토대를 이루고 있습니다. 물론 실기 위주의 제작 분야는 광고홍보학 분야에서 또 다른 한 축을 차지하고 있습니다. 기본적으로 이론적 토대와 실기가 잘 어우러진 교과 과정을 구성하려고 광고홍보학과에서는 노력하고 있다고 생각할 수 있을 것입니다. 하지만 여기에는 고민이 있습니다. 변화하는 사회적 욕구와 대학의 본질이라는 부분의 충돌입니다. 이론과 실기라는 분야로 크게 나눈다면 이들의 비율을 어떻게 조화롭게 설계할 것인가 하는 문제에 맞닥뜨리게 되는 것입니다. 학교마다 그 비중이 조금씩은 다르다고 알고 있습니다. 어디에 초점을 두고 어떤 인재상을 지향하는 지는 각 대학의 고유 영역에 해당되기 때문일 것입니다.

여기에는 대학에서 가르치는 학문의 본질과 학문분야의 속성과도 관계가 있습니다. 쉽게 이해할 수 있듯이, 광고홍보학은 순수 학문 분야가 아닌 응용 학문분야입니다. 학문의 기원이 어디에서부터 출발했는지는 정확하게 알 수는 없지만 고대 그리스 시대부터 다루어져 오던 철학, 수학, 물리학 등과 같이 진리 혹은 인간 또는 자연의 본질을 탐구하는데 주안점을 두기 보다는 광고홍보학은 여러 학문적인 성과들을 잘 활용하여 우리의 생활에 도움을 주는 방향에 더 관심을 두고 있습니다. 이처럼 광고홍보학은 여러 학문 분야에서 축적된 이론적 바탕을 배경으로 광고홍보학이라고 하는 독자적인 분야를 개척해 나가고 있습니다. 동시에 광고홍보의 결과가 사회의 변화상에 꾸준히 발맞추어 갈 수 있도록 지속적인 변화를 요구받고 있습니다.

1) 대학의 광고홍보 교육 과정과 구성

기본적으로 대학은 1학년 때에는 교양과목 중심으로 수업을 듣습니다. 따라서 본격적인 광고홍보학 전공 과목은 2학년 때부터 수강하기 시작합니다. 학교마다 사정은 다르겠지만 통상적으로 30개 내외의 과목들이 개설되어 있는 것으로 파악됩니다. 반드시 수강해야 되는 전공필수로 지정된 과목을 두는 경우와 그렇지 않은 경우로 구분될 수도 있고, 혹은 학년별로 과목을 지정해 놓기도 합니다. 학생들의 수업 선택권을 보장한다는 차원에서 점차 필수 과목 지정은 줄어들고 있는 추세이기는 하지만 그것은 개별 대학의 사정에 따라 다릅니다. 필수 과목의 경우, 대체로 광고 홍보학과를 졸업하는 학생들이 반드시 수강해야 한다는 점을 강조하고 있다는 점에서 핵심 영역에 해당된다고 볼 수 있을 것입니다. 학년별로 구분해 놓은 경우에도 대부분의 경우 권장하는 수준이지 반드시 따라야 하는 것은 아니라고 알고 있습니다. 일반적으로 저학년에서는 기초과목을, 고학년으로 올라갈수록 심화과목을 수강하도록 교과 과정이 구성되어 있습니다.

앞서 광고와 홍보의 구분이 필요한지에 대해 질문한 바 있습니다. 광고와 홍보 분야의 경계가 점차 희미해져가고 있으며, 통합된 마케팅 커뮤니케이션(IMC: Integrated Marketing Communication)이란 개념이 점차 확산되고 있는 실정입니다. 광고 혹은 홍보 주체의 입장에서는 엄격하게 이것은 광고 분야이고 저것은 홍보 분야라는 구분은 의미가 없을 수도 있습니다. 그들이 바라는 궁극적인 목적 달성을 위해 일관된 목표아래 다양한 수단을 활용할 필요성이 있기 때문일 것입니다.

광고홍보학과를 독립적으로 운영하고 있는 대학에서 광고와 홍보와의 관계를 바라보는 시각은 각 학과에서 개설하고 있는 과목명에 의해 크게 2가지 유형으로 구분할 수 있어 소개하고자 합니다.

먼저, 중앙대, 동국대, 숙명여대 등과 같은 학교는 광고와 홍보의 고유한 속성을 인정하는 시각이 비교적 강한 학과에 속한다고 보입니다. 광고홍보학의 성장 배경과 궤를 같이 하는 것으로 보이며 비교적 전통적인 구분법에 따른다고 보입니다. 예를 들어 광고학개론, 광고사례연구, 홍보학개론, 홍보(PR)사례연구 등 교과목명에 광고 혹은 홍보(PR)가 구분되어 들어간 과목이 비교적 많기 때문입니다.

반면, 한양대와 홍익대 등의 경우, 광고와 홍보(PR)의 공통점을 최대한 활용하여 같은 과목으로 가르치는 접근법을 보이고 있다고 판단됩니다. 예를 들어, 광고 혹은 PR이라는 단어가 구분되어 들어간 교과목 보다는 '설득커뮤니케이션', '광고홍보캠페인 사례 연구', '광고홍보와 사회'처럼 광고홍보를 같은 과목에서 가르치는 경우가 많아 보입니다.

다른 한편에서 독립적인 광고홍보학과가 아닌 커뮤니케이션 관련 학과 내지 학부내에서 트랙 등의 형식으로 광고홍보학을 가르치는 학교의 경우, 예를 들어 고려대, 국민대, 이화여대 등은 광고, 홍보(PR), 저널리즘 등등의 과목을 공통적으로 수강하게 하고, 개별 트랙에서 광고홍보학과 관련된 심화 과목들을 이수하게 하는 형식으로 진행하고 있습니다.

위의 3가지 유형에 관계없이 공통으로 가르치는 광고 과목은 기본적인 광고학개론 등의 기초 이론 과목과 광고 기획론, 매체 기획론, 브랜드커뮤니케이션, 소비자 심리, 통합적 마케팅 커뮤니케이션 등의 심화 이론 과목들과 크리에이티브 개론, 카피라이팅, 제작 실습 등의 실기 과목, 그리고 광고홍보 연구, 조사 방법론 및 디지털애널리틱스 등의 방법론으로 구성되어 있습니다.

공통적인 홍보 분야의 과목은 PR Writing, 사례연구, 그리고 위기(관리)커뮤니테이션 등이 있습니다. 그리고 기업PR 혹은 정부 및 비영리 PR, 헬스커뮤니케이션, 공익 캠페인 같은 과목을 개설한 곳도 곳곳에 보이며, 최근 들어 디지털 실무를 이용한 PR제작 분야 등이 눈에 띄기도 합니다.

모든 교과목을 자세히 소개할 수는 없으니, 여기에서는 각 분야의 전반적인 과정을 개략적으로 소개하고 있는 광고홍보 학과의 가장 기본적인 교과목인 광고학 개론과 홍보학 개론을 목차 중심으로 간략하게 소개하겠습니다.

먼저 광고학 개론의 경우 광고의 개념, 분류와 역할 등 광고에 대한 기본 이해를 바탕으로 광고와 브랜드와의 관계, 소비자 행동에 대한 이해, 시장 세분화 전략, 크리에이티브, 매체 전략 및 관리, 광고 기획 과정과 효과 측정, 광고 윤리 및 규제 등을 주로 다루고 있습니다.

홍보학 개론의 경우, 홍보의 기초 개념과 유형을 소개하며, 홍보 커뮤니케이션의 구조, 홍보학 발달 역사, 홍보 관련 이론, 정부 및 영리, 비영리 홍보, 언론 홍보와 보도자료, 위기관리 홍보에 관한 내용들이 주를 이루고 있습니다.

구체적인 각 대학별 광고홍보학과 혹은 유사학과의 커리큘럼은 각 대학의 홈페이지를 통해 알 수 있으며, 최근 이시훈 외 7인이(2019) 공저한 광고홍보 교육의 현재와 미래라는 책의 3장(박진우)에 자세히 소개하고 있으니 참조하시길 바랍니다. 아울러 각 학과에서는 수시로 변화하는 환경에 맞추어 교과목들이 변해가고 있다는 점도 유의하시길 바랍니다.

2) 미래 교과과정 방향성 진단

최근 사회 문제 중 하나로 대두하고 있는 대학진학 학령인구의 감소 추세와 대학구조조정의 위기는 대학에 속한 전공들에게 새로운 도전을 맞게 합니다. 1970년대 최초의 광고홍보학과의 설립 이래 대학 지원자들의 꾸준한 선호와 성장가도를 달려온 광고홍보학 전공 역시 최근의 치열한 경쟁환경 속에서 낙관만을 할 수는 없는 상황에 이르게 되었습니다. 더욱이 근래 들어 매체환경과 마케팅 환경의 급격한 변화는 사회변화상 및 트렌드를 교육과 연구에 적극적으로 수용해야하는 전공 본연의 사명을 점차 힘들게하고 있다는 진단입니다.

광고홍보교육에 대한 현업에서의 신뢰 및 기대가 부족하다는 사실은 많은 광고홍보학자들(예, 최용주, 2002; 염성원 · 한승수, 2006)에 의해 학술적으로 보고되고 있으며, 김병희는 (2013) 광고홍보학 교과과정의 적극적 개편 없이는 업계 수요 및 전공생 니즈와의 괴리 가능성이 점차 높아질 것이라는 경고하고 있습니다.

이에 한규훈과 문장호는(2016) 국내외 광고홍보학 전공의 존립가치 강화와 사회적 위상 제고를 위해 교육적 혁신이 필요하다는 인식아래, 국내외 주요 대학의 광고홍보학 커리큘럼을 탐구하여 의미 있는 7가지 핵심코드를 결과물로 제시하고 있습니다. 이 연구에서 도출된 핵심코드는 광고홍보학 분야가 나아가야할 방향을 잘 제시하고 있다고 판단하여 여기에 간략하게 소개하자고 합니다.

〈광고홍보학 커리큘럼 핵심 코드 7가지〉

1. 뉴미디어 패러다임의 교과과정 반영
2. 양질의 실습교육을 통한 실무역량 제고
3. 비판적, 창의적 사고능력 배양
4. 광고와 홍보, PR의 통합적 접근
5. 윤리 교육의 교과과정 포함
6. 산학협력 기회의 확대
7. 학제 간 융합 시도

앞의 연구에서 제시된 7가지의 핵심코드를 바탕으로 미래의 광고홍보학의 교육과정 방향에 대해 재정리해 보면, 먼저 1번으로 제시된 급변하는 매체환경에 대한 빠른 적응이 필요하다는 점입니다. 많은 전문가들이 동의하고 있듯이 아무리 실무에 기초를 두고 있는 응용학문 분야라고 할지라도 학계의 이론화 과정과 빠르게 변해가는 현장의 실상은 일정 정도 시간차이를 둘 수밖에 없습니다. 학계에서 주로 이루어지는 이론화 작업은 다양한 행태로 진행되는 실무적인 현상에 대한 관찰이후 어느 정도 자료가 축적된 이후에 가능하기 때문입니다. 다양한 현상들을 꿰뚫어 설명할 수 있는 일관된 논리화 과정은 현상에 대한 많은 자료의 축적이 필요하며, 광고홍보 분야 역시 예외는 아닐 것입니다. 지금은 뉴미디어라고 불리기에도 민망할 수 있는 1990년대 후반의 인터넷의 보급은 광고홍보 분야를 포함한 사회전반에 많은 변화를 야기하였습니다. 양방향 소통이 활성화된 광고 홍보 전략에 대한 이론화 과정을 거치자마자 휴대전화를 포함한 다양한 모바일 통신 기기의 보급은 또 다른 학과 커리큘럼의 변화를 유도하고 있습니다. 개인화된 메시지 전략과 매체소비 형태의 측정 가능한 수준은 광고의 기본적인 역할마저 재정립할 것을 요구하는 시대입니다.

따라서 핵심코드 4에서 제시하는 광고와 홍보 또는 PR의 통합적 접근 방식은 거스를 수 없는 대세로 자리매김 하고 있습니다. 광고와 홍보 영역의 구분에 대해 다양한 의견들이 있지만 많은 학자들이 그 경계가 점차 허물어지고 있다는 점에서는 동의하고 있습니다. 소비자 혹은 공중에게 효과적이며 효율적인 전달이 목적인 발신자는 가용한 수단의 통합적 활용이 점차 필요해지고 있기 때문에 이러한 추세에 발맞춘 교과과정이 더욱더 필요해 질 것입니다.

제시된 핵심코드 2와 6은 일맥상통하고 있습니다. 광고홍보학의 이론 못지않게 실기에 대한 필요성은 증대되고 있습니다. 대학 교육의 여러 가지 기능 중 취업이라는 비중이 점차 강조되고 있는 현시점에서 실무교육에 대한 이해는 점차 강조되고 있는 시점입니다. 대학 교과과정에서 경험하는 실기 중심의 교과목과 이를 현장에서 확인하고 경험해보는 산학협력 과정에 대한 니즈는 점차 필요해지고 있는 상황입니다.

핵심코드 3인 비판적, 창의적 사고력 함양은 광고홍보학의 엣센스로 시대의 흐름과도 무관할 것입니다. 광고홍보 분야는 기본적인 창의력을 요구하고 있으며, 차별화된 기획과 메시지는 수많은 경쟁에서 자사를 돋보이게 하는 가장 기본적인 요소입니다. 비판적 사고력은 지성인이 갖추어야 할 기본적인 덕목으로 사회 현상에 대한 발전적인 시각을 제시하는 바탕이 된다는 점에서 미래의 교과과정에서 더욱 강조되어야 할 것이다.

5번째 코드인 윤리 교과과정의 포함 여부는 현직에 있는 교수로서 많이 아쉬운 부분입니다. 언제나 시간에 쫓기면서 가시적인 성과물을 만들어내어야 하는 분야의 특성상, 윤리적인 부분은 최우선에 놓이기 힘든 상황임을 부정하기 힘듭니다. 광고홍보의 속성상 한정된 부분을 강조하다 보니 때로는 의도치 않게 정보를 왜곡하고 소비자를 기만하는 형태로 제시될 가능성은 언제나 존재합니다. 광고홍보 분야가 기본적으로 소비자 혹은 수용자의 신뢰를 바탕으로 작동되어야 한다는 전제에 전적으로 동의하면서도 이를 전공한 전공자의 부족을 비롯하여 현재 제시되고 있는 교과목으로서의 존재는 상대적으로 미미한 실정임을 인정합니다. 가짜 뉴스를 포함하여 미디어 전반이 신뢰를 잃어가는 요즈음에 드는 걱정은 광고홍보 전체에 대한 신뢰도를 높일 수 있는 방향으로 윤리교육이 언제나 바탕이 되어야 한다는 점에서 향후 더욱더 강조되어야 할 부분이라고 생각합니다.

핵심 코드의 순서는 의미 없다고 판단하지만 마지막 7번째 제시된 학제간 융합 시도는 무릇 광고홍보학 분야만의 과제는 아닐 것입니다. 학문의 성격상 마케팅, 커뮤니케이션, 심리학 등 여러 분야에서 파생된 탓도 있지만, 광고홍보학을 보다 폭넓게 이해하고 응용하기 위해서는 인접 학문은 물론이며 전혀 생소한 형태의 영역과도 연계한 프로그램이 제시될 필요가 있습니다. '미디어가 메시지'라는 유명한 문구가 이제는 메시지가 미디어를 규정하는 세상으로 변해가고 있으며, 콘텐츠와 광고가 혼재되어 제시되고 있는 상황에서 기본적인 기술에 대한 이해와 미디어 시스템에 대한 이해 없이 광고홍보 분야가 독자적인 영역을 구축하기는 점차 힘들어 질 것입니다. 일례로 많은 학생들이 수학이 싫어서 문과를 왔고, 또 광고홍보학과를 왔다는 이야기는 종종 듣습니다. 하지만 인공지능 기술 등이 AdTec이라는 이름으로 광고 영역에 적용 된지도 벌써 오래전 이야기입니다. 수없이 많은 정보와 자료가 광고홍보 분야의 밑바탕이 되어가는 마당에 어쩌면 미래에는 수학이 좋아서 이 분야로 진출하는 학생들이 많아질지도 모르겠습니다.

이시훈(2015) 역시 광고홍보 학과 교과과정 개편 세미나에서 그동안의 논의를 정리하며 다음과 같은 방향을 제시한 바 있어 간략하게 소개합니다. 주요 키워드를 제시하면, 창의적 사고력 증진, 문제해결능력 배양, 현장 실무 경험, 인문학과 시사 상식 교육, 영어 교육을 포함한 국제화 교육 강화, 의사소통과 커뮤니케이션 능력 강화, 심화전공의 개편 등 입니다.

앞서 소개한 한규훈과 문장호(2016)의 결론과 다소 차이나는 지점이 있기는 하지만 이는 정리하는 관점의 차이에서 발생한 것으로 판단되며, 이들이 공통적으로 제시하는 방향은 빠르게 변화하는 사회 현상과의 괴리감을 줄이며 시대정신이 요구하는 문제해결 능력과 비판적 사고능력을 가진 인간상을 표방하고 있는 것 같습니다.

3) 국가와 산업계의 입장

광고홍보학 관련 산업계 입장에서는 광고홍보학과 졸업생들을 특별히 우대하여 선발할만한 장점을 발견하기 어렵다는 입장을 갖고 있는 듯합니다. 현장에서 바로 활용할 기능을 학교교육에서 제대로 가르치지 못한다는 입장을 가져 산업계가 원하는 인재상과 괴리가 있다는 목소리를 종종 듣습니다. 하지만 대학의 교육이 직업교육으로 전락하는 것은 바람직하지 않고 실무능력 향상 못지않게 오히려 광고에 대한 비판적 시각을 함께 키워줘야 한다는 입장도 적지는 않습니다.

대학 졸업 후 취업의 문제는 한 개인의 일로 그칠 일이 아닙니다. 최근 대두되고 있는 청년 실업의 문제는 광고홍보학과를 졸업하는 학생에만 국한된 문제가 아니며 국가적 차원에서 접근할 필요가 있다고 봅니다. 최근 국가차원에서 제도적으로 광고홍보 교육의 표준화를 표방하며 국가직무능력표준인 NCS(National Competency Standards)를 출범시켰습니다. NCS란 산업현장 직무를 수행하기 위해 요구되는 지식 · 기술 · 소양 등의 내용을 국가가 산업부문별, 수준별로 체계화시킨 것입니다. NCS가 기능을 중심으로 하는 직업능력에 기반하고 있어 인문사회계열에 적용하기 어려운 점이 없지는 않지만, 광고홍보학의 경우 경영 · 회계 · 사무(대분류), 기획사무(중분류) 하에 홍보 · 광고(소분류)로 구분하고 있습니다. 2019년 6월 개정된 최근 국가직무능력표준은 홍보 · 광고 직무를 명칭을 변경하여 '광고'와 'PR' 2개로 세분류하고 있습니다(NCS, 2019).

NCS는 광고를 "조직의 제품/서비스, 브랜드 인지도 제고와 이미지 구축을 위해 구체적인 전략을 수립하고 메시지를 개발하여 다양한 매체를 통해 커뮤니케이션 하는 일"로 직무 정의하고 있습니다. 이 직무를 수행하기 위한 능력 단위로 '광고 전략 수립', '광고제작', '광고 집행 관리', '광고 효과 평가', '브랜드 기획', '브랜드 관리', '브랜드 평가' 등 총 7개 능력단위를 제안하고 있습니다. 이하 각각의 능력단위별 능력단위요소를 제시하고 있는데 '광고 전략 수립'의 능력단위를 위해 필요한 요소를 '광고 환경 분석하기', '광고 목표 설정하기', '광고 콘셉트 선정하기', '매체 전략 수립하기', '광고 전략 기획서 제안하기' 등의 5단위 수준을 제시하고 있습니다. 이하 각각의 능력 단위별로 4에서 5단위 수준의 구체적인 능력 단위 요소를 제시하고 있는데 이는 NCS 홈페이지에서 확인하시길 바랍니다. 대체적으로, NCS에서 제시하고 있는 능력 단위는 대학에서 제공하는 교과목에 해당한다고 볼 수 있으며, 능력단위 요소는 해당 교과목에서 다루어야 할 구체적인 내용들을 표준화된 형태로 제시하고 있습니다.

PR의 직무를 "조직의 긍정적 이미지를 제고하기 위하여 전략과 계획의 수립, 온 · 오프라인 매체를 이용한 커뮤니케이션 활동, 효과 측정과 피드백 등을 수행하는 일"로 정의하며, 'PR 환경조사', 'PR 환경분석', 'PR 전략 수립', '온라인 PR', '오프라인 PR', '언론 홍보', '조직문화 전파', '사회 공헌 활동', '위기관리', 'PR 활동 평가' 등 총 10개의 능력단위를 제시하고 있습니다. 이들 중 'PR 환경조사' 능력단위 하나만 소개하면 필요한 능력단위 수준은 3개로 'PR 환경 조사 계획하기', 'PR 정보 수집하기', '미디어 트렌드 조사하기' 등의 요소로 구성되고 있습니다. 물론 추가적인 내용은 NCS 홈페이지에서 확인할 수 있으며, 필요에 의해 이는 변경될 가능성이 있다는 점도 알려드립니다.

국가 수준에서 제시하는 NCS에서 흥미롭게 보이는 점은, 2019년 6월 개정된 직무명에서 이전의 '기업홍보'가 새롭게 'PR'로 명칭이 바뀌었다는 점입니다. 광고홍보학 관련 많은 학자들이 홍보와 PR은 구분되는 것인가 혹은 단순히 PR은 홍보의 영어 번역에 지나지 않는다는 의견 등 견해가 나뉘고 있는 실정입니다. NCS에서 제시하고 있는 10개의 PR 직무 능력단위 중 오직 '언론 홍보'라는 1곳에서만 홍보라는 단어를 찾을 수 있습니다. 미루어 보건데 PR의 전반적인 업무 가운데 '언론을 대상으로 할 때만 홍보'라는 단어를 PR과 구분하여 사용하고 있는 점으로 봐서 NCS에서는 신문이나 방송 등 대언론 활동을 홍보라는 개념으로 이해하고 있는 듯합니다.

향후 국가차원에서 공기업을 중심으로 NCS에 기반한 내용을 중심으로 인재를 뽑을 계획이며 대학의 평가 역시 NCS에 기반을 두고 있다는 점에서 각 대학은 대응책을 마련 중에 있습니다. NCS의 능력단위와 구성요소가 각 대학의 교과과정과 얼마나 일치하고 있는지 여부는 향후 갈수록 중요해질 가능성이 높으므로 각 대학의 광고홍보학과 커리큘럼이 NCS를 중심으로 변해갈 가능성이 있다고 보입니다. 하지만 동시에 여기에는 많은 문제점도 따를 것으로 예상됩니다. 우선적으로 앞서 서술되었듯이 창의성과 다양성을 기반으로 하는 광고홍보학이라는 학문의 성격상 산업계의 요구에 맞춘 표준화라는 작업이 반드시 필요한가 하는 본질적인 질문입니다. 대학의 평가나 향후 공기업으로의 취업을 위해서는 현실적으로 필요한 부분이라는 점을 인정하더라도 모든 대학이 동일한 커리큘럼을 가진다면 대학의 특성과 개성 추구는 점차 힘들어질 것이기 때문입니다. 빠르게 변해가는 광고홍보 미디어 환경에 대한 적응에 국가 수준의 표준화가 과연 얼마나 빠르게 대응할지, 또 현실적으로 각 대학에서 이에 맞는 커리큘럼을 제때 제시할 수 있을지에 대한 의문이 드는 것이 사실입니다.

4) 학과에서 가르치지는 않지만 배워야 하는 것들

대학에서 전공 커리큘럼을 제공한다는 것은 해당 분야의 전문가가 되거나 혹은 향후 관련 직업분야에 필요한 기본적인 지식을 필요로 하는 수요자의 욕구에 맞추어 해당 학과 교수들이 필요하다고 판단되는 핵심적인 교과 내용들을 제공하는 것을 일컫을 것입니다. 하지만 다른 분야도 마찬가지겠지만 본질적으로 광고홍보학의 특성상 광고홍보 전문가 혹은 직업적으로 관련된 분야에 필요한 모든 사항들을 교과목으로 편성해서 제공한다는 것은 불가능에 가까운 일일 것입니다. 해서 추가적으로 학생들 스스로 탐구하고 학습해야 할 요소들이 상당하다고 생각하며, 특히 광고홍보학과에서는 학생들 스스로의 배움이 매우 중요하다고 생각합니다.

국내외 유명 광고홍보인들의 삶을 간접적으로 살펴보면 훌륭한 광고홍보인이 되기 위해 필요한 자질과 역량들을 엿볼 수 있을 것입니다. 개개인의 삶이 모두 다르겠지만 많은 광고홍보인들이 공통적으로 언급하는 부분은 '경험의 풍부함'입니다. 이는 곧 대학에서 교과목을 통해서만 배울 수 있는 것 외의 많은 요소들을 광고홍보학 분야에서는 필요로 하다는 것을 간접적으로 이야기하고 있습니다. 경험을 직접 경험과 간접 경험 이렇게 크게 둘로 나누어 설명하자면, 우선 직접 경험은 글자 그대로 본인이 스스로 경험해보는 것일 겁니다. 가장 대표적인 행위가 여행이 될 것이며. 여행이라고 이야기하면 많은 비용을 들여 해외로 나가는 등을 손쉽게 떠올릴 수 있지만 그것만이 전부가 아니라는 점을 강조하고 싶습니다. 제가 생각하는 여행의 본질은 '낯섦'을 느끼는 것입니다. 평소에 내가 겪는 일상이 아닌 다양한 다른 문화, 환경 등을 낯설게 느끼다보면 자연스럽게 사유의 폭도 넓어질 것이며, 수용의 한계도 늘어날 것이라고 믿습니다. 광고 홍보의 본질은 한 단어로 표현하자면 저는 '창의성'을 꼽고 싶습니다. 창의성을 여러 방면에서 정의할 수 있겠지만 여기서 강조하고 싶은 것은 다양성과 유연한 사고방식입니다. 이들을 가장 손쉽게 경험하는 것이 여행이라고 많은 선배 광고홍보인들은 지적하고 있습니다. 동시에 간과하지 말아야 할 것이 '일상의 경험'입니다. 다른 지역이나 문화를 여행하는 것이 나의 시각으로 다양성을 기르고 유연한 사고방식을 기르는 좋은 방법이라면, 주어진 일상을 다르게 바라보는 것은 나의 시각의 다양성과 유연한 사고방식을 기르는 좋은 방법이라고 생각합니다. 현재 국내 가장 유명한 광고인 중 한 사람인 TBWA의 박웅현 ECD가(2009) 특히 강조하고 있는 것은, '일상의 소중함'입니다. 그는 가장 보편적인 일상에서 가장 창의적인 아이디어를 얻는다고 합니다. 매일 마시는 물 한 모금조차 다르게 느끼고 바라보려고 노력하는 모습은 굳이 다른 곳을 방문하지 않아도 스스로 경험하는 낯섦이라고 생각합니다.

직접 경험 못지않게 중요한 부분이 간접 경험이라고 생각합니다. 가장 대표적인 간접 경험은 '책 읽기' 가 될 것이라고 감히 생각합니다. 비교적 저렴한(?) 비용으로 지적인 여행을 맘껏 누릴 수 있으니 이것보다 더 좋은 경험이 어디 있겠습니까? 더군다나 책 읽기는 공간 뿐 아니라 시간을 초월하는 여행도 가능합니다. 과거 로마시대로도 갈수 있고, 아직 오지 않은 미래로의 여행도 가능합니다. 직접 내 몸으로 하는 여행이 공간의 경험을 확대하는 일이라면 독서는 시간과 공간의 경험을 확장하는 여행이라고 생각합니다. 광고홍보학을 전공하는 학생이라면 반드시 이 두 가지를 통해 많은 경험을 스스로 쌓길 바랍니다. 추가적으로 덧붙이고 싶은 말은 메모 습관과 노력부분입니다. 아마도 예비 광고인들에게 가장 유명한 광고인중 한 명은 드라마로도 제작된 바 있는 '광고 천재 이제석'의 주인공 이제석씨 일 것이다. 그의 책(2010) 제목에서 알 수 있듯이 그의 수식어는 광고 천재입니다. 천재라는 말에서 쉽게 유추되듯이 동의 여부를 떠나 그는 광고에 관한한 천부적 재능을 타고 난 것으로 인식되고 있습니다. 하지만 저는 좀 다르게 그를 바라보고자 합니다. 수많은 유명 국제광고제에서 광고상을 수상했기에 천재라는 수식어가 어색하지는 않지만 제가 주목하고 싶은 점은 그의 눈물겨운 노력입니다. 그의 책을 보면 아이디어가 떠오를 때마다 적은 메모지가 트럭 몇 개 분량에 해당된다는 구절을 보면, 창의적인 광고물은 그냥 주어지는 것이 아니라는 점을 새삼 느끼게 됩니다. 치열하게 고민하고 그 고민의 흔적을 메모로 남기고 다시 고민하고 하는 과정은 비단 이제석에게서만 볼 수 있는 현상은 아닙니다. 한 광고인은 자기가 맡은 제품의 생각이 프로젝트가 완성될 때 까지 24시간 내내 그 브랜드가 머리에서 떠나지 않는다고 고백합니다. 훌륭한 광고인은 타고 날 수도 있지만 대다수의 광고인들은 끊임없는 자기 노력으로 이루어진다는 사실을 명확하게 알아주었으면 하는 바람입니다.

5) 광고홍보학과의 수업의 특성: 팀 과제

모든 일이 마찬가지라고 생각하지만 광고홍보의 결과는 결코 혼자서는 이루어낼 수 없습니다. 단위의 크기야 다양하겠지만 광고홍보 관련 작업은 반드시 공동체가 함께 이루어내는 것입니다. 따라서 대학의 수업과정에서 거의 모든 교과목에서는 '팀프로젝트(팀플)'라 불리는 공동 작업을 요구합니다. 보통 학기말에 팀플과제가 몰리기 때문에 광고홍보학과 학생들은 학기말에 매우 바쁜 시간을 보내며, 때로는 밤을 새워 준비를 하기도 합니다. 힘든 과정이지만 반드시 거쳐야 하는 과정이고 또 팀플 작업을 통해 많은 것을 얻는다고 수강생들은 평가합니다. 특히 관련 분야로 진출한 졸업생들은 재학 당시 무척이나 팀플이 힘들었지만 동시에 매우 필요한 부분이라고 예기하고 있습니다.

과제의 내용을 완성하는 것도 매우 어려운 부분이지만 많은 학생들이 이구동성으로 이야기하는 부분이 팀원들간의 협업입니다. 팀원들간의 기량이나 참여도는 다 다를 수밖에 없습니다. 이들 각자의 능력을 조화롭게 운영하는 팀이 좋은 결과물을 만들어 내는 것은 당연합니다. 팀원들 간의 협력이 절대적으로 필요하며 이는 향후 관련 분야에 진출해서도 마찬가지입니다. 광고 한 편이 일반인들에 소개가 되었다면 저 광고 내가 만들었다고 자부하는 사람들이 적게는 10명에서 많게는 50명 이상까지 생기기 마련이니깐요. 서로 다른 의견을 존중하며 조율하는 능력은 광고홍보인에게 절대적으로 필요한 부분입니다.

6) 글을 맺으며

대학은 학생들을 가르치는 곳이자 동시에 학생들이 스스로 배우는 곳이라고 생각합니다. 인터넷의 발달로 필요한 정보 이상으로 정보가 넘쳐나는 세상에서 한 학과의 교과과정으로 필요한 영역의 모든 것을 다 커버하지는 못할 것입니다. 시시때때로 변해가는 세상에 발 맞추어야 할 학문의 속성상 불가능할 뿐 아니라 바람직하지도 않다고 생각합니다. 오히려 필요한 정보를 잘 골라내는데 더 많은 노력을 기울어야 하는 상황에 이르고 있습니다. 대학교에서는 트렌드를 읽을 수 있는 능력을 배양하고 광고홍보 세상을 이해하는데 필요한 시각을 제시하는 것이 옳다고 믿습니다. 나머지 필요한 부분들은 학생들이 스스로 찾아서 메꾸어야 할 것입니다. 물론 해당 학과 교수님은 학생들이 스스로 배워나가는데 도움을 주는 역할을 게을리 하지 않고 있습니다. 최근의 교수법에서조차 이러한 경향은 잘 드러나고 있습니다. '거꾸로 수업'이라고 불리는 'Flipped Learning' 방식이나 '문제 기반 학습(PBL: Problem Based Learning)'과 같은 수업방식이 적극 도입되고 있습니다. 체계적인 팀과제를 위해 '캡스톤 디자인(Capstone Design)'과 같은 수업 방식도 도입되고 있습니다. 이와 같은 방식들은 모두 수강자가 주체가 되어 스스로 문제해결 방안을 찾거나 학습하는 것을 목표로 하고 있습니다. 커리큘럼의 내용 뿐 아니라 학습 방식에 대한 변화도 대학에서는 많이 일어나고 있습니다. 훌륭한 광고홍보인을 양성하기 위한 대학과 담당 교수님들의 노력도 동시에 있다는 점을 글을 맺으며 밝히고 싶습니다. 교육의 주체와 객체가 구분될 수 없다는 것이 저의 짧은 소견입니다. 함께 하는 광고홍보학과 지망생들과 교수님들을 응원합니다.

저자소개

김효규 교수
(동국대학교 광고홍보학과)

현재 동국대학교 광고홍보학과 교수로 재직 중이다. 고려대학교 신문방송학과 학사/석사를 거쳐, 미국 텍사스대학교 오스틴(University of Texas at Austin)에서 광고학으로 박사를 취득하였다. 제일기획 미디어전략연구소에서 근무한 경력이 있으며, 주요 관심 분야는 미디어 환경 변화에 따른 매체 운영 전략과 효과 측정이다.

6

광고PR 공모전과 인턴십이 궁금해요?

이희복(상지대학교 미디어영상광고학부 교수)

1. 시작하는 말

"좋은 이론만큼 실천적인 것은 없다."

이 말은 사회심리학자 커트 레빈(Kurt Lewin)이 이론의 중요성을 설명한 말입니다. 우리가 공부하는 모든 학문에 해당하겠지만 광고와 PR학문에서보다 더 적합한 분야는 없을 것입니다. 다시말해 광고와 PR은 이론 뿐 아니라 실천이 중요한 학문입니다. 이론이 실무와 밀접한 관련이 있는, 현업의 실무가 중요한 학문이죠. 광고와 PR 전공학생이라면 누구나 대학 재학 중에 이론을 배운 다음 실습을 합니다. 예를들면 문제해결 중심의 학습, PBL(Problem Bases Learning)이나 캡스톤 디자인(Capston Learning)[1] 등은 다른 전공에서는 특별하고 새로운 접근 방법일 수 있지만 창의력과 실무능력이 중요한 광고PR 전공에서는 일반적인 수업의 진행방식이며 여러 수업에서 당연하게 활용됩니다.

이를 위해서 이론수업을 바탕으로 상위 학년에 올라갈수록 다양한 실습 과목을 만나게 됩니다. 1학년 때는 이론을 주로 공부하지만 2학년 이후에는 적극적인 실습과 과제를 중심으로 수업과 커리큘럼이 구성되죠. 최근의 대학에서 광고PR교육은 이론보다는 실무에 대한 수요가 늘어나 '광고기획 및 광고제작' 쪽으로 편성되고 있습니다. 대학에서의 커리큘럼은 전공학생들의 잠재적인 능력을 개발하는 교양교육과정과 카피라이터, 조사, 매체 분야 협업 업무 등 실무적 전문적인 능력을 배양하는 전문 직업을 강조하는 커리큘럼으로 구성되고 있습니다. 초기의 광고PR학과의 교과과정은 비즈니스보다 저널리즘 측면이 강조된 커뮤니케이션 연구와 이론에 초점이 맞춰져 있었습니다(박진우, 2019). 최용주 교수님은(2002) 30개 대학 광고홍보학과 교육과정을 이론, 실무, 크리에이티브, 직업윤리 네 가지 유형으로 구분하여 개설 교과를 분류하였습니다(〈표 6-1〉 참조).

학교마다 다르지만 공통과 선택과목에서 실무 지식과 능력이 강조된 교과목을 볼 수 있습니다. 교과와 수업 외 비교과에서도 실습은 모두 강조됩니다. 또한 졸업 이후에 진로에 따라서 재학 중의 공모전과 인턴십은 중요한 전공 공부의 일부분입니다. 이를 교과목 안에 포함할 수도 있고 동아리와 같이 수업 이외의 활동으로 진행할 수 있습니다. 동아리는 학과 내, 학교 내, 또는 각 대학 간 연합 동아리로 구성되기도 합니다.

광고와 PR을 대학에서 공부한다는 것은 사회에 진출하기 이전에 학생들이

---

[1] 학문분야별로 습득한 전문지식을 바탕으로 산업체와 사회가 필요로 하는 과제를 찾아내고, 학생들이 스스로 기획, 해결함으로써 창의성과 실무 능력, 팀웍, 리더십을 배양하는 교육 과정입니다.

표 6.1 지식과 능력에 해당하는 교과목

<table>
<tr><th colspan="2" rowspan="2">지식 및 능력</th><th colspan="2">교과목</th></tr>
<tr><th>현업</th><th>교수</th></tr>
<tr><td rowspan="2">이론</td><td>공통</td><td colspan="2">광고론, 광고발달사, 커뮤니케이션론, 마케팅론, 광고매체론, 소비자행동론, 국제광고론, 설득커뮤니케이션, 광고심리학, 정치광고론, 매스컴론, 뉴미디어광고론, 공공광고론, 정치커뮤니케이션, 조직커뮤니케이션, PR홍보론, 경영학개론, 심리학개론, 사회학개론, 인류학개론</td></tr>
<tr><td>선택</td><td>광고관리론, 판매촉진론, 마케팅전략, 홍보기획론, 홍보조사론, 홍보캠페인</td><td>IMC</td></tr>
<tr><td rowspan="2">실무</td><td>공통</td><td colspan="2">광고조사론, 광고효과분석, 광고영어, 광고기획론, 광고전략론, 광고매체기획론, 광고캠페인론, 광고사례연구, 이벤트론, 방송광고제작실습, 인쇄광고제작실습, 뉴미디어광고제작실습, 광고기획실습, 광고캠페인실습, 홍보영어, 광고매체기획실습, 이벤트제작실습, 프리젠테이션실습, 홍보사례연구, 홍보기사작성, 홍보제작실습, 사보제작실습, 인턴십</td></tr>
<tr><td>선택</td><td>IMC</td><td>광고관리론, 판매촉진론, 마케팅전략, 홍보기획론, 홍보조사, 홍보캠페인론</td></tr>
<tr><td rowspan="2">크리에이티브</td><td>공통</td><td colspan="2">광고크리에이티브론, 광고카피론, 광고디자인론, 광고사진론, 크리에이티브전략, 광고카피실습, 광고디자인실습</td></tr>
<tr><td>선택</td><td colspan="2"></td></tr>
<tr><td colspan="2">교양지식</td><td colspan="2"></td></tr>
<tr><td colspan="2">기술지식</td><td colspan="2"></td></tr>
<tr><td colspan="2">외국어</td><td colspan="2"></td></tr>
<tr><td colspan="2">직업윤리</td><td colspan="2">광고윤리법제</td></tr>
</table>

대학에서 강의를 듣고 공부할 때, 교과목 관련 이론뿐만 아니라 산업계에서 요구하는 실무능력을 배양하기 위한 노력을 함께해야 합니다. 위해 대학은 현업에서 요구하는 역량을 실습 프로그램으로 만들어 학생들에게 이를 준비할 수 있도록 지원하고 있습니다. 학생들은 수업과 직 간접으로 관련된 프로그램에 관심을 갖고 참여해야 합니다. 대표적으로 인턴십(Internship)이 있습니다.

인턴십은 현장실습교육으로 현장실무교육(OJT, On The Job Training)을 말합니다. 인턴십과 같은 현업에서의 학습은 경험을 통해 실무능력 배양뿐만 아니라 취업과 진로를 준비할 수 있습니다. 인턴을 경험한 졸업생이 졸업 후 실무능력을 발휘할 수 있어 경험적으로 긍정적인 결과를 거둡니다. 기업의 경우도 실제를 공부한 우수한 인재, 실무능력이 있는 우수인력을 확보할 수 있는 장점이 있어 모두에게 도움이 되며, 인력양성에 있어서 기업의 사회적 책무성을 다한다는 점에서도 윈윈(win win)이 됩니다.

다른 한 편으로 공모전도 학업과 실무를 겸할 수 있는 좋은 과제입니다. 최근에는 한 해 천여 개에 이르는 대학생 공모전이 러시를 이루고 있습니다. 네이밍이나 슬로건에서부터 포스터, 인쇄광고, 영상광고, 웹툰, 스토리 공모 등 장르와 매체에 따라 매우 다양하죠. 광고와 홍보, 마케팅 공모전 뿐 만 아니라 논문이나 디자인을 대상으로 하지만 광고 공모전이 많은 부분을 차지합니다. 공모전에서의 입상은 수상의 명예와 함께 부상과 상금, 취업에서도 유리한 경력을 쌓을 수 있어 인기가 높습니다. 수상작을 살펴보고 실무를 경험할 수 있는 대학생 광고 공모전에 대해 알아보겠습니다.

2. 왜 공모전인가?

〈그림 6-1〉은 2019 대학생 광고경진대회 포스터입니다. 2019 대한민국 대학생 광고대회(KOSAC, Korea Student Advertising Competition)는 광고산업 활성화와 예비 광고인들의 실무능력 향상을 목표로 준비한, 국내 대표 산학연계 프로그램입니다. 문화체육관광부의 지원과 한국광고학회, 한국광고홍보학회, 한국광고PR실학회, 한국OOH광고학회의 후원으로 개최되는 이 대회는 캠페인 전 과정을 개발하고 경쟁 프레젠테이션을 통해 우수 광고인을 선발하는 특별한 경험을 제공합니다.

2019 KOSAC은 "세상을 바꾸는 작은 아이디어, 청년이 바꾸는 대한민국"을 공모주제로 전국의 83개 대학이 참여하여 총 418편의 작품이 출품되었습니다. 어마어마하죠? 여기에는 96명의 지도교수님과 1,654명의 학생들이 한 학기 동안 수업에서 과제로 진행한 작품이 제출되었습니다. 전국을 서울, 경기인천

그림 6.1 2019 대한민국 대학생 광고대회 포스터

강원, 대전충청, 대구경북, 부산울산경남, 광주호남제주 6개 지역으로 나누고 1차로 전문가들의 심사로 뽑힌 73개 팀이 지역 예선에서 경쟁 프레젠테이션으로 경연을 진행하였습니다. 지역대회에서 우승한 상위 13개 팀은 9월 전국대회 참여 자격이 주어집니다. KOSAC은 전국의 대학생을 대상으로 진행하는 기획과

제작, 프레젠테이션이 포함된 경연으로 국내 최대 규모의 대학생 광고공모전입니다.

과거에는 대학생 광고공모전이나 공익광고 대학생 부문 등 몇 개의 광고 공모전 밖에 없었으나 최근에는 공모전이 양적으로 많아진 것은 물론, 질적인 부분도 크게 향상되었습니다. 대학생을 대상으로 한 광고 공모전의 경우 전공 비전공자를 구분하지 않으며, 수상자에게 상금과 인턴십, 입사 시 특전을 제공하기 때문에 인기가 높습니다. 이를 위해 학생들끼리 동아리를 만들어 팀으로 작업하고, 수업과 직간접으로 연계하거나 학교 차원에서 적극 지원을 받기도 합니다. 이른바 "공모전 전성시대"를 맞고 있습니다. 학생에게는 공모전 참여의 기회를 열어줌은 물론, 광고를 실습하고 정리할 수 있는 결과물로서 공모전이 매우 유용하기 때문입니다.

안타까운 사실은 광고뿐 만 아니라 우리나라 산업 대부분이 성숙기를 맞으면서 고용 없는 성장시대에 접어들었다는 것입니다. 당연히 관련 분야의 취업이 힘든 것은 사실인데 아이러니하게 현업에서는 사람을 찾기 어렵다는 목소리가 높습니다. 회사를 구하는 사람이 많지만, 기업이 원하는 인재는 부족하다는 이야기입니다. 대학은 졸업한 20대 절반이 백수란 의미의 "이태백", 취업이 어려운 문과라서 죄송하다는 "문송"은 더 이상 낯선 단어가 아닙니다. 그러나 위기 속에 기회가 있는 법, 생각을 바꾸면 해결 방법이 있습니다.

많은 학생들이 광고와 PR을 공부하고, 이 분야에서 일을 시작하고 싶어 합니다. 그러나 광고와 PR 분야는 당장의 업무에서 성과를 중요하게 생각합니다. 말하자면 다수의 광고와 PR 관련 회사에서는 빠른 목표달성을 위해 신입사원을 뽑아서 이들을 인재로 양성하기 보다는 경력자를 직원으로 채용하는 것을 더 선호합니다. 과거에는 제일기획과 오리콤 같은 대형 광고회사가 다수의 신입사원을 뽑아 일정기간 교육 후 현업에 투입하고 이들이 경력을 쌓은 후 다른 회사로 옮겨 인력 수급이 가능했지만 현재는 이런 채용 패턴을 찾아보기 힘듭니다. 또한 큰 회사에서 교육을 받은 경력사원들의 공급도 과거처럼 원활하지 않습니다. 광고회사 인사담당자들은 쓸 만한 사람을 찾기 힘들다고 합니다. 그래서 신입사원을 뽑더라도 "경력 같은 신입"을 원하게 됩니다. 문제는 신입사원이 자신의 경력을 보여줄 수 있는 기회가 매우 제한적이라는 점입니다.

기업에서는 공모전이나 인턴십을 통해 신입사원의 열의와 역량을 검증하려고 합니다. 공모전 주최기관은 중앙정부와 기관, 지방자치단체, 공기업, 대기업, 중소벤처, 학교와 재단협회, 신문 방송 등 언론사, 학회와 비영리단체, 외국계 기업 등 다양합니다. 광고회사의 경우 제일기획, 대홍기획, HS애드, 이노션 등에서 공모전을 개최합니다. 광고주의 경우 아모레퍼시픽, 롯데백화점, 조선일보, 적십자, 농협, 한국방송광고진흥공사, 마사회 등 다양하죠. 일부 공모전에서는 수상자에게 상장과 부상은 물론, 그리고 인턴십 기회와 일부 입사시 특전을 줍니다.

1) 공모전 가이드라인

학계에서도 공모전과 인턴십의 중요성을 강조하고 있습니다. 많은 기업들이 공모전을 개최하는 것은 자사의 홍보효과 높일 수 있습니다. 단 기간에 이목을 집중하게 함으로써 대학생들에게 강력한 PR이 됩니다. 반면 학생에게는 이런 기회를 통해 본인의 커리어를 쌓을 수 있는 계기가 됩니다. 공모전의 경향을 분석한 〈대학생공모전가이드북〉은 공모전의 트렌드 분석을 통해 몇 가지 특징을 살펴볼 수 있습니다.

1. 총상금 1천만 원 시대
2. 1년 내내 공모전 시대
3. 해외로 견문 넓혀
4. 체험 공모전이 늘어남
5. 인턴, 채용특전 혜택
6. 공모전 전용 포탈 등장
7. 공모전 당선작 실제 활용
8. 대학생이 마케팅 컨설팅
9. 자원봉사 형식 도입
10. 공기업에서도 공모전 실시

그림 6.2 공모전 가이드북(씽굿, 2019년 6월호)

또한 공모전 입상의 확률을 높이기 위해 몇 가지 가이드라인도 함께 제시하고 있습니다.

1. 자신 있는 분야를 선택할 것
2. 발상의 전환할 것

3. 트렌드를 파악할 것
4. 열정을 표현할 것
5. 주최회사를 파악할 것
6. 기존 당선작을 검토할 것
7. 심사과정을 확인할 것
8. 실패를 두려워 말 것
9. 팀웍을 발휘할 것
10. 출품과정에 유의할 것

개인적으로 부족한 부분을 보완할 팀원 찾고, 그림과 사진을 활용하여 회사 전략 방향도 맞춰야 한다고 조언합니다. 학기 중은 물론, 방학기간은 많은 기업이 대학생을 대상으로 논문 · 마케팅 · 디자인 · 광고 등 다양한 공모전이 열립니다. 참신한 아이디어를 얻고, 인재를 확보하는 것도 공모전을 여는 기업들의 목표에 포함됩니다. 대학생들 입장에서도 공모전은 취업을 위한 도약대인 것이죠. 입상하면 공모전을 개최한 기업에 지원할 때 가산점을 받을 수 있어 차별화된 스펙이 됩니다. 다음은 공모전 준비를 위한 몇 가지 참고자료입니다.

첫째, 팀원을 잘 구성합니다. 공모전은 개인보다는 팀 단위로 응모하는 것이 쉽습니다. 마음에 맞는 친구끼리 팀을 이루는 것도 좋지만 서로 실력을 보완할 수 있는 팀원을 찾는 게 더 중요합니다. 예컨대 아이디어가 많은 친구, 샘플이나 조형물을 잘 만드는 손재주가 좋은 친구, 프레젠테이션(PT)을 잘하는 설득력 있는 친구, 팀을 뭉치게 하고 이끌어 나가는 리더십이 있는 친구 등이 모여서 하는 게 좋습니다. 공모전 관련 카페나 SNS에서 다양한 능력이 있는 팀원을 만나게 된다면 좋은 팀웍을 발휘할 수 있습니다.

둘째, 기획서로 차별화합니다. 기획서에 글자만 빈틈없이 채워 넣는 것은 피해야 합니다. 수백, 수천 개의 응모작을 평가하는 심사위원에게 빼곡히 쓴 기획안을 잘 봐주기를 기대하는 것은 어리석습니다. 눈길을 끌면서도 의도를 잘 나타내주는 그림과 사진을 최대한 활용하도록 노력합니다. 이렇게 하면 '시각적' 효과 뿐 아니라 자신의 생각을 나타내기 위해 다양한 자료를 잘 제시할 수 있습니다.

셋째, 설득력 있는 프레젠테이션(PT, Presentation)을 합니다. 공모전 PT는 격식을 차리고 하는 비즈니스 PT가 아닙니다. 심사위원들이 아이디어와 표현력 뿐 아니라 대학생다운 '끼'를 보는 자리입니다. 무례하다거나 어이없을 정도가 아니라면 약간 오버하는 동작을 취해도 괜찮습니다. 작품의 컨셉트와 어울리는 옷차림이면 좋습니다. 예를 들며 중 · 고생을 대상으로 한 마케팅 아이디어라면 교복을 입는 것도 가능합니다.

넷째, 공모전의 성격과 개최 회사를 파악합니다. 30~40대 주부를 주 고객으로 하는 업체에서 마케팅 공모전을 한다면 고객층을 넓힌다고 40대 남성을 목표로한 아이디어를 제시하면 적절하지 않습니다. 회사의 최근 전략 방향이나 마케팅의 기본 틀 등은 살펴봐야 합니다. 최근 2~3년간 수상작에 어떤 공통점이 있었는지, 또는 트렌드가 어떠한지를 살피는 것도 도움이 됩니다.

2) 공모전 준비는 어떻게 하나?

이 밖에 공모전 출품에 대해서 대표적인 공모전 대행사인 씽굿의 이동조 편집장은 "공모전 도전하기 16단계"를 제시하고 있습니다(www.thinkcontest.com). 공모전 도전에 망설였거나, 몇 번의 공모전에 도전해 보았지만 좋은 성적을 얻지 못한 경우, 새로운 도전으로 공모전에 도전하는 학생들을 위한 공모전 입문 16단계 가이드를 제공하였습니다. 공모전 도전의 처음과 끝, 그 모든 과정을 단계별로 살펴보고 성공하는 공모전 입문에 필요한 정보를 정리하면 다음과 같습니다. 공모전을 준비한다면 도움이 될 것입니다. 꼭 참고해 보세요.

1단계: 공모전이란?

공모전은 새로운 아디이어나 작품을 공개 모집하는 것이다. 옛날부터 했던 문학공모나 미술 공모 같은 전통적인 공모전에서 최근의 마케팅 아이디어나 UCC작품, 마케터 참여형 등 분야나 형식을 가리지 않고 공모가 진행되고 있다. 매년 대학생이 참여할 수 있는 공모전만 1000여 개 이상 진행되고 있다. 한 해 동안 새로

생겨난 공모전은 파악된 것만 수백 개가 넘는다. 특히 현재 기업뿐만 아니라 공공기관, 지자체, 단체 등이 진행하는 대학생 공모전의 분야도 생각보다 다양하고 많다.

2단계: 학년별로 공모전 활용법

1학년 때는 다양한 공모전에 선배들과 참여하면서 공모전에 대한 다양한 정보와 특징, 매력을 파악해 경험을 쌓는다는 생각으로 도전하는 것이 좋다. 2학년 겨울이나 3학년이 되면 공모전 팀을 구성해 집중적으로 도전할 수 있다. 이때 가급적 자신의 진로를 염두에 두고 관련 분야의 공모전을 선택해 스펙을 쌓아가는 것이 취업과 진로에 도움이 된다. 4학년 때는 취업과 직접 관련된 핵심 분야 혹은 취업 특전(인턴 기회)이 있는 공모전 한두 개에 집중하는 것이 좋다.

3단계: 어떤 공모전을 선택해야 할까?

자신이 가장 잘 할 수 있는 공모전이나 자신이 세운 목표와 관련 된 분야를 선택하는 것이 좋다. 특별히 진로에 도움을 받으려면 '좋아하고 하고 싶은 분야 → 전공 → 경력활동 → 공모전 → 직업(기업, 업무, 진로)'의 연장선에서 종합적으로 살펴보고 그 과정에 위치해 있는 관련 공모전을 선택하는 것이 유리하다. 공모전 선택에 도움이 될 수 있도록 전공 계열별로 공모전 분야를 추천한다.

4단계: 취업전략으로 공모전 도전해보기

공모전 수상자에게 다양한 입사특전을 주는 공모전들이 엄청나게 늘었고 입사의 영광을 누리고 있다. 아울러 취업 시 필요한 커뮤니케이션 능력, 기획서 작성, 프레젠테이션 등을 경험하고 능력을 높이는 데 공모전 경험이 유용하다. 또한 자기소개서나 면접과정에서 지원기업이나 부서, 진로와 관련된 다양한 공모전 경력을 면접과정에서 어필하고 관련 산업과 기업환경에 대한 이해가 돼 있음을 답변에 포함하는 것이 좋다.

5단계: 혼자보다는 팀을 구성하라

공모전에 도전하기 위해서는 팀을 구성하는 것이 좋다. 가장 중요한 것은 여러 사람들이 협력하면 수상 가능성이 개인보다 더 높다. 실제로 최근에는 팀 참여가 일반화돼 있고, 팀의 작품 수준이 높아 수상자들의 대부분이 팀이다. 특히 기업이 요구하는 팀워크를 사전에 경험하고 배울 수 있는 소중한 기회가 된다. 졸업 후에는 대부분의 프로젝트나 임무는 모두 팀 단위로 진행된다. 이 때문에 미래 취업을 위해서라도 팀 내의 역할과 리더십을 배울 수 있는 경험을 제공한다.

6단계: 스케줄 잡기

공모전 도전을 계획한다면 ▷공모전 요강분석 및 주최사 의도 파악, ▷주제 분석 및 문제정의 ▷ 주최사 또는 브랜드 이미지 및 텍스트 리서치 ▷ 타깃 리서치[니즈, 연구자료, 트렌드, 주 타깃 소비자 욕구, 만족도조사, 초점집단면접(FGI, Focus Group Interview), 현장관련 기존사례 분석] ▷ 아이디어 도출(창의모형, 브레인스토밍), 주 타깃 설정 ▷콘셉트 도출 ▷콘셉트 전개 과정의 논리를 증명할 데이터, 리서치분석, 만족도 조사, 논리적 근거 ▷아이디어 적용 ▷ 기대되는 효과 구체화 ▷작품화 과정 ▷ 작품 피드백 및 수정 ▷ 출품준비 ▷ 출품 및 이후 작업(PT 등)이다. 각 단계별로 해야 할 업무를 잘 이해하고 이에 맞춰 공모전에 참여하면 된다.

7단계: 공모전 진행 단계별 체크 포인트

공모전 준비단계에서는 자신이 좋아하는 분야와 자신 있는 분야 중에 공모전 유형을 선택하는 것이 좋다. 공모전 준비단계에서는 ▷공모요강 분석을 통한 주최사 의도파악 하기 ▷이전 당선작의 당선 이유와 심사평가의 요소 분석하기 ▷기존 당선자들의 작품 성향 분석 ▷팀 구성의 노하우 ▷아이디어 회의 기법 ▷완성도 높은 작품을 제작하기 위한 요령 등을 충분히 체크한다. 아이디어를 구체화해 작품으로 작업하는 단계에서는 핵심 아이디어가 잘 드러나는 것이 중요하다. 강렬하고 심플하고 한 눈에 메시지를 파악할 수 있는 작품을 제출해야 한다.

8단계: 공모전의 핵심을 제대로 파악하기

공모전에 당선되는 가장 첫 번째 기술은 바로 공모전이 요구하는 부분과 의도를 정확하게 이해하고 핵심을 파악하는 일이다. 이를 위해 ▷ 요강을 꼼꼼히 확인하라 = 질문의 핵심을 잘 파악할 수 있는 가장 기본적인 것은 공모전 요강 혹은 관련(첨부) 세부 문서를 꼼꼼히 읽으면서 이해하는 것이다. ▷ 주최사 담당자가 돼 생각해 보라 = 무엇을 얻고자 이 공모전을 할까? 수상작을 어떻게 활용할까? 어떤 작품이 들어와야 주최사가 좋아하고 활용하고 적용할 수 있을까? 공모전을 진행하는 실무담당자의 입장에서 충분히 생각해 본다.

9단계: 검색으로 핵심 과제를 해결하라

공모전에 맞는 해답은 문제를 얼마나 잘 이해하고 무엇을 요구하는지 정확하게 이해는 것에서부터 찾을 수 있다. 그렇다면 공모전 주제나 핵심을 파악하기 위해 꼭 필요한 데이터는 무엇이며 어디에서 얻을 수 있을까? ▷ 주최사에 대한 정보, 왜 공모전을 하는가? ▷ 주제, 요건, 해결해야 할 문제와 관련 된 정보, 기존 공모전 각종 자료, 심사자료, 당선작 자료, 기존의 문제점 ▷ 소비자 욕구 변화, 사회 트렌드, 경쟁사, 주변 환경과 조건. 이 세 가지를 모른다면 좋은 성과를 거두기 힘들다.

10단계: 아이디어와 콘셉트를 이해하라

기존과 다른 독특한 아이디어나 콘셉트를 찾아내지 못하면 심사위원들의 관심을 끌지 못하고 후속으로 제시되는 다양한 자료조사나 논리 등에도 관심을 갖기 어렵다. 따라서 공모전 작품에서 가장 중요한 것은 자료조사나 상황분석 후 자신만의 독특한 아이디어나 컨셉트를 제시해 심사위원들의 마음을 단번에 사로잡아야 한다. 결국 작품의 초반 결정적인 요소는 바로 '어떤 컨셉트를 제안하느냐?'에 달렸다.

11단계: 정확한 목차를 구성하는 법

기획서 작성 작업에서 목차를 미리 구성해 보는 것만으로도 긍정적인 요인을 만든다. 목차 구성에서 중요한 점은 공모전의 분야에 따라 목차의 필수적인 구성요소를 놓치지 않는 것이 다. 상황분석-콘셉트 도출-아이디어제안-기대효과 등 기초적인 요소가 빠지지 않았는지 체크해 볼 필요가 있다. 목차를 구성할 때 관련 분야 공모전 기획서의 수상작 목차를 벤치마킹하는 것이 좋다. 이런 목차는 기획서의 기본적인 구성요소를 잘 다루고 있다.

12단계: 공모전 아이디어 발상

아이디어는 공모전에서 가장 중요하다. 다양한 아이디어 발상법은 다음과 같다. ▷브레인스토밍을 활용하라 : 되도록 많은 아이디어를 서로 내놓을 것(질보다 양, 질과 가치는 나중에 판단할 것) 등이 중요하다. ▷주제에 대해 설문조사하라 : 설문조사를 진행 한 후 새로운 마케팅 접근법을 개발한다. ▷다른 각도에서 보려고 노력하라 : 남과 다른 관점, 평범하지 않은 다른 각도에서 문제나 사물을 봄으로써 아이디어를 얻을 수 있다. ▷다양한 요소를 섞어라 : 창의는 전혀 다른 요소들의 연결에서 생긴다. 다양한 사례, 다양한 요소들을 서로 조합하여 새로운 것을 연결했을 때 좋은 아이디어를 찾을 수 있다.

13단계: 수상작품을 벤치마킹하기

기획 마케팅 또는 아이디어 분야의 경우 아이디어를 도출되면 이제 기획서로 만들어야 하는데, 가장 먼저 제시된 양식이 있는지 살펴본다. 공모전이 요구하는 정답의 방향과 목차가 고스란히 들어있는 기획양식에는 공모전 당선노하우가 그대로 들어있다. 제시된 양식을 살펴보면 기업이나 주최사에서 요구하는 작성법 가이드와 구성목차, 필수항목이 제시된다. 주최사가 제시하는 제안양식을 적극적으로 활용한다.

14단계: 작품제작에 필요한 스킬을 배워라

좋은 아이디어를 찾았다면 이를 표현해야 한다. 이때부터는 작품제작 스킬이 필요하다. 광고나 디자인 공모전에 관심 있다면 포토샵이나 디자인 능력이, 마케팅 전략공모전에 관심 있다면 논문작성법이나 파워포인트 작업능력 등이 요구된다.

이런 스킬들은 하루아침에 배울 수 없기 때문에 평소에 꾸준하게 익히는 것이 좋겠다.

15단계: 분야별 공모전, 이런 실수 꼭 줄인다

분야별 파이널 체크포인트를 소개하면, ▷광고공모전 분야 : "크리에이티브에 앞서 주제 연관성을 놓치지 말라" ▷논문공모전 분야 : "논문 형식을 소홀히 하지 말라" ▷마케팅공모전 분야 : "주최사는 지금, 현장의 소비자데이터에 가장 관심이 많다" ▷아이디어 공모전 분야 : "아이디어의 제안 절차를 무시하지 말라" ▷디자인공모전 분야 : "과정이 아닌 결과, 마지막엔 전체 완성도다" ▷UCC공모전 분야 : "재미없으면 안 봐" ▷글쓰기-콘텐츠공모전 분야 : "주최사가 듣고 싶은 이야기를 써라" ▷체험 참여공모전 분야 : "적합한 인재임을 설득하려 하지 말고 그냥 보여줘라" 등이다.

16단계: 심사자의 관점에서 살펴보기

내가 출품한 공모전 작품은 어떻게 평가될까? 작품을 제작할 때 심사위원들이 평가할 요소들을 미리 고려해 생각해 두면 훨씬 더 좋은 작품을 만들 수 있다. 공모전 3대 심사요소는 창의성, 실용성, 논리성이 있다. 작품에서 이 3가지 핵심 키워드를 토대로 공모전 분야에 맞는 세부 카테고리의 심사표가 작성되고 심사위원들의 평가 작업이 이루어진다. 매 공모전마다 심사표를 만들어 스스로 평가하다보면 심사 기준에 대한 안목도 커져 그만큼 좋은 결과를 얻을 수 있다.

3) 대학생 공모전 사례

공모전의 성격이 다양해지면서 광고와 PR분야의 캠페인 공모전이 매년 주요 광고회사, PR회사에서 진행되고 있습니다. 이중에서 PR분야에서 2019년까지 19회의 공모전을 이어오고 있는 우리나라 대표적인 PR회사인 KPR의 공모전에 대해서 소개해 볼까합니다. 제가 심사위원장으로 평가에 참여한 이 공모전은 총상금 1,000여만 원 규모의 국내 최대 PR공모전으로 68개 대학에서 199개 팀, 441명이 참가해 성황을 이뤘으며 대상 팀에게 상금 500만원 및 인턴십의 기회를 제공했습니다. 전국의 전문대 이상 대학(원)생을 대상으로 진행되었으며, 예선을 거쳐 본선에 오른 19개팀이 열띤 경쟁을 펼친 끝에 드래곤시티 응모과제에 '개성있게 살자 용기있게 놀자'라는 컨셉트를 제시한 단국대 팀이 대상의 영예를 안았습니다.

이 공모전의 취지와 목적은 "국내 PR산업의 발전 도모, 대학생들의 PR에 대한 관심 제고, 대학생들의 참신한 PR 아이디어 발굴, PR 업계의 우수한 인재 네트워크 구축"이었습니다. 응모부문은 "기업 PR, 마케팅 PR 또는 브랜드 PR, 공공기간 PR, CSR(사회공헌활동)"이며 심사 기준으로는 "상황(시장) 분석, 논

표 6.2 KPR의 PR아이디어 공모전 현황

심사위원	시상금 내역	참가팀 현황	
– 광고홍보학계 교수님(2명, 심사위원장 포함) – KPR 임원진 및 해당 고객사 담당자 – 고객사 임원 및 담당자	– 대상(1팀) : 상금 500만원 (상패) 및 팀원 중 1명 KPR 인턴쉽 – 우수상(2팀) : 상금 100만원 (상패) – 장려상(4팀) : 상금 50만원 (상패)	1회(21팀) 3회(57팀) 5회(25팀) 7회(48팀) 9회(121팀) 11회(156팀) 13회(114팀) 15회(109팀)	2회(29팀) 4회(43팀) 6회(61팀) 8회(96팀) 10회(148팀) 12회(137팀) 14회(77팀) 16회(148팀)

그림 6.3 KPR 대학생 PR아이디어 시상식

리적 구성, 현실성 & 효율성, 커뮤니케이션 능력, Visual 및 자료 준비 능력"입니다. 주요 심사와 시상, 역대 참가팀의 현황은 표 6-2와 같습니다. 어떤 내용인지 한 번 참고해 보세요.

기획서를 작성하여 프레젠테이션으로 발표하는 공모전의 경우에는 다양한 능력을 작품 안에 담아야 합니다. 대학생 광고대회, KOSAC의 경우에는 〈표 6-3〉과 같이 서류심사와 PT심사별로 심사항목이 다릅니다. 총 100점 만점으로 심사항목 별 점수를 차등적으로 배점하고 아이디어 40, 솔루션 40, 기획서 표현 20점으로 서류 심사합니다. 아이디어는 주제이해도, 적합성, 논리성, 창의성을,

표 6.3 KOSAC 심사기준(서류심사)

구분	심사항목	배점
아이디어	(주제이해도) 주제 핵심타겟에 대한 이해 및 접근 (접학성) 리서치, 포지셔닝, 타겟팅, 마케팅, 사회 흐름 반영 (논리성) 논리적 접근 및 해결방안 (창의성) 창의적인 접근 및 해결 방안	40점
솔루션	크리에이티브의 독창성 컨셉의 전달성/표현성 제작물의 완성동 매체 적합성 실현 가능성	40점
기획서 표현력	기획서 구성력	20점

(전국대회, PT심사)

구분	심사항목	배점
아이디어	(주제이해도) 주제 핵심타겟에 대한 이해 및 접근 (접학성) 리서치, 포지셔닝, 타겟팅, 마케팅, 사회 흐름 반영 (논리성) 논리적 접근 및 해결방안 (창의성) 창의적인 접근 및 해결 방안	40점
솔루션	크리에이티브의 독창성 컨셉의 전달성/표현성 제작물의 완성동 매체 적합성 실현 가능성	40점
프레젠테이션	커뮤니케이션 능력 기획서 구성력	20점

솔루션은 크리에이티브, 컨셉, 제작물, 매체적합, 실현가능을 봅니다. PT심사에서는 아이디어 40, 솔루션 40, 프레젠테이션 20점이다. 프레젠테이션의 경우 커뮤니케이션 능력과 기획서 구성력을 평가합니다.

광고PR학과, 또는 광고홍보 전공 등 관련학과에서는 앞에서 논의한 바와 같이 다양한 실습과목이 편성됩니다. 카피, 인쇄광고, TV광고, 영상광고, 캠페인, 기획실습, 제작실습 등 다양한 과목에서 실습과제를 수행하기도 하죠. 개별 과목에 따라 외부의 과제를 산학협력으로 실습하는 경우도 있습니다. 물론, 공모전의 경우 실제 작품을 제출하고 이를 대외적으로 평가받을 수 있어 수업에서 활용되기도 합니다. 〈그림 6-4〉는 상지대학교 미디어영상광고학부 광고카피실습 수업에서 과제로 추진한 작품을 공모전인 대한민국 공익광고공모전에 제출

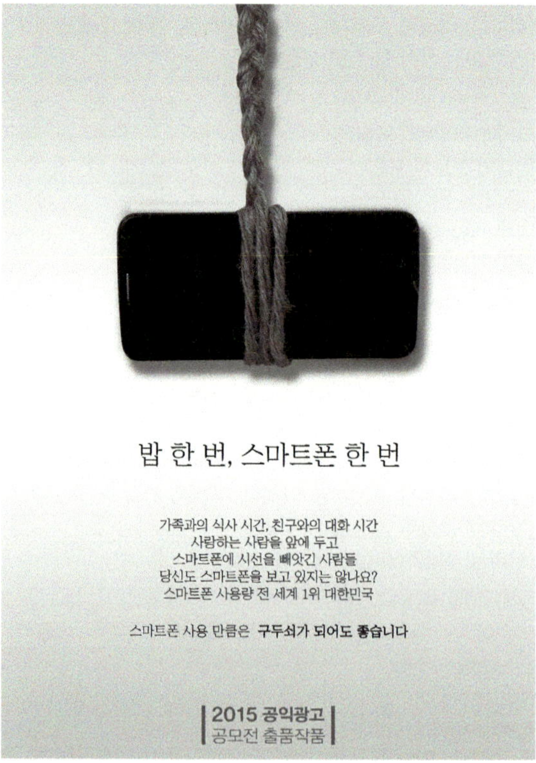

그림 6.4 공익광고 공모전 대학생 부문 동상 수상작

하여 수상한 경우입니다. 잘 알려진 자린고비 이야기를 스마트폰 중독과 연결하여 "밥 한 번, 스마트폰 한 번"이란 헤드라인으로 스마트폰 사용의 구두쇠가 될 것을 주장하였습니다.

인터넷윤리콘텐츠 공모전 수상작인 〈그림 6-5〉 낙서주의구간도 4학년 캠페인실습 시간에 진행한 실습과제의 결과물입니다. 인터넷 공간에서 댓글 등 악플로 인한 폐해를 줄이자는 주장을 담은 작품이었는데 경사가 급한 산악 등에서 돌이 떨어질 우려가 있는 곳의 "낙석주의구간" 도로표지를 활용하여 인터넷 공간이 낙서주의구간이 되지 않도록 함께 노력하자는 광고였습니다. 이처럼 인쇄광고가 공모전에 많이 등장하는 것은 학생들이 비교적 쉽게 도전할 수 있기 때문입니다. 또한 작업 시간이나 자원의 소요가 영상에 비해 상대적으로 부담이

그림 6.6 인터넷윤리콘텐츠 공모전 은상 "낙석주의구간"편

그림 6.6 대학생들이 직접 만든 공익광고 이웃사랑 타인배려 편(방송화면)

적지만 최근에 오면 영상 공모전이 점차 늘어나고 있습니다. 〈그림 6-6〉과 〈그림 6-7〉 공익광고 이웃사랑 타인배려편은 TV 공익광고 제작에 상지대 학생들이 참여하여 아이디어와 스토리보드를 제출하고 이것을 협업 프로덕션과 함께 광고를 제작한 사례입니다. 국내에서는 처음으로 대학생의 아이디어가 일반 공익광고로 제작되어 한 달여 동안 전국의 TV에 방송되었습니다.

대학생이라면 누구나 공모전에 꿈을 가져도 좋습니다. 하지만 의지만 가지고 좋은 결과를 기대하기는 어렵습니다. 그에 따른 노력이 필요하다. 여러 가지 방법이 있겠지만 우선 좋은 광고를 만들기 위해서 기억해야할 3다(多)가 있습니다. 이 3다는 다독(多讀), 다작(多作), 다상량(多想量)입니다. 광고를 많이 접해서 카피와 발상, 전략 등을 많이 경험하고, 습작을 통해 좋은 광고 아이디어를 연습하고, 마지막 실제로 많은 고민과 생각을 거쳐야 좋은 광고를 만들 수 있습니다. 좋은 광고를 많이 보려고 노력합니다. 그리고 좋은 아이디어를 실제로 발상해 봅니다. 그리고 이것을 완성된 결과물로 만들어 보는 시도가 계속된다면 처음에는 시행착오를 하겠지만 결국에는 좋은 결과를 얻을 수 있습니다.

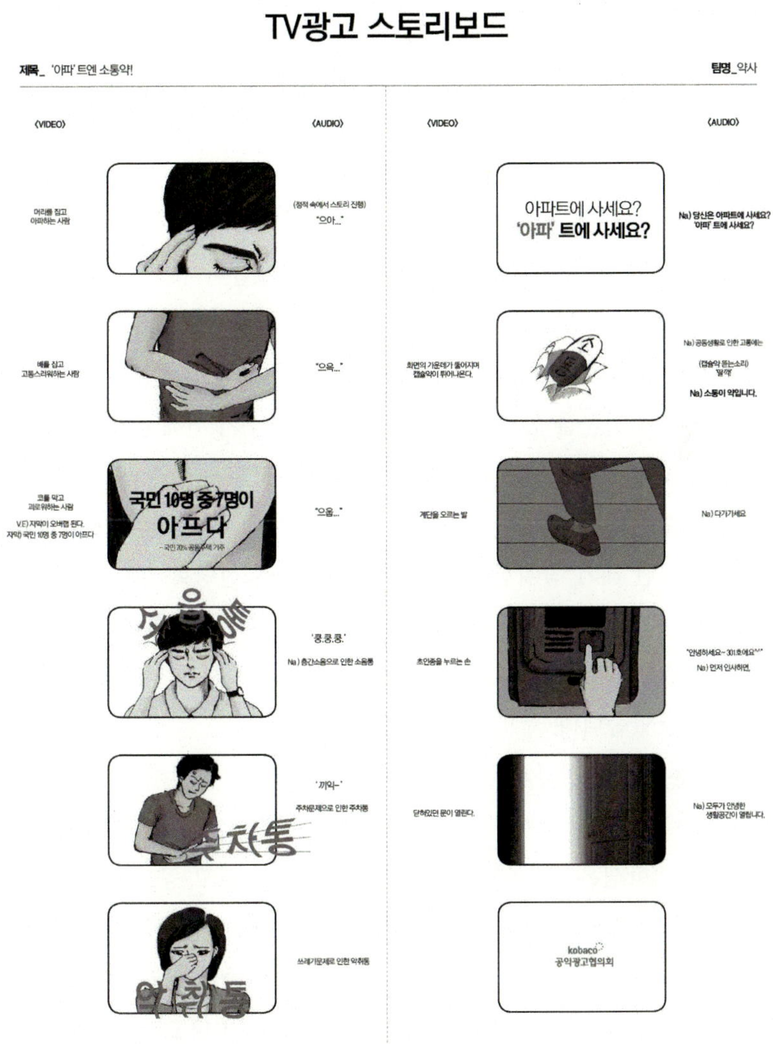

그림 6.7 대학생들이 직접 만든 공익광고 이웃사랑 타인배려 편(스토리보드)

4) 공모전에 임하는 자세

기업이 주최하는 공모전이 늘어나면서 대학생들의 공모전 참여와 관심도 커지고 있죠. 공모전은 이제 일부 회사에서 시행하는 행사도 아니며, 관심 몇 사람만 참여하는 이벤트가 아닙니다. 1년 동안 개최된 공모전 수는 1,500여 개 정도이고, 대학생 대상 공모전만 해도 400여 개에 이릅니다. 어마어마하죠? 학생들의 공모전 참여는 실무경험을 쌓고 입상경력으로 취업을 위한 우수한 개인의 이력을 확보한다는 측면에서 꾸준히 늘고 있습니다. 또한 인턴 기회와 상금, 개인과 학교의 명예를 높이는 등 부가적인 혜택도 얻을 수 있어 장려되고 있습니다.

그러나 광고와 PR산업은 고도 성장기를 지나면서 신입사원 모집이 크게 줄어 관련 전공 졸업생들에게 취업의 기회가 줄고 있습니다. 게다가 경영측면에서 단기의 효과를 높이기 위해 신입사원 채용 후 사내 교육으로 인재를 양성하기보다 경력자를 스카우트하여 생산성을 높이려는 경향이 늘고 있습니다. 대학생들은 좁아진 취업문을 통과할 수 있는 조건을 갖추기 위해 더 많은 노력을 기울이게 되었습니다. 취업난이 심각한 상황에서 공모전 수상경력이 취업을 위해 꼭 필요한 사항이라는 인식과 취업을 결정 요인이 아니라는 인식이 공존하고 있습니다. 몇 년 전 제가 참여한 연구(차유철, 이희복, 신명희, 2013)에서는 공모전이 취업에 미치는 영향력에 대해 대학생과 광고 실무자 집단의 인식에 유의한 차이가 있는지 알아보고, 광고공모전이 과연 광고계 입문에 실질적인 도움이 되는가를 살펴보았습니다.

재미있는 몇가지 결과가 나왔습니다. 설문조사 결과, 첫째 광고업계 취업에 영향을 주는 요인에 대한 대학생과 실무자 집단의 인식에 차이가 있는 것으로 나타났는데, 대학생은 크리에이티브와 아이디어, 그리고 공모전, 제작 기술을 중요하게 생각한 반면, 실무자는 실무경험과 공동작업, 사회성을 중요하게 생각했습니다. 두 집단 사이에 차이가 있죠? 둘째 대학생들이 크리에이티브와 아이디어, 그리고 광고공모전이 광고계 취업에 영향을 미친다고 인식한 반면, 실무자들은 공모전 수상실적의 영향이 더 적다고 인식했습니다. 셋째 광고업계 취업에서 광고공모전의 내용과 주최기관의 영향력에 대한 인식에서 실무자들은 크리에이티브와 운영 등 실행 능력과 관련된 공모전이 취업에 큰 영향을 미치는 것으로 생각했습니다. 대학생들은 대행사 주최 공모전을 제외한 모든 공모전에서 실무자 보다 취업에 미치는 영향력을 크게 생각한 것으로 나타났습니다.

대학에서의 교육이 취업 및 실무에서 능력을 발휘할 수 있는 인재를 양성한다는 중요한 의미를 갖지만, 이를 검증할 수 있는 요소로 공모전 수상 경력이나

표 6.4 **광고업계 취업 시 고려하는 요인(대학생과 실무자의 차이)**

대학생		취업 시 고려 요인	실무자	
평균	순위		순위	평균
4.28	1	크리에이티브	2	4.01
4.19	2	공모전 수상실적	7	3.41
4.06	3	교내외 활동경력	4	3.75
4.03	4	인턴십	1	4.19
3.88	5	외국어 능력	5	3.68
3.69	6	광고제작기술	8	3.27
3.57	7	학교 인지도	6	3.64
3.37	8	성격	3	3.78
3.23	9	학교 성적	9	3.18

대학에서의 성적 등이 실제 업무능력을 예측할 수 있는 기준이 될 수 있는가에 대해 인식의 차이가 존재합니다. 예비광고인 양성을 목적으로 하는 대학교육이 어디에 초점을 두어야 하는지 고민과 이를 위해 교육과정에서의 개선 노력이 필요합니다. 연구 결과만으로 보면 공모전에 기울이는 노력만큼 또는 그 이상으로 인턴십 등의 활동, 즉 실무를 미리 경험하면서 구성원으로서의 인성을 평가받는 기회를 마련하는데 더 많은 노력을 기울이는 것이 실무자들의 기대에 대한 만족도를 높임과 동시에 광고전공 대학생들에게 취업의 기회 및 경쟁력을 높이는 방안이 됩니다. 광고공모전의 유형에 따른 지금 우리사회의 대학생들이 취업을 위한 노력으로 관심을 집중하고 있는 공모전 외에 실무경험을 쌓을 수 있는 기회를 마련하기 위한 업계와 학계의 더 많은 노력이 뒤따라야 할 것입니다.

5) 대학생 광고 공모전 참고사이트

이제 공모전에 한 번 도전해 볼까요? 그럼 이런 정보는 어디서 얻을 수 있을까요? 공모전의 정보를 얻을 수 있는 곳은 다양합니다. 공모전 커뮤니티는 네이버 대표 공모전 카페 '스펙업'입니다. '스펙업'은 그 탄생에 재미있는 스토리가 있는데 카페 주인이 대학생이던 시절, 대학생들에게 꼭 필요한 정보들을 한 곳에서 모아 볼 수 있었으면 좋겠다는 생각으로 직접 지금의 카페를 만들게 되었다고 합니다. 정보를 올리고 공유하면서 지금까지 2년 동안이나 운영해오고 있습니다. 지금은 졸업을 한 일반인 신분이지만 아직도 대학생 공모전 정보를 위해 다양한 활동을 하고 있답니다.

'스펙업' 카페에서는 다양한 공모전 소식은 물론 특강, 세미나, 포럼, 워크샵, 토론회와 같은 정보도 함께 확인할 수 있습니다. 뿐만 아니라 기업에서 자사 홍보를 위해 앞 다투어 모집하는 홍보대사, 마케터, 서포터즈 관련 정보는 물론 인턴, 공모전, 봉사 활동 등 대학생들의 경력에 보탬이 될 만한 정보가 모두 모여 있습니다. 그리고 다양한 공모전과 취업에 성공한 선배들의 이야기를 모아

그림 6.8 스펙업 카페 화면

볼 수 있답니다. 공모전과 취업에 성공한 선배들의 진솔한 이야기에서 많은 대학생들이 힘을 얻을 수 있었다는 댓글도 인상적입니다.

공모전에 참가하는 방법은 공모전을 진행하는 주체에 따라 다르지만 대체로 아래 사이트에 공지가 되므로 정기적으로 방문하여 새로운 소식을 확인하는 게 좋습니다. 인터넷 검색이나 학교 게시판, 또는 동아리의 경우 서로 정보를 교환하기 때문에 혼자 준비하는 것 보다 효율적입니다. 공모전과 관련하여 한 가지 주의할 점은 공모전이 모든 것은 아니라는 점입니다. 열심히 준비하는 것은 좋으나 공모전에 모든 것을 걸고 매달려서는 곤란합니다. 공모전의 유용성은 분명하지만 본인의 목표와 관련이 없거나 과정보다 결과에만 집착하는 오류를 범하게 됩니다. 수상만 목표로 할 것이 아니라 과정을 즐기는 마음으로 참여한다면 더 많은 것을 배울 수 있습니다.

그림 6.9 대학내일 아웃캠퍼스

그림 6.10 씽굿 공모전 홈페이지

- 스펙업: cafe.naver.com/specup
- 씽굿: www.thinkcontest.com
- 대학내일 아웃캠퍼스: cafe.naver.com/outcampus
- 대티즌: www.detizen.com
- 캠퍼스몬: www.campusmon.com
- 디자인정글: www.jungle.co.kr/contest
- 인크루트 공모전: gongmo.incruit.com

3. 인턴십

우리나라에서 인턴사원 제도로 처음 도입된 것은 1984년 LG그룹에서였습니다. 그 후 많은 기업에서 우수인력을 조기에 확보하기 위한 방법으로 널리 이용되었다고 합니다. 대학 등 학교 교육에서 인턴십(internship)과 유사한 과정으로 현장실습, 실습학기제 등이 있지만, 인턴십이란 용어가 정부에서 대중화된 것은 1990년대 후반입니다. 인턴십은 취업 대책과 일자리 창출을 위한 제도로서 기능하는 것은 아니라 학생이 일정기간 실제의 업무를 직업세계에서 체험(field experience)하는 제도이며, 기업은 학생을 일정기간 받아들여 직장에서 일을 체험 · 실습시키는 제도인 것이죠. 우수한 인턴(intern)을 향후에 정식사원으로 채용하게 되어 구인과 구직 양쪽 모두의 윈윈이 가능한 제도입니다.

인턴십 제도는 학생이 취업체험을 통해 기업과 접촉하는 기회를 갖게 되고, 회사 관계자와의 커뮤니케이션이 가능해 서로의 이해를 높이는 의의가 있습니다. 또한 학생들은 인턴십을 통해 자신의 경력개발을 위한 실무능력 배양과 취업능력 배양을 위한 기회로 활용할 수 있습니다. 그러나 학생들은 인턴십 프로그램에의 참여를 단순히 파트타임(part-time) 업무나 이력서의 빈칸을 채우기 위한 과외활동 정도로만 인식하기도 합니다. 일부 기업 역시 인턴십 프로그램을 잠재적 인적자원 개발을 위한 투자나 인력양성에서의 사회적 책임과 역할 수행이라는 측면에서보다는 비용의 부담으로 여기거나 기업의 홍보나 이미지 제고를 위한 이벤트 행사로 활용하는 부작용도 있습니다(김환식, 2005). 인턴십과 비슷한 개념으로는 청년도제 제도, 산학협동학습, OJT, 멘터십, 일학습 프로그램, 학교연계 여름취업, 지역사회 봉사학습, 산학계약제 등이 있으니 참고하세요(〈표 6-5〉 참조).

표 6.5 일에 기반을 둔 학습

학교에서 일의 경험	직무를 통한 일의 경험
학교기업 진로아카데미 고객봉사 실습 직업 실습 직업 시뮬레이션 실습 작업 실습 모의 기업 프로젝트 상급생 및 수업 프로젝트	청년도제 제도 산학협력 학습 OJT 멘토십 인턴십 일 학습 프로그램 학교 연계 인턴십 지역사회 봉사 산학협력

미디어 환경과 산업 환경의 변화로 PR교육의 현황에 대한 점검 및 향후 개선방향에 대한 검토가 필요함에도 불구하고, 실습교육에 대한 논의는 매우 부족하였습니다. 최근 디지털 미디어의 발달, 4차 산업혁명시대의 도래, 스타트업 창업을 위한 PR교육, 팟캐스트와 같은 새로운 방법 활용한 교육 등의 연구도 이루어졌지만, 보다 총체적인 접근은 광고 교육, 교과와 함께 검토되었습니다. 디지털 시대의 변화를 수용하고, 업계의 니즈와 요구를 반영하는 PR 교육 및 커리큘럼에 대한 변화와 보다 집중적이고 깊이 있는 필요한 가운데, PR 실무를 위한 실습교육에 대한 검토를 통해 업계가 필요로 하는 지식과 기술을 갖춘 인재 양성이 요구되고 있습니다. 현장실습 및 인턴십 과목도 취업 및 사회진출의 토대 과목으로 마련된 학과들이 있습니다. 광고, 홍보 교육의 추진방향을 7가지 핵심 코드를 뉴미디어(new media), 실무 교육(practical training), 창조적 사고(critical/creative thinking), 통합(integration), 윤리(ethics), 산학협력(academic industrial corporation), 학제간 융복합(interdisciplinary convergence) 7가지로 잡았다. 광고PR 교과목에서 PBL(project based learning/ problem based learning), 액션러닝(action learning), 플립드 러닝(flipped learning)과 같은 교수법 적용해 볼 수 있다고 합니다(유선욱, 2018).

인턴십 프로그램 경험이 대학생 진로발달에 영향을 미치는 연구에서 인턴십 프로그램 경험을 통한 대학생 진로발달에 영향을 미치는 요인에 대해 질적 사례연구 방법을 통해 분석한 결과, 첫째, 전공만족도가 영향을 미치고 있었습니다. 전공만족도가 낮게 나타난 사례에서는 인턴십 프로그램 경험을 통해 진로인식 단계의 의사결정 양상이 나타났습니다. 반면, 전공만족도가 높은 사례에서는 인턴십 프로그램 경험을 통해 확신 단계의 진로의사결정 양상이 나타났습니다. 둘째, 대학의 진로 서비스 만족도가 영향을 미쳤습니다. 대학의 진로 서비스에 대한 만족도가 낮게 나타난 사례에서는 인턴십 프로그램 경험을 통해 진로인식 단계의 의사결정 양상을 알 수 있었습니다. 반면, 대학의 진로 서비스에 대해 만족도가 높은 사례에서는 인턴십 프로그램 경험을 통해 진로의사결정의 확신을 갖는 양상이 나타났습니다. 셋째, 전공만족도와 대학의 진로 서비스에 대한 만족도는 '진로성숙도'와 깊은 관계성을 갖고 인턴십 프로그램 경험을 통한 대학생 진로발달에 영향을 미쳤습니다. 진로 성숙도를 높일 수 있도록 하는 진로 프로그램이 선행될 필요가 있으며, 인턴십 프로그램이 함께 통합적이고 총체적으로 관리, 운영되는 대학생 진로교육이 필요합니다(김지영, 2015).

1) 인턴십 사례

우리나라 주요 광고회사와 PR회사에서는 방학, 또는 연중, 그리고 일정한 시기에 인턴십 제도를 운영하고 있습니다. 대표적으로 제일기획의 경우 2019년 대학생 인턴을 다음과 같이 모집하였습니다. 부문은 기획, 제작으로 나뉘고 지원 자격은 대학졸업예정자, 병역 필, 영어회화 자격자로 제한됩니다. 전형절차는 직무적합성 평가와 검사, 면접의 순으로 선발하여 인턴으로 근무케 합니다.

▶ 지원자격

– 2019년 12월 ~ 2020년 8월 졸업 예정인 대학생 (석사 제외)

– 병역필 또는 면제자로 해외여행에 결격사유가 없는 분

– 영어회화 자격을 보유하신 분 (OPIC 및 토익스피킹에 한함)

▶ 전형절차 : 직무적합성 평가 > 직무적성검사 > 면접 > 인턴실습

▶ 지원방법 : 삼성채용홈페이지(http://www.samsungcareers.com)를 통해

표 6.6 인턴십 모집부문

직군	모집 전공	근무지역	주요업무	영어회화 최소등급
기획직	전공무관	서울	광고기획/영업, 플래닝, 디지털 캠페인, 리테일, 브랜드 익스피리언스, 미디어 등	IH(OPIc) Level 7(토익스피킹)
디지털 기획직	산업공학, 컴퓨터, 통계 전공	서울	디지털 미디어 및 플랫폼 관련 기획/분헉/운영	IH(OPIc) Level 7(토익스피킹)
제작직 (Ait)	디자인, 미술 전공 (미술대학 소속 限)	서울	Art Directing (ATL, BTL, 디지털 등)	해당사항 없음
제작직 (CW)	전공무관	서울	Copywriting	IH(OPIc) Level 7(토익스피킹)

SAMSUNG 제일기획

2019년 대학생 인턴 모집안내

대학생인턴은 기업현장 체험을 통해 회사와 직무를 이해하고 진로를 탐색할 수 있는 프로그램입니다.

지원자격 및 모집분야

- 2019년 12월 ~ 2020년 8월 졸업 예정인 재학생(석사 제외)
- 해외여행에 결격사유가 없는 분(남자의 경우 병역필 또는 면제자 등)
- 영어회화자격을 보유하신 분 (OPIc 및 토익스피킹에 한함)

직군	모집 전공	근무 지역	주요 업무	영어회화 최소등급	
기획직	전공무관	서울	광고기획/영업, 플래닝, 디지털 캠페인, 리테일, 브랜드 익스피리언스, 미디어 등	IH(OPIc)	Level 7(토익스피킹)
디지털기획직	산업공학, 컴퓨터, 통계 전공	서울	디지털 미디어 및 플랫폼 관련 기획/분석/운영	IH(OPIc)	Level 7(토익스피킹)
제작직(Art)	디자인, 미술 전공 (미술대학 소속 限)	서울	Art Directing (ATL, BTL, 디지털 등)	해당 사항 없음	
제작직(CW)	전공무관	서울	Copywriting	IH(OPIc)	Level 7(토익스피킹)

청각장애인을 위한 별도 어학 평가기준 :
청각장애인용 TEPS 성적 380점 이상 응시 가능(직군무관)

전형절차 및 일정

지원서 접수	직무적합성 평가	직무적성검사	면 접	인턴실습
2019년 3월 13일(수) ~ 3월 19일(화) 오후 5시		2019년 4월 14일(일) 국내 1개 지역 : 서울 해외 2개 지역 : 미국 Newark(NJ), 미국 LA(CA)	2019년 4 ~ 5월 중	2019년 7 ~ 8월

지원안내

- 삼성채용홈페이지(http://www.samsungcareers.com)에 로그인하여 지원서를 작성하시면 됩니다.
- 지원서는 3월 19일(화) 오후 5시(한국시간)까지 제출하셔야 합니다. 마감일은 홈페이지 접속 인원이 급증할 것으로 예상되오니, 마감일 이전에 충분히 여유를 가지고 등록하여 주시기 바랍니다.
- 국가등록장애인은 관련법 및 내부규정에 의거하여 우대합니다.
- 지원서에 기재한 내용이 사실과 다르거나, 관련 서류 미제출 또는 허위 서류 제출 등의 경우 선발이 취소될 수 있습니다.
- 인턴실습 시간은 1일에 8시간입니다.
- 인턴실습 시 소정의 실습비와 중식을 지급합니다.
- 인턴실습을 수료한 분은 당사 채용에 우대할 계획이며, 세부 사항은 추후에 안내할 예정입니다.
- 전형단계별 결과는 삼성채용홈페이지(http://www.samsungcareers.com)에서 확인하실 수 있습니다.

[응시직군/지역별 직무적성검사 유형 안내]

지원직군	고사장 위치	
	서울	미주
기획직 제작직(Art) 제작직(CW)	광고직 직무적성검사 또는 영문 삼성직무적성검사	영문 삼성직무적성검사
디지털기획직	국문 또는 영문 삼성직무적성검사	영문 삼성직무적성검사

※ 광고직 직무적성검사는 서울에서 한국어로만 실시 됩니다.

문의사항

- 제일기획 인재개발팀
  이메일 : ssam.jo@samsung.com / 전화 : 02-3780-3876

그림 6.11 제일기획 대학생인턴 모집 포스터

지원서 작성

▶ 전형일정

– 지원마감: ~ 2019.03.19(화) 오후 5시까지

– 삼성직무적성검사: 2019.04.14. (일)

▶ 프레인글로벌

1. '새로운 역할과 기회'를 만들어낼 창의적인 인재
2. 공채(11~12월)/인턴(5~6월)/경력은 수시채용
3. 서류전형–역량평가–임원면접(자기소개PT)

▶ 미디컴

1. 다재다능 열정적 통찰력과 창의적인 인재
2. 공채(2~3월)/인턴(9~10월)/, 인턴 경력은 수시채용
3. 서류전형–실무면접–임원면접 논술평가

▶ The SMC

1. 긍정적이면서 다양한 매체에 대한 이해와 전문지식을 갖춘 인재
2. 공채(10~11월)/경력은 수시채용
3. 서류전형–실무면접–임원면접

▶ 붕어기획

1. 머릿속 아이디어를 영상으로 구체화시킬 사람
2. 공채(10~11월)/경력은 수시채용
3. 서류전형–실무면접–임원면접

▶ HS Ad

1. '1등 LG' 실현할 잠지력있는 인재를 선호한다.
2. 대졸 신업(3~4월)/경력은 수시채용
3. 서류전형–LG인적성검사–직무면접–합숙면접–경영진 면접

그림 6.12 잡콘서트 참여기업의 채용 기준(인재상, 채용일정, 채용전형)

광고홍보 관련 잡콘서트에 참여한 회사가 면접 때 자주 물어보는 질문이 공개되었습니다. 2018년 2월 공채를 진행한 미디컴은 실무면접 때 '본인을 특정 브랜드로 표현한다면?' '본인에 대해 주변 사람들의 평가는?' '워라밸(일과 삶의 균형)을 찬성하는 입장에서 설명한다면?' 'PR인에게 필요한 자질과 덕목은?' 등의 질문을 했다고 합니다. PR 회사가 어떤 인재를 원하는지 파악한 뒤 PR 회사에 적합한 사람인가를 깊이 생각한 후 지원해야 합니다. 평소 즐겨 찾는 사이트나 소셜 네트워크서비스(SNS)에 대한 이유, 관심 있게 본 홍보 캠페인 등 홍보와 관련된 자신만의 가치관을 정리해 둘 필요가 있습니다.

PR회사인 프레인은 1차 면접 때 필기시험과 외국어 능력을, 필기는 서술형 3~4개 문항이 출제됩니다. 평소 시사 이슈에 관심을 갖고 신문을 꾸준히 읽는 것이 좋은 답안을 작성할 수 있는 비결입니다. 외국어는 업무를 수행할 능력이 있는지를 평가하기 위한 것이며 신문 읽기, 뉴미디어 이해, 인턴 경험이 PR 입사의 3박자이며 평소 다양한 매체를 보면서 다방면의 사회적 이슈에 관심을 가진다면 입사가 한층 쉬워질 것입니다.

소셜PR회사인 더에스앰씨는 △브랜드 디지털 마케팅 기획 △콘텐츠 디자인 △PD △모션그래픽 등의 분야에서 상시 채용을 진행합니다. 실무면접에선 포트폴리오를 중심으로 지원자의 참여도와 실제 작업 가능도를 집중적으로 파악합니다. 실무 능력과 함께 입사 후 구체적인 목표와 발전 가능성에 대해 자신을 어필한다면 좋은 평가를 받습니다.

디지털 영상콘텐츠 제작기업인 붕어기획은 글쓰기, 만화, 영상 등 자신이 관심 있는 분야의 아이디어를 실행해 본 경험이 있는 사람이라면 환영합니다.

HS애드는 광고업에 대한 이해와 준비된 자로서 외국어 역량을 가진 사람을 뽑는다고 합니다. 공모전 수상 경험보다는 광고회사 인턴, 아르바이트 경험자를 더 선호하는 경향이 있습니다. 신입이라도 현업에 바로 투입할 인재를 찾습니다(공태윤, 2018.7.4.).

인턴십의 효과는 〈표 6-7〉와 같이 학생, 기업, 학교, 사회 4가지 측면으로 살펴볼 수 있습니다.

최근에 각 대학에는 IPP(Industry Professional Practice)형 일학습병행제가

표 6.6 인턴십의 효과

학생	기업
수업에서 배운 이론을 현장에 적용능력 배양 직업경력에 대한 목표를 명확화 직업과 직능에 대한 이해 졸업 이후의 취업과 진로 조직과 대인관계 능력 향상	학교와 파트너십 형성 현장과 소통하는 교육과정 유능한 인력확보의 가능성
학교	**사회**
다양한 학습기회 제공 실무중심의 교육과정 제공 졸업생 취업과 진로지도 현업과 네트워크, 파트너십 구축	산학 파트너십 구축 실무능력을 가진 시민 양성 사회에서 필요한 인력 제공

도입되었습니다. 일학습병행제란 산업현장에서 요구하는 실무형 인재양성을 위해 기업이 학교 등 교육기관과 함께 채용(예정)자에게 NCS(국가직무능력표준)기반의 체계적인 훈련을 제공하고 교육훈련을 마친 자의 역량을 국가에서 평가하여 자격(또는 연계학교 학력) 등으로 인정하는 제도를 말합니다. 기존의 직원 선발과정과 차이점으로는 우수한 학생을 대학에서 추천하고 기업이 선발함으로써 우수한 인재를 실무에 투입할 수 있도록 직무와 관련한 교과목을 사전교육(off-JT)을 실시한다는 점입니다. 또한 기업에서 투자하는 현장훈련(OJT) 비용을 국가에서 지원해 신입사원에 투입되는 교육비용을 절감하고 기업 적응력을 높일 수 있어 일석사조입니다.

4. 맺는말

만약 여러분이 대학에서 광고PR은 전공한다면 것은 이미 광고PR산업에 한 발을 내디딘 것과 같습니다. 광고산업, 그리고 PR산업에 필요한 이론과 실무, 그리고 비평에 이르기까지 다양한 주제와 분야의 강의를 수강하고 과제와 실습을 겸함으로써 미래 광고PR인의 길을 걷게 됩니다. 1학년 때는 주로 이론을 공부하겠지만 2학년 이상으로 진학하게 되면 실습과 실무를 경험하게 됩니다. 이

때 만나는 것이 공모전과 인턴십입니다. 앞에서 살펴본 것과 같이 이 두 가지는 광고PR 전공학생이라면 반드시 경험해 봐야 합니다. 현업을 미리 익힌다는 장점도 있지만 내 전공과 관련한 실무를 대학 재학 중에 경험할 수 있다면 관련 분야에 대한 이해와 활용, 나아가 직업으로서의 가능성도 확인할 수 있습니다.

다만 공모전의 목표가 수상하는 것에만 있는 것이 아니듯이 공부하는 학생의 자세로 경험의 폭을 넓혀보기를 권합니다. 인턴십의 경우에도 아르바이트와는 달리 급여를 받기 위한 것이 아닌 강의실에서 배울 수 없는 값진 경험을 경력으로 쌓을 수 있는 좋은 기회입니다. 학교에서 강의를 들을 때와는 달리 조직을 이해하고 실무를 익혀야 하는 힘겨운 시간이 될 수도 있지만 배움의 폭을 넓히고 성취감과 보람을 느낄 수 있습니다.

사람의 중요성이 그 어느 분야보다 강조되는 광고PR 분야에서 예비 전문가로 성장하기 위해서 공모전과 인텁십은 필수적입니다. 광고PR 전공학생으로서 실력 있는 인재로 검증받을 수 있는 기회를 재학 중에 가진다면 광고PR 분야로의 취업과 진로에 커다란 도움이 됩니다. 광고와 PR산업이 지속적으로 성장해 나가기 위해서, 내실 있는 현장중심의 교육을 위해서 학교는 물론, 업계와 정부가 함께 노력해야 합니다. 광고PR 전공이 차별화된 교육과정으로 미래 광고PR인을 더 많이 양성해 줄 것입니다. 광고PR 전공 학부생 여러분의 도전과 열심이 더욱 빛나는 대학생활과 멋진 졸업 후가 되기를 기대합니다. 여러분의 파이팅을 기대합니다.

저자소개

이희복 교수
(상지대학교 미디어영상광고학부)

광고회사 MBC애드컴과 오리콤, FCB코리아에서 카피라이터로 캠페인을 제작하였고 이후 언론학박사(광고PR전공) 학위를 받았다. 경주대학교를 거쳐 지금은 상지대학교에서 광고와 홍보를 가르치고 있다. 한국광고PR실학회 회장 · 편집위원장, 한국광고홍보학회 · 한국광고학회 편집이사와 편집위원, 공익광고위원, 캘리포니아주립대학교 풀러턴 방문교수를 역임하였다. 현재 한국광고자율심의기구 · 건강기능식품 광고심의위원, 행정안전부 · 대한적십자사 자문교수, KT스카이라이프 시청자위원, CJ영서방송 시청자위원장, 대학생 광고대회 집행위원으로 있다.

7

우리 졸업하고 뭐할까? 광고PR 전공 학생들의 경력설계

유승철(이화여자대학교 커뮤니케이션 · 미디어학부 교수)

과거 어느 세대보다 직업과 경력에 대한 고민이 많은 요즘 청년세대입니다. 소위 '4차 산업혁명'으로 요약할 수 있는 전 산업구조의 혁신에 따라 사회가 요구하는 직무 능력과 소양도 크게 변하고 있습니다. 다행히 광고PR을 전공한 학생들에게 '변화는 곧 기회' 입니다. 광고PR의 핵심이 바로 기획력과 창의성이고 새로운 시대가 요구하는 중요한 역량이기 때문입니다. 이번 장에서는 독자 여러분이 광고PR을 전공하면 무엇을 할 수 있고 또 졸업 후에 어떤 기회가 있는지 함께 살펴보도록 하겠습니다.

1. 전통적인 진로 계획

근대 광고PR의 역사는 약 100년 가량 됩니다. 신문에 이어 방송, 인터넷까지 새로운 매체가 등장하고 매체에 적합한 '소통(communication)'의 역할이 크게 부각되면서 광고PR산업도 함께 성장했습니다. 실례로 공공기관, 상업기관 등 많은 조직이 광고PR과 관련한 홍보실, 마케팅실, 기획실을 가지고 있습니다. 광고PR분야가 전문화되면서 전문 대행사(agency)도 많이 늘었습니다. 우리가 언론에서 자주 접하는 제일기획, 대홍기획, HSAD, KPR 같은 회사가 바로 광고

PR대행사 입니다. 또한 여러분이 설계하는 진로방향이 무엇이든 광고PR 기획자로서 기여할 수 있는 분야가 매우 많습니다. 우선 전통적 진로 계획을 살펴보면 아래와 같습니다.

1) 광고주의 마케팅팀과 홍보팀

광고주(advertiser)라고 하면 광고(advertisement)를 집행하는 주체입니다. 우리가 알고 있는 삼성전자, KT, SK, CJ, 현대/기아 자동차 같은 국내 주요 대기업과 구글(Google)과 마이크로소프트(Microsoft) 같은 글로벌 기업, 그리고 수많은 중소기업들 모두 광고 집행의 주체라는 점에서 '광고주'입니다. 물론 PR관련 비용 지출의 주체이기도 합니다. 본 장에서는 PR도 전문 서비스를 제공하거나 매체(media)에 비용을 지불한 대가로 소통을 한다는 점에서 폭넓게 광고주라는 용어를 활용해서 정리하려고 합니다.

광고주 및 매체별 광고비(2019년 4월 기준)

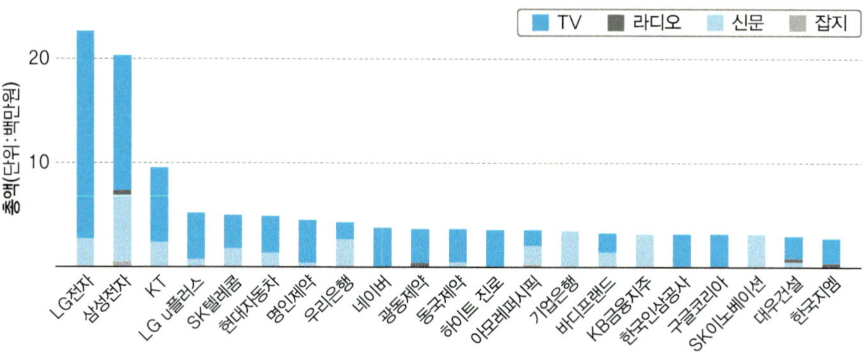

광고주는 목표 소비자(공중)를 대상으로 하는 '소통창구' 역할을 담당하는 부서들을 가지고 있습니다. 광고팀, PR팀, 홍보팀, 마케팅팀 등 이름은 각각 다양하지만 모두 여러분이 도전할 취업 목표가 될 수 있습니다. 광고주가 가져야 할 역량은 다양하겠지만 요약하면 미디어와 소비자의 변화를 잘 읽고 본인이 소속된 기업/조직의 특성에 따라 최대한의 광고PR 효과를 얻는 것이라고 정리할 수 있습니다.

위 도표는 조사회사인 닐슨코리아에서 매월 제공하는 100대 광고주의 4대 매체(TV, 라디오, 신문, 잡지) 광고비 현황으로, 2019년 4월 기준 광고주별 광고

비입니다. LG전자, 삼성전자, KT가 차례로 1,2,3위를 차지했습니다. 광고주별로 차이는 있으나 대체적으로TV에 지출되는 광고비가 큰 비중을 차지합니다. 그러나 도표에서 다룬 매체는 전통적인 매체로써 그 매체들 가운데 TV가 차지하는 비중을 의미합니다. 따라서 온라인 부문에서의 광고비 집행도 간과하면 안됩니다. 광고주들의 광고비 집행 계획과 매체 선호도를 알아보기 위해 매년 실시 중인 광고주 현황조사에 따르면 광고주들이 가장 선호하는 매체는 온라인/모바일(50.0%)이며 2019년 매체별 예상 집행 비율 또한 온라인/모바일(30.8%)이 1위를 기록했습니다. 또한 제일기획의 2018년 국내 총 광고비자료에 따르면 디지털 광고비가 TV, 라디오를 합친 방송광고비를 추월했습니다. 이러한 조사결과들은 광고주들의 온라인/모바일 광고에 대한 선호를 보여주고 있습니다. 여러분이 광고주로서 경력을 쌓기 위해서는 위와 같이 변화무쌍한 미디어 시장의 흐름을 잘 이해하는 것이 꼭 필요합니다.

2) 관공서 또는 공기업의 커뮤니케이션팀

행정안전부, 문화체육관광부, 여성가족부와 같은 정부 중앙부처, 각 도청, 시청, 구청과 같은 지방자치단체 관공서, 그리고 관광공사, 도로공사와 같은 공기업도 광고PR 기능을 하는 조직을 가지고 있습니다. 이들도 광고 집행과 광고비 지출의 주체가 되기 때문에 광의적으로 광고주로 분류할 수 있습니다. 하지만 관공서 특성상 사적 기능보다 공적 기능이 중요하고 시민 대상의 이벤트, 설명회, 소셜미디어 운영을 포함한 다양한 소통 활동도 중요하기 때문에 본지에서는 별도로 분류했습니다. 여러분이 보다 공익적인 경력을 고민하고 있다면 관공서나 공기업을 목표로 하는 것도 좋을 것입니다. 또한 최근에는 광고 PR현업에서 10년 이상 경력을 쌓은 후 공직을 시작하는 개방형직위도 크게 늘고 있습니다.

인사혁신처에 따르면, 개방형 직위제도는 중앙부처 고위공무원단과 과장급 직위 중 특히 전문성이 요구되거나 효율적인 정책 수립을 위해 필요하다고 판단되는 직위를 개방해 공직 내 · 외부를 불문하고 공개경쟁을 거쳐 최적의 인재를 선발하여 임용하는 제도입니다. 개방형 직위 중에서도 홍보 · 정보화 · 문화예술 등 민간 인재풀이 풍부하고 전문성 · 혁신성 도입의 필요성이 높은 일부 직위는 '경력 개방형 직위'로 지정해 민간에게만 개방하고 있습니다. 이들은 중앙부처의 관리자급 직위에 임용되어 홍보 · 정보화 · 대외협력 · 연구 등 다양한 분야의 중요한 정책수립 및 집행을 담당하게 됩니다.

경력개방형 직위 모집 홍보물 사례

2019년 올해는 국세청, 외교부, 문화재청, 국방부와 같은 국가기관에서, 경기도, 대구광역시, 익산시와 같은 지자체에서, 그리고 대한법률구조공단, 건강보험심사평가원과 같은 공공기관에서 광고PR분야의 개방형 직위를 모집했습니다. 정책홍보담당관, 전시홍보과장, 홍보콘텐츠담당관, 홍보브랜드담당관 등이 해당 분야의 직위명입니다. 2016년 이후 2017년을 제외하고 10~12명 정도 되는 인원을 꾸준히 선발하고 있습니다. 해당 직위는 관련 부처의 정책에 대한 홍보, 홈페이지 · 유튜브 · 블로그 등 홍보 채널 관리, 부처 관련 콘텐츠 제작, 공모전 개최, 교육 프로그램 운영 등의 역할을 수행합니다. 개방형 직위제도는 지속 확대 예정이라고 합니다. 여러분이 공직에 뜻을 가지고 있더라도 실무자로서 광고PR업계에서 경력을 충분히 준비하고 그 이후에 공직자로서 활약할 수 있는 기회도 열려 있음을 명심하시길 바랍니다.

3) 광고PR 대행사

대행사(agency)라는 용어가 아마도 독자 여러분들에게 매우 생소할 듯합니다. 대행은 '대신 해 준다'라는 의미입니다. 광고PR 산업이 커지고, 뉴미디어가 매우 복잡해지고, 소비자 역시 이해하기 상당히 어려워지면서 광고PR 업계도 전문화되었습니다. 이에 따라 회계 전문회사나 로펌처럼 광고PR 분야에서도 전문적인 회사들이 생겼습니다. 이렇게 광고주를 위해 광고PR업무를 대신해주는 회사를 '광고대행사' 또는 'PR대행사'라고 부릅니다. 최근에는 광고와 PR에 대한 절대적인 구분이 희미해지면서 광고와 PR모두를 대행해주는 통합대행사(integrated service agency) 도 다수 등장했습니다. 또한 디지털 마케팅 대행사, 크리에이티브 대행사, 또는 미디어 컨설팅회사들도 대거 늘어나는 중입니다. 광고PR 산업 내 고도의 전문화로 인해 이런 현상이 나타나고 있습니다. 광고PR 대행사가 대형화되는 동시에 특수화되는, 두 가지 현상이 동시에 일어나는 셈입니다.

한국광고총연합회에서 실시한 2018년 국내 주요 광고회사 현황조사에 따르면, 설문에 응답한 78개의 광고회사 중 종합광고대행사인 제일기획이 1위를, 이노션 월드와이드가 2위를, HS애드가 3위에 해당하는 취급액을 차지했습니다. 뒤를 이어 대홍기획, SM C&C가 5위권에 들었으며 1~5순위 대행사의 총 취급액이 12조7,418억 원으로 전체 취급액의 77%를 차지하는 것으로 나타났습니다. 아래 그래프는 10대 광고회사들의 취급액 및 성장률로, 작년에는 총 취급액 14조2,440억 원으로 전년 대비 7% 증가했을 뿐만 아니라 2010년 이후 잠시 하락한 2013, 2014년을 제외하고는 지속적으로 성장하고 있음을 알 수 있습니다.

2010-2018년 10대 광고회사 취급액 및 성장률

(단위:억원)

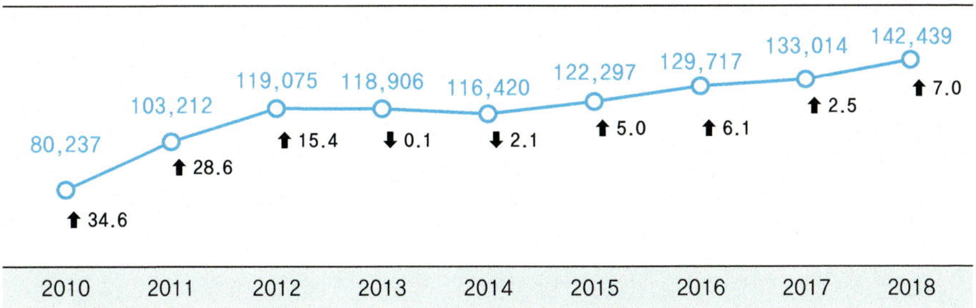

한국광고총연합회가 2018년 9월 PR업계의 현황을 조사한 결과에 따르면

PR회사 매출액 기준 순위는 다음 페이지에 제시한 표와 같습니다. 조사에 의하면 '프레인글로벌'이 260억 원의 취급액을 달성했으며, 총 직원수는 167명으로 나타났습니다. 뒤를 이어 '케이피알앤드어소시에이츠'가 189억의 취급액과 128명의 직원수로 취급액 기준 2위를 기록하고 있습니다. 앞서 언급한 것처럼, 광고PR 업무가 통합되는 추세에 있고 실제 PR대행사가 광고업무를 대행하거나 광고대행사가 PR업무를 대행하는 경우도 매우 흔한 일입니다. 여러분들이 진로를 선택하고 경력을 만들어갈 때 광고와 PR을 딱 잘라서 구분하기 보다는 두 영역 모두를 잘 할 수 있는 멀티플레이어가 되어야 할 것입니다.

위에서 거론한 것처럼 국내 광고PR 대행사 시장은 대형 대행사들이 시장을 서도하고 있습니다. 특히 이런 현상은 대기업들이 자회사 개념으로 보유하고 있는 광고회사들이 시장을 주도하고 있기 때문이기도 합니다. 이런 맥락에서, 여러분이 대형 대행사에서 근무할 때 유리한 점도 분명히 있습니다. 하지만, 소규모의 회사에서 다양하고 심도 깊은 업무를 체험한 후 대형회사로 이직하거나 창업을 준비하는 것도 경력개발 측면에서 장기적으로 좋은 전략일 수 있습니다. 대형 대행사 입사의 문이 좁은 만큼 준비시간이 길 수도 있고 입사 후 업무전반을 배우는데 소요되는 시간이 매우 길기 때문입니다.

4) 광고주 아니면 대행사? 어느 진로를 택할까요?

세부 전공인 광고PR 안에서도 진로 선택의 폭이 넓죠? 네 그렇습니다. 저도 대학 졸업반 때 공기업과 광고대행사라는 진로 선택의 기로에서 크게 고민하다 제일기획이라는 광고대행사를 선택한 경험이 있습니다. 광고주, 공기업/관공서, 대행사라는 세 선택지에서 무엇을 선택할지는 전적으로 여러분의 성향과 진로 방향에 달려있습니다. 최근에는 직업 안정성을 중요한 이유로 공기업/관공서를 목표로 공부하는 학생이 크게 늘고 있습니다. 비단 광고PR 분야뿐 아니라 여타 모든 전공의 대학생이 안정적인 공직을 선호하는 현상과 다르지 않습니다. 공직, 광고주, 또는 대행사 중 어떤 선택이 더 좋다고 단정할 수는 없습니다. 선택은 여러분의 몫으로 남기려고 합니다. 단, 미래 광고PR인 여러분에게 남기고 싶은 조언 하나는 어떤 진로이든 자발적인 의지로 선택하길 바랍니다. 많은 경우 타인의 압력에 의해 또는 시대의 흐름에 따라 본인의 의지와 상관없이 진로를

2018년 홍보대행사 순위 및 현황조사

회사명	설립 시기	대표자	전화번호	홈페이지	총인원	직급별 인원	직종별 인원	2017년 취그액
코콤포터노벨리	1995	김기훈	02-6925-1507	www.korcom.com	40	–	–	–
프레인글로벌	2000.07.27	김동욱, 여준명	02-722-2693	www.prain.com	167	임원 12, 부장 14, 차장 19, 과장 30, 대리 43, 사원 39, 인턴 10	PR 129, 경영지원 16, 타사업부 22	25,979
플레시먼힐러드코리아	2001.04.01	박영숙	02-2051-7077	www.fleishman.co.kr	45 (+외부 고문 9)	–	–	–
피알와이드	2013.12.02	이재철	02-3454-1226	www.prwide.com	26	대표 1, 임원 2, 부장 1, 차장 2, 과장 2, 대리 4, 사원 14	–	1,760
피알팩토리	2010.08.16	이상호	02-2226-6481	www.prfactory.co.kr	3	–	–	500
함샤유트	2007.02.20	김재희, 함시원	02-6020-0500	www.hahmshout.com/	85	–	–	–
호프만에이전시코리아	1987.09	루이스 마이클 호프만	02-737-2950	www.hoffman.com	16 (계약직 1 포함)	대표 1, 부장 3, 차장 2, 과장 2, 대리 2, 사원 6	홍보마케팅 20명	1,700

택한 후에 본래 꿈을 찾아 어렵게 경력을 시작하는 분이 많습니다. 진로 계획에서 여러분의 신중하고 자발적인 선택을 부탁드립니다.

이제, 오프로드를 달리자! 우리가 설계하는 진로

위에서 광고PR을 전공할 여러분들이 선택할 수 있는 전통적인 진로들을 대략 다뤘습니다. 위에 언급한 세 가지 경로 외에 여러분이 세상에 기여하고 자아를 실연할 수 있는 길은 넓습니다. 필자의 취업준비생 시절과 현업에서 근무하던 시절, 위 선택지만으로도 진로 선택의 길이 충분했을지 모릅니다. 하지만 근 15년 동안 광고PR을 포함한 전 산업이 구조적으로 변화했고, 특히 제조업, 서비스업을 포함한 산업 변화에 극도로 민감한 광고PR 역시 변했습니다. 이 변화는 광고PR 전공자들에게 어느 때보다 중요한 기회로 작용하고 있습니다. 그래서 제가 독자 여러분들께 도전하길 권유하는 진로는 바로 '자기설계형 오프로드 진로'입니다. 광고PR이 지닌 전통적 굴레에 머무르지 말고 과거에 찾기 힘든 새로운 도전을 하길 바랍니다.

산업 변화가 광고에 영향을 주었다는 것은 어떤 의미일까요? 적은 종류의 상품을 대량으로 생산해 획일적으로 소비자에게 공급했던 시기 광고는 소비자를 공략하는 전략이 지금만큼 발전하지 않았습니다. 광고도 당시 소품종 대량생산되던 상품들처럼 취급되었는데 시간대와 채널에 대한 고려 없이 동일한 TV 광고를 방송하는 식이었습니다. 그러나 기술이 발전하면서 다양한 종류의 제품을 소량 생산하는 방식으로 산업이 변화하자 광고 산업도 특정 소비자에게 특화된 전략을 취하게 되었습니다. 또한 소비자 역시 스스로가 필요성을 느끼고 흥미가 있는 최적화된 광고만을 소비하는 모습을 보이게 되었습니다.

이후 마케팅 산업이 시장경제의 규모와 함께 성장하면서 종합 에이전시들은 '융합(Convergence)'의 시대에 접어들었습니다. 대형 에이전시들은 새로운 분야의 전문 강소기업들을 인수하거나 자매사를 설립하여 마케팅을 위한 시너지를 만드는 데 초점을 두기 시작했고, 특화된 기능을 다수 보유하면서 규모와 질을 겸비한 마케팅 커뮤니케이션 그룹으로 거듭나기 시작했습니다. 2013년 프로젝트 월드와이드는 체험 마케팅 회사인 모티브(Motive)와 소셜 미디어 마케팅 전문사인 어피니티브(Affinitive)를 인수했고, 그룹사 내에 숍톨로지(Shoptology)라는 쇼퍼 마케팅 회사를 설립했습니다. 오길비(Ogilvy)는 전략기획 서비스를 제공하는 오길브레드(OgilvyRED), TBWA는 광고주 컨설팅 역할을 돕는 디스트럽션 웍스(Distruption Works) 등의 자매사를 설립하여 종합과 분업의 장점을 동시에 얻고 있습니다.

기업의 광고 제작을 대행하는 것에서 나아가 기업과 함께 브랜드 이미지를 만들어가는 역할을 하는 광고 대행사도 있습니다. 스타트업 광고대행사 레드앤틀러(Red Antler)는 기업이 제공하는 상품 혹은 서비스에 적합한 브랜드 이미지를 구축하는 데에 있어 훌륭한 성과를 거두고 있습니다. 캐스퍼, 올버즈, 브랜드리스 등 실리콘밸리 유수의 기업이 레드앤틀러를 거쳤는데, 이들은 대행을 맡은 기업에 적절한 회사명과 로고 디자인부터 소비자에게 배송되는 택배의 디자인까지 담당하며 단순한 광고 제작을 넘어 기업의 정체성을 정의하는 역할까지 수행합니다.

레드앤틀러가 브랜드 아이디어 회의를 진행하는 장면 (https://www.designboom.com)

최근에는 광고PR 전공자들이 다른 분야에서 활약을 보이는 경향도 늘어나고 있습니다. 광고사의 크리에이티브 제작자나 AE(Account Executive, 광고기획자)로 취직할 수 있는 관련 분야 전공자가 페이스북, 구글, 애플 등 미디어/IT 업체의 브랜디드 콘텐츠(브랜딩 목적으로 제작된 흥미로운 콘텐츠) 제작직을 희망하기도 합니다. 광고 대행사 레오버넷의 인사 담당자는 시카고의 대행사 일부에서 창의성이 돋보이던 직원 일부가 광고 대행사를 떠나 브랜디드 콘텐츠를 제작하는 업체 디 유니언(The Union)에 합류했음을 밝혔습니다. 또한 IT/미디어 업체의 인사 담당자가 광고를 교육하는 학교의 캠퍼스에 방문해 학생들의 포트폴리오를 검토하는 등 광고PR 분야의 경력이 있는 이들을 채용하려는 행보를 보이고 있습니다. 또, 제일기획과 같은 기존 대형 광고대행사들도 회사 내 IT와 크리에이티브 융합 기능을 보강하려고 애쓰고 있습니다. 아래는 제일기획의 2019 원쇼 광고제(The One Show)' 은상 수상작인 증강현실(AR) 기술을 적용한 앱(애플리케이션)으로 미세먼지를 스마트폰에 실시간 구현한 공익 캠페인입니다. 아래 사례처럼 기존의 광고의 틀을 깨고 새로운 기술을 더한 캠페인들이 크게 늘어나고 있습니다.

제일기획의 2019년 '더스트씨(DUSTSEE)' 캠페인

잘 닦인 포장도로를 달리는 삶이 나쁘지는 않습니다. 많은 사람들이 동경하기도 합니다. 그러나 시간은 빠르게 흐르고 삶도 빠르게 흐릅니다. 오르내림이 없는 장거리 고속주행 한 후 돌아본 잔상은 흐릿합니다. 저는 실무자로서 여러 번 직장을 옮기고 늦은 나이에 대학원에 진학한 후, 대학교수로 새로운 경력을 쌓은 경험이 있습니다. 저는 여러분이 광고PR인의 재능과 끼를 십분 살려 오프로드를 달리면서 다양한 진로와 창업, 또 융합적인 새로운 경력에 도전하길 고대합니다. 고단함과 외로움을 겪으며 오르막과 내리막을 지나 뒤를 돌아본다면 손에 쥔 것이 많지 않을지라도 추억과 보람은 가득할 것입니다. 열정을 지닌 여러분의 도전과 투지를 응원합니다. 여러분이 광고PR의 미래입니다.

마치는 글: 광고PR인이 창의성 퍼스트 사회의 중심으로

4차 산업혁명의 가장 큰 방향성은 전 업종의 기계화와 고도의 자동화입니다. 우리가 원하기 전에 필요한 것을 공급할 수 있는 편리한 사회에서 대졸 신입사원이 헤집고 들어갈 수 있는 일자리는 매우 제한적입니다. 그러나 역설적이게도 4차 산업혁명은 가장 인간다운 인재를 요구하고 있습니다. 기계가 따를 수 없는 인간다움의 핵심은 바로 '창의성(creativity)'입니다. 광고PR 전문가의 가장 핵심적인 역량이 바로 창의성입니다. 요약하자면 창의성이 가장 요구되는 새로운 사회에 가장 경쟁력 있는 전공이 바로 광고PR 전공이라고 할 수 있습니다. 현대 사회는 '창의력 최우선(creativity first)' 사회입니다. 광고PR을 전공하고 우리 삶과 사회를 선도할 여러분의 활약을 진심으로 기대합니다. 여러분이 캠퍼스에서 저를 만나게 된다면 이 글을 읽었다고 꼭 이야기해주세요. 제가 따뜻한 커피 한잔 사겠습니다. 그럼, 인생의 교차로에서 여러분과 또 마주치길 손 꼽아 기다리며 본 장을 마칩니다.

저자소개

유승철 교수
(이화여자대학교 커뮤니케이션 · 미디어학부)

현재 이화여자대학교 '커뮤니케이션 · 미디어학부' 교수로 '융합 미디어 트랙'과 '미디어 공학 & 창업 트랙' 주임교수로 재직 중이다. 미국 텍사스대학교(Univ. of Texas at Austin)에서 광고학(Advertising) 전공으로 석사 및 박사학위를 받았다. 유학 전 에는 (주)제일기획에서 다년간 미디어/광고PR 실무를 담당했으며 학위 취득 후 미국 로 욜라대학교(Loyola University Chicago)에서 디지털 · 인터랙티브 광고(Digital/Interactive Advertising) 담당 교수로 재직했다. 뉴미디어 기술을 활용한 광고 PR 커뮤니케이션, 디지털 사이니지, 엔터테인먼트 미디어, 소비자 및 광고심리가 주요 연구분야다.

8

국제광고제와 국내 광고PR 대학 축제

전종우(단국대학교 커뮤니케이션학부 교수)

하나의 산업이 성장하면 산업 구성원들을 대상으로 트레이드쇼(trade shows)가 개최되는 경우가 많습니다. 대표적으로 삼성동 코엑스에서 박람회, 엑스포, 전시회라는 이름으로 개최되는 이벤트들을 말합니다. 세계적으로 유명한 영화제를 많이들 들어 보았을 것입니다. 칸 영화제, 베니스 국제 영화제, 베를린 국제 영화제, 토론토 국제 영화제, 모스크바영화제 등등이 대표적입니다. 우리가 흔히 알고 있는 이러한 영화제의 경우 출품 작품을 접수하고 경쟁부문에서 상을 주는 일만 하는 줄 알지만 그러한 영화제는 영화가 상품으로 실질적으로 거래되는 중요한 공간이기도 합니다. 물론 영화제에서는 영화인들이 만나서 교류도 하고 학술행사도 이루어지게 됩니다. 이러한 페스티벌은 해당 산업 관계자들이 경쟁을 하는 장이지만 서로 교류하고 정보를 교환하는 중요한 기능을 한다고 할 수 있습니다.

광고가 독립적인 산업으로 인정받으면서 광고인들의 교류와 산업진흥을 위해 광고제를 개최하고 있습니다. 영화제나 다른 문화산업 관련 페스티벌과 마찬가지로 광고도 그러한 광고제를 개최하고 우수한 작품을 시상하고 있습니다. 광고인들로서는 광고제에 참가하고 수상하는 것이 하나의 꿈이기도 합니다. 광고제에는 전 세계를 대상으로 하는 국제 광고제가 있고 국내에서 개최되는 소규모 광고제도 있습니다. 대표적인 광고제에 대해 국제 광고제와 국내 광고 공모전을 중심으로 알아보겠습니다.

1. 국제광고제

1) 칸 국제광고제

칸 국제광고제는 국제광고제 중에서 가장 권위를 인정받고 있습니다. 영화제의 경우도 칸영화제가 독보적인 권위를 가지고 있으며 칸 영화제와 그 이외 영화제로 나누어지듯이 칸 광고제도 광고인들에게 가장 권위 있는 광고제로 인정받고 있습니다. 프랑스의 칸이라는 도시는 인구가 얼마 되지 않는 작은 휴양도시이지만 칸 영화제로 유명하고 광고인들을 위한 광고제를 통해 더욱 유명해진 경우입니다. 칸 국제광고제와 함께 클리오광고제, 뉴욕페스티벌이 세계 3대 광고제로 인정받고 있습니다.

칸 국제광고제의 위상을 대변하듯이 광고계 올림픽이라고도 불리우며 1954년 세계영화광고협회(SAWA: Screen Advertising World Association)가 창설한 '국제광고영화제(International Advertising Film Festival)'가 그 시작이라고 할 수 있습니다. 1954년 9월 이탈리아 베니스에서 제1회가 개최된 뒤, 제2회는 1956년 모나코 몬테카를로에서, 그리고 제3회는 프랑스 칸에서 열렸습니다. 그

후 베니스와 칸에서 번갈아 개최하였으나, 1984년에 칸이 개최지로 확정되었습니다. 1992년에는 '국제광고제(International Advertising Festival)'로 명칭을 변경하였고, 매년 6월 셋째 주에 개최됩니다.

창설 당시 극장용 광고 위주로 개최되었으나 점차 텔레비전 매체의 발달로 텔레비전 광고의 세계적 축제이며 대표적인 세계 광고제로 자리매김하였습니다. 1992년에는 인쇄 부문상, 1998년에는 사이버 부문상 그리고 1999년에는 매체 부문상을 신설하게 됩니다. 출품 분야에는 광고와 커뮤니케이션에 관한 모든 제작물이 포함되고, 필름 29개 분야, 신문과 잡지 23개 분야, 포스터 20개 분야 등이 있습니다. 이 중에 필름, 인쇄 및 포스터, 미디어, 사이버 분야 등 4개 분야로 나눠 각 분야의 그랑프리 1개와 금사자상, 은사자상, 동사자상 그리고 쇼트리스트를 선정하여 시상합니다. 2002년 제49회 대회부터는 프로모션과 OOH 광고의 성장을 반영하여 다이렉트 분야가 신설되었습니다. '스크린 애드버타이징 월드 어소시에이션(Screen Advertising World Association)' 주최로 개최되며, 기간 중에는 필름쇼와 국제광고대회, 세미나 등이 열립니다.

한국은 1990년 동원산업(오리콤)이 필름부문에서 동상, 1991년 음주운전 공익광고(제일기획)가 은상, 1992년 피죤(제일기획)이 동상을 수상하였습니다. 1997년 제44회 칸국제광고제 인쇄 분야에서 삼성전자의 와이드 텔레비전(제일기획)이 광고제 참가 최초로 금사자상을 받았습니다. 2002년에는 제49회 칸국제광고제 필름이벤트 프로모션 분야에서 영화 '취화선'이 은사자상을 수상하였습니다. 이후 지속적으로 한 두 건의 수상 실적을 보이다가 2010년에 은상 하나와 동상 3건 등 4건의 수상 실적을 기록합니다. 2011년에는 홈플러스(제일기획)가 그랑프리를 포함하여 미디어, 다이렉트, 옥외 부문의 3개 부문 금상을 동시에 수상하는 등 다시 한 번 4개의 수상 실적을 기록하게 됩니다. 2012년에는 15건의 수상, 2013년에서는 9건을 수상하게 됩니다. 최근에는 2018년에 제일기획이 서울시청을 광고주로 옥외부분 동상을 수상하였고 이노션이 현대자동차로 PR부분 동상을 수상하였습니다.

2) 클리오광고제(Clio Awards)

클리오는 미국에서 창설된 세계 3대 광고제 중 하나로 특이하게 광고계의 오스카상이라고 불립니다. 1959년 클리오어워드사(Clio Awards Ltd)의 주최로 '미국 텔레비전, 라디오 광고제'(The American TV & Radio Commercial Festival)라는 이름으로 시작되었으며, 1963년에 현재의 이름으로 명칭을 공식화하였습니다. 1959년 시작 당시에는 미국 내 텔레비전 광고를 대상으로 하였으나 1966년에 국제 텔레비전/극장광고, 1971년에는 국제 인쇄광고, 1974년에는 국제라디오광고 그리고 2000년 뮤직비디오 부문을 추가해 전 매체를 포함하는 국제광고제로 발전하게 되었습니다.

출품 부문은 제품 및 서비스(TV/영화 · 인쇄 · 포스터 · 옥외광고 · 라디오) 29개, 캠페인(TV/영화 · 인쇄 · 포스터 · 옥외광고 · 라디오) 3개, 기술(TV/영화) 12개, 산업(Business to Business) 4개, 디자인 8개, 인터넷 11개 부문으로 구성되어 있습니다. 또한 텔레비전 · 라디오 · 인쇄 · 포스터 · 인터넷 · 디자인 등의 부문으로 나눠 소비자광고와 캠페인 부문을 시상하고 있습니다.

한국은 1988년 한국담배인삼공사의 '아리랑 담배' 패키지디자인이 입상하였습니다. 2015년에 '세이프티 트럭(Safety Truck)'이라는 광고가 인상적이었는데 세계에서 교통사고 발생률이 가장 높은 아르헨티나의 편도 1차선 도로에서 트럭 후면에 디지털 사이니지를 설치해 대형 트럭 뒤에 오는 차가 안전하게 추월할 수 있도록 한 캠페인이었습니다. 새로운 기술인 디지털 사이니지를 활용하여 기술력을 과시하는 것은 물론 기업의 사회적 책임을 다하고 브랜드에 대한 호의적인 인상을 심어줄 수 있는 캠페인이었습니다. 해당 캠페인은 디지털과 옥외부문에서 금상 2개를 수상하였으며, 다이렉트, 소비자 참여, 혁신 부문 캠페인에서도 각각 은상 3개를 수상하였습니다.

3) 뉴욕페스티벌(New York Festivals)

뉴욕페스티벌은 클리오광고제, 칸국제광고제와 함께 3대 광고제 가운데 중 하나로 꼽히는 광고제입니다. 1957년 미국의 '더뉴욕페스티벌스아이에이에이(The New York Festivals IAA)' 주최로 개최된 것이 시작입니다. 1957년 설립된 국제수상그룹(IAG: International Awards Group)이 주최하는 뉴욕페스티벌(NYF)은 원래 비방송매체 분야의 발전을 독려할 목적을 가진 행사로 출발하였습니다. 그러나 행사의 활성화를 위해 TV/영화 및 TV프로그램 판촉(1970년), 라디오(1982년), 인쇄 · 디자인 · 사진 · 삽화(1984년), 인터넷(2000년대) 등 다양한 매체를 대상으로 확대시키면서, 'NYF 국제광고상(International Advertising Awards)'으로 매년 개최되기에 이릅니다. 특히 경쟁부문이 TV/영화(52개),

잡지 · 신문(71개), 라디오(57개), 대학생 참가 부문으로 세분화되어 있는 것이 특징입니다.

출품 부문으로는 Avant-Garde(전위광고) / Branded Entertainment(브랜드 엔터테인먼트) / Creative Marketing Effectiveness(창조적 판매효과) / Design(디자인) / Digital(전자광고) / Direct&Collateral(DM광고) / Film(TV/영화광고) / Integrated(통합마케팅) / Outdoor(옥외광고) / Print(인쇄광고) / Public&Media Relations(PR · 홍보) / Public Service(공익광고) / Radio(라디오광고) 등이 있습니다.

4) 런던국제광고제(London International Awards)

런던국제광고제는 1986년 'LIA(London International Advertising Awards)'로 개최된 후, 매년 열리고 있습니다. 유럽에서 열리는 국제광고제라는 특징이 있습니다. 런던광고제는 모든 매체 광고를 대상으로 하는 것이 또 다른 특징입니다. 출품 부문은 TV,영화광고 47개 부문 /인쇄광고 48개 부문 / 라디오광고 31개 부문 / 제품디자인 27개 부문 / 인터넷 27개 부문 등으로 세분화되어 있습니다.

5) 부산국제광고제

부산국제광고제는 국내에서 개최되는 국제광고제라는 특징을 가지고 있습니다. 부산광역시 해운대구 우동의 벡스코에서 매년 8월에 열리는 세계 최초의 컨버전스 국제 광고제입니다. 전 세계에 대한 이해를 높이고 문화적 다양성을 추구하고 인류에 공헌하는 마케팅 커뮤니케이션을 모색하기 위한 취지로 2008년 제1회 부산 국제 광고제가 개최되었습니다.

첫 회 개최 이후 시간이 지나면서 부산국제광고제는 국제광고제로서 안정적인 모습을 갖추어갑니다. 2012년의 경우 8월 23일부터 25일까지 열렸고, 57개국에서 1만 431편이 출품되었습니다. 전문 광고인 부문과 일반인 부문으로 나눠 진행되었으며, 참가자들은 공익, 엔터테인먼트, 국가 · 도시 브랜드, 플래닝 등의 주제에 대한 기발한 영상을 선보였습니다. 청소년, 대학생, 일반인들을 위한 창의력 개발 프로그램인 애드 스쿨이 2012년에 새로 선보였습니다. 이밖에 16개국 27개 도시가 참가하는 도시 국가 브랜드 전시관, 미래 전문 광고인을 위한 영 스타즈 광고 경연 대회, 광고업계 취업 설명회, 홍보 대사 팬 사인회 등 다양한 부대 행사도 마련되었습니다.

2019년 제12회를 맞이하게 되는 부산국제광고제는 보도자료에 따르면 출품 마감 결과, 총 30개 카테고리에서 60개국 20,645편이 출품되었다고 합니다. 3년 연속 이만 편 이상 출품되어 칸느(Cannes Lions), 원쇼(One Show), 디앤에이디(D&AD) 등과 함께 세계적인 광고제로서 인정받고 있습니다. 부산국제영화제와 함께 부산에서 개최되는 성공적인 국제행사로 인정받고 있습니다.

2. 국내 광고PR 대학 축제

많은 국내 대학들에 광고홍보관련 전공이 개설되어 있습니다. 흔히 전공명으로 많이 알려진 신문방송학이나 커뮤니케이션학 혹은 미디어학이라는 이름으로 전공을 개설하고 있고 광고홍보학으로 독립적인 학과나 학부 내의 세부전공을 운영하기도 합니다. 이러한 대학에서는 대학 차원에서 광고관련 행사를 개최하기도 하고 학과에서 광고제와 같은 행사를 개최하기도 합니다. 대학생들이 자체적으로 기획하는 광고제는 학생들에게 광고관련 실무를 경험하게 해주고 광고에 대한 이해를 넓혀줄 수 있는 기회입니다.

1) 단국대학교 학술제 〈광장〉 광고제

단국대학교 커뮤니케이션학부는 광고홍보전공, 영상콘텐츠전공, 저널리즘 전공의 세 가지 전공이 개설되어 있으며 세 전공이 같이 〈광장〉이라는 학술제를 준비합니다. 광장은 단국대학교 커뮤니케이션학부의 학술제의 공식 명칭으로 학생들이 각자의 전공별로 쌓인 지식을 실제로 적용할 수 있도록 기회를 제공하는 장으로 활용됩니다. 기획단과 각 학술제의 장들의 통솔 하에 각각의 팀원들이 협력하여 진행이 되며 잡지 출간, 경쟁 PT, 인쇄광고 제작, 드라마 제작, 라디오 녹음 등 커뮤니케이션학부에서 다루는 모든 것들을 직접 실습하는 기회로 활용되고 있습니다. 이를 통해 전공에 대한 실무적인 경험을 쌓으며, 스스로 자신의 작품을 제작함으로써 주도성이 높아지며 팀원들과 함께 소통하고 협력하는 법을 배울 수 있습니다.

커뮤니케이션학부 최대 학술제인 광장에 포함되는 프로그램은 크게 광고제, 영상제, 언론제로 나뉘게 됩니다. 광장의 광고제는 광고에 관심이 있는 학부생들이 모여 참신한 아이디어와 능력을 마음껏 발산하는 실습의 장이자 축제의 장입니다. 광고제는 세부적으로 공모전 형식의 프레젠테이션 기획이 포함됩니다. 여기에서는 미디어에 대한 연구가 얼마나 혁신적이고 창의적으로 진화했는지 젊은 세대의 뛰어난 아이디어와 전략을 통해 보여주게 됩니다. 광고제의 주제는 기업의 스폰서를 통해 일반 기업 제품을 대상으로 하기도 하고 공익적인 주제를 대상으로 경쟁 PT를 하기도 합니다. 단국대 교내에서 이슈가 되는 주제를 대상으로 진행되기도 합니다. 기업의 지원을 받는 경우 해당 스폰서 기업의 브랜드를 주제로 커뮤니케이션학부생들이 인쇄광고, 라디오광고, 영상광고 등 다양한 형태의 광고를 직접 기획, 제작하여 전시하고 상영할 수 있는 학술제로 운영합니다. 또한 통합마케팅커뮤니케이션(IMC) 기획서를 제작하여 교수님과 학교 학생들을 상대로 프레젠테이션을 하여 순위를 다투는 경쟁 프레젠테이션의 참가 기회를 학생들에게 제공해 줍니다.

초기에는 다른 대학 광고동아리와 학회를 포함하여 대학 별 경쟁으로 광고제를 운영하기도 하였지만 현재는 커뮤니케이션학부 내에서 팀을 정해 내부 경쟁으로 행사를 만들어가고 있습니다. 학생들에게 광고에 대한 실무적인 경험을 제공하고 경쟁 PT를 통해 능력을 개발하는 장으로 활용됩니다. 단국대학교 커뮤니케이션학부가 학부 산하 전공제로 운영되는 특성으로 인해 광고를 전공하는 학생뿐만 아니라 영상이나 저널리즘 전공 학생들도 참여가 가능합니다.

2) 동국대 광고홍보학과 학술제

동국대학교는 일반 신문방송학과와 광고홍보학과가 같이 개설되어 있습니다. 학술제는 광고홍보학과에서 매년 11월경 개최되며 기업과 연계된 산학협동 활동으로 운영됩니다. 또 다른 명칭은 DOCI (℃)이며 학술제는 매 회를 거듭할 때마다 1도씨, 2도씨와 같이 지칭합니다. DOCI란 Dongguk Creative Idea의 약자로 '동국대의 가장 창의적인 생각'이라는 뜻을 담고 있습니다. 다른 의미로는 '회 차가 거듭할수록 온도가 올라가고 열기가 더해져 100도씨가 될 때는 뜨겁게 끓는다'라는 염원이 담겨 있다고 할 수 있습니다.

동국대 광고홍보학과 학술제 '도씨' ℃

동국대학교 학술제는 맥주부터, 스마트폰의 올바른 사용과 중독예방 캠페인, 서울 중부경찰서와 함께한 무단횡단 근절 캠페인 등 다양한 소재를 바탕으로, 다양한 심사위원을 모시고 치열한 경쟁을 통해 진행됩니다. 학술제의 목표는 일회성 발표형식이 아니라, 더 나아가 팀의 아이디어를 실제 캠페인으로 실현하는 것으로 삼고 있습니다. 그 예로, 2016년도 7도씨 학술제에서는 무단횡단 근절 캠페인을 주제로 한 대상팀의 아이디어가 실제로 퇴계로5가에서 중부경찰서의 무단횡단 캠페인으로 실현되기도 하였습니다.

3) 숙명여대 숙명광고제

숙명여자대학교 홍보광고학과가 매년 개최하는 숙명광고제는 2003년 시작되었습니다. 당시에는 PRAD WEEK 행사의 전신이 될만한 독보적인 학과행사였지만, 홍보광고학과의 행사 프로그램이 확대되면서 지금은 PRAD WEEK 기간 중에 열리는 주요한 행사 가운데 하나로 자리 잡고 있습니다.

숙명광고제는 광고학회 애드벌룬(ADBalloon)의 주관으로 기획되고 진행되며, 매년 신선하고 독창적인 광고물들이 PRAD WEEK 행사 기간 내내 전시됩니다. 전시는 홍보광고학과 학생뿐만 아니라 광고에 관심 있는 교내외 모든 사람들이 볼 수 있으며, 이는 홍보광고학과 학생들의 창의적 역량을 대외적으로 입증하는 기회로 활용되고 있습니다.

4) 중앙대 광고전람회

중앙대학교 광고전람회
CAU ADPR FESTIVAL

1979년 '광고전시회'로 시작하여 약 40여 년 동안 현재까지 이어져 온 '광고전람회'는 중앙대학교 광고홍보학과 주최의 대표 행사입니다. 광고전람회는 중앙대학교 광고홍보학과 대학생 자치 행사 중 최대의 규모를 자랑하고 있으며, 대표적인 대학생 광고 축제로서 자리매김하고 있습니다. 또한 본무대, 전시 그리고 대학생이 뽑은 좋은 광고 시상으로 구성되며. 매년 광고와 관련된 주제를 선정하여 본무대와 전시에 그들만의 시각을 녹여내는 행사로 치러집니다. 전시장에서는 포스터, 광고물, 디자인 작품, 관객 참여형 콘텐츠 등을 선보이며, 본무대에서는 PT 발표와 자체제작 연극, 영상을 상영합니다.

중앙대학교 광고전람회 행사 중 하나로 '대학생이 뽑은 좋은광고' 시상식은 기획, 홍보, 투표 등 모든 과정을 대학생의 힘으로 진행하는 자치 행사입니다. 매년 수 만 명의 대학생이 온오프라인을 통해 좋은 광고를 투표하고, 그 결과를 바탕으로 수상작을 선정하게 됩니다. 대학생이 뽑은 좋은 광고는 단순히 대학생이 어떤 광고를 좋아하는지 소개하는 것을 넘어, 대학생이 선호하는 광고 트렌드를 알아봄으로써, 좋은 광고를 공유 전달하는 데 기여하는 행사를 만들고 있습니다.

5) 한국외국어대 AD FESTIVAL

한국외국어대 미디어커뮤니케이션학부에서는 학부에 소속된 학회를 중심으로 학술제를 개최합니다. 광고제는 이러한 학술제의 하나입니다. 광고학회는 광고제, 보도사진학회는 정기전(사진전), 방송학회는 영상제, 언론학회는 뉴스제를 개최하며 학생들의 참여를 통해 새로운 경험을 제공하고 있습니다. 광고제의 경우 광고관련 다양한 프로그램이 편성되어 학생들과 함께 합니다.

6) 한신대 한신영상광고제

한신대학교 한신영상광고제는 매년 11월에 전국 대학생과 고등학생이 참여하는 광고, 영상, 기획경연의 장으로 1996년 제1회 광고제를 시작으로 진행되고 있습니다. 국내 기업과 함께 UCC 공모전, 고등학생 공모전, 대학생 마케팅 공모전 등 여러 프로그램을 진행하였으며, 16회 광고제에는 노리단과 CSR을 주제로 진행하였습니다. 기획부터 기업 컨택, 홍보, 영상 제작 등 모든 프로그램을 학과 학생들이 진행해 그 과정을 통해 실무 경험을 쌓는 좋은 기회의 장이 되고 있습니다.

7) 한양대 광고홍보학과 COMMAH

1990년부터 시작된 COMMAH는 학교에서 배우는 이론과 실무가 결합된 학술제입니다. 학생들이 실제 광고대행사, 홍보대행사가 되어 스폰서로 행사를 후원해 주는 기업의 광고기획, 창작광고물 제작, 리서치, 영상제작, 홍보, 이벤트 프로모션 등의 업무를 직접 체험할 수 있는 기회입니다. 학생들 스스로 학교에서 배운 이론을 활용해보며 후원 기업에게는 대학생만의 참신한 아이디어를 제공하여 기업의 젊고 참신한 이미지를 구축할 수 있는 좋은 기회를 제공합니다.

COMMAH는 단순한 학술제, 세미나 개념이 아닌 한양대 광고홍보학과 학생들의 대표 축제입니다. 대학생만의 패기, 끼와 발상, 실무능력의 시험무대 광고기획, 제작, 영상제작, 세미나, 홍보기획, 실무, 프로모션, 이벤트 등 모든 마케팅 과정을 직접 실행함으로써 대외적으로 한양대 광고홍보학과의 위상을 높이고 대내적으로는 학생들 간의 단합을 통해 과의 발전을 도모할 수 있는 광고홍보학과 연중 최고의 행사로 치러집니다.

3. 기타 광고 공모전

정형화된 페스티벌이나 이벤트로서의 광고제 이외에도 광고제작과 관련한 행사는 다양하게 찾아볼 수 있습니다. 기업의 경우 자신들의 기업 이미지나 제품 브랜드를 알리기 위해 광고 공모전을 진행하는 경우가 종종 있습니다. 또한 정부기관들도 기관의 정책을 홍보하고 커뮤니케이션 아이디어를 얻기 위해 공모전을 진행하기도 합니다. 대학생들을 대상으로 참여를 유도하는 공모전을 진행하는 경우가 많지만 일반인을 포함한 대대적인 공모전을 진행하는 경우도 있습니다. 이러한 경우는 직접적으로 광고 아이디어를 집단지성에게 구하는 경우라고 할 수 있습니다. 광고공모전이라는 행사 자체를 풍부하게 하기 위한 목적이 있는 경우는 중/고등학생 부분을 설치하여 학생들의 아이디어를 보는 경우도 있습니다. 가장 대표적인 것이 광고대행사들의 대학생 대상 광고 공모전입니다.

1) Cheil Idea Festival

제일기획은 삼성그룹의 계열사로 국내에서 가장 규모가 큰 대행사입니다. 제일기획 아이디어 페스티벌은 광고 · 마케팅 우수 인재를 발굴하고 육성하기 위해 1978년부터 매년 개최되고 있는 광고공모전입니다. 지원 자격으로는 접수 마감일 기준, 국내외 2년제 이상 대학(원) 또는 이에 준하는 전일제 교육기관에 재학 또는 휴학 중인 학생신분을 요구합니다. 군 복무자도 지원 가능하지만 일반적인 대학생 공모전과 마찬가지로 광고업계 현업 종사자는 지원할 수 없습니다. 영상, 인쇄, 옥외, 온라인광고, 광고기획서, 이노베이션의 6가지 부문으로 나누어 응모를 받습니다. 내 · 외부 전문가의 심사를 거쳐 대상, 금상, 은상, 동상 등 총 32편의 수상작을 선정합니다. 대상 수상자에게는 상금 500만원과 상패, 인턴십 기회를 제공하며, 금상, 은상에게는 각각 150만원, 100만원의 상금과 상패가 수여됩니다. 특히 대상과 금상 수상자 중 영어면접을 통해 선발된 2명에게는 해외 연수의 특전도 제공됩니다.

2) INNOCEAN Mentoring Course 장학생

INNOCEAN Mentoring Course 프로그램은 아이디어가 풍부한 캠페인으로 사회를 따뜻하게 변화시키고 싶은 대학생을 대상으로 이노션에 재직 중인 전문 광고인들이 직접 멘토가 되어 실전 노하우를 전수하고 장학금을 지원하는

CSR(사회공헌) 프로그램으로 운영되고 있습니다. 이노션 멘토링 코스에 선발된 대학생들은 이노션 CD들과 함께 사회 문제에 대한 캠페인을 진행합니다. 운영되는 프로그램은 매주 목요일 광고전문가들과의 특강, 현업 CD와의 아이데이션, 실제 경쟁 피티 체험, 광고 제작 프로세스 경험, 미디어 집행 등이 포함됩니다.

3) HS애드 Young Creator's Competition

HS애드는 예비광고인들에게 실무적인 광고경험을 제공하기 위해 1988년부터 HS애드 대학생광고대상을 운영해 왔습니다. 과거 LG애드 시절부터 개최되어 오던 전통 있는 행사입니다. 이 행사가 2018년부터 HS애드 Young Creator's Competition으로 이름이 바뀌어 개최되고 있습니다.

대학, 대학원 재학생 및 휴학생을 대상으로 하며 기획서와 크리에이티브 부문으로 나누어집니다. 세부적으로 스토리보드/영상, PRINT, OUTDOOR, INTERACTIVE, PROMOTION 부문이 있습니다. 2019년은 기획서 부문에 LG전자 프라엘, LGU+ 5G, 경동나비엔-나비엔 메이트, 경동나비엔-나비엔 콘덴싱, 오렌지라이프, 배달의민족, 트립닷컴, 동원F&B 양반죽이 과제로 제시되었고 크리에이티브 부문에서는 LG전자 프라엘, LG전자 그램, LGU+ 5G, 경동나비엔-나비엔 메이트, 경동나비엔-나비엔 콘덴싱, 배달의민족, 트립닷컴, 기린이치방, 동원F&B 양반죽이 과제로 제시되었습니다. 기획서와 크리에이티브 부문의 대상은 500만원의 상금이 수여되고 기획서 8개팀, 크리에이티브 12개팀을 선정합니다. 또한 각 부문 대상 팀에 한 해 2019년 겨울방학 기간 중 인턴십 참가자격도 부여됩니다.

4) Daehong Creative Awards

DCA 대학생광고대상은 대홍기획에서 주최하는 광고 공모전으로 1984년 제정되어 올해로 36회를 맞이합니다. 광고를 통해 대학생들의 참신한 아이디어와 창의성을 겨루는 대한민국 대표 대학생 광고공모전 중 하나입니다. 2019년은 기획(기획서)과 작품 부문(인쇄, 필름, 아웃도어, 디지털, 오픈크리에이티브)

으로 나뉘어 롯데주류 처음처럼, 롯데제과 빼빼로, KEB하나은행, 직방 등 대학생들에게 친숙한 12개 브랜드의 과제가 제시되었습니다.

지원자격은 국내외 대학 및 대학원(석사) 재학생 또는 휴학생으로 졸업예정자나 군 복무자도 지원 가능하지만 가능, 광고업계 종사자는 제외됩니다. 개인 또는 팀으로 참가가 가능하고 팀당 최대 4인, 대표 1인을 팀장으로 지정하여야 합니다. 지원은 기획부문과 작품부문으로 나누어 할 수 있고 기획부문에는 기획서가 포함되고 작품부문에는 인쇄, 필름, 아웃도어, 디지털, 오픈 크리에이티브가 포함됩니다.

출품작은 광고 실무전문가와 학계 권위자로 구성된 심사위원단의 심사를 거쳐 대상(2편), 금상(2편), 은상(4편), 동상(5편) 등 수상작을 선정합니다. 2019년 상금 규모는 총 2050만원으로, 기획과 작품부문 대상에는 각 500만 원의 상금과 8주간의 대홍기획 인턴십 기회도 부여됩니다.

저자소개

전종우 교수
(단국대학교 커뮤니케이션학부)

단국대학교 커뮤니케이션학부에 교수로 재직 중이며, 미국 플로리다대학교(University of Florida)에서 매스커뮤니케이션 전공으로 박사학위를 마쳤다. 공부를 시작하기 전에 광고회사인 LG애드(현 HS애드)에서 일하는 등 광고업계에 종사하였다. 〈광고론〉, 〈글로벌 브랜드 마케팅〉, 〈엔터테인먼트와 광고〉를 강의하고 있으며 연구 관심 주제는 소비자 감성, 엔터테인먼트 마케팅. 브랜디드 콘텐츠 등으로 소비자의 감성과 재미 등에 대한 연구를 주로 하고 있으며 이들 주제에 대한 글로벌 차원의 연구를 선호한다.

3부

졸업 후 광고와 PR의 직업세계

반갑다

광고와 PR!

광고와 PR 전공을 생각하는 학생들을 위한 필독서

9

우리나라 광고회사와 PR회사, 그리고 관련단체는 무엇이 있나요?

홍문기(한세대학교 미디어영상광고학과 교수)

우리나라 광고회사와 PR회사, 그리고 관련 단체 (예: 협회/학회 등)로는 어떤 것들이 있을까요? 우리나라에서 가장 큰 광고회사로 국내외 많이 알려진 제일기획에서는 매년 광고 연감이라는 백서(白書)를 발간합니다. 이 책에서는 광고/PR 관련회사들을 업무와 매출액/취급액 중심으로 구분하고 있습니다. 여러분들이 흔히 광고 또는 PR회사라고 말하는 곳은 대부분 광고를 기획하고 제작해 미디어에 편성하는 거의 모든 업무를 총괄적으로 담당하고 있는 대행사를 말합니다. 그렇지만 광고/PR관련 업무를 기획, 편집, 인쇄, 제판, 매체 대행, 마케팅, 리서치, CF 영상제작, CI (Corporate Identity), SP (Sales Promotion), 광고사진 스튜디오, 그리고 최근 등장한 디지털/온라인 제작 업무 등을 전문적으로 별도로 담당하는 회사들도 광고/PR 회사에 포함됩니다. 이러한 회사들을 모두 합치면 무척 많은 수의 광고/PR 회사들이 있지만 이 장에서는 우리나라 광고/PR 회사들을 매출액 규모를 중심으로 살펴보려 합니다. 광고/PR 회사의 규모를 매출액 중심으로 살펴보는 이유는 광고/PR 관련 회사들이 워낙 많기도 하지만, 어느 회사나 그렇듯이 안정적이고 탄탄한 비즈니스 모델을 기반으로 고정적 매출을 유지하지 못하면 회사가 운영되지 않기 때문입니다. 아마도 이곳에 소개된 대표적인 우리나라 광고회사와 PR회사, 그리고 광고PR 유관단체들은 광고와 PR 분야에 관심을 갖는 여러분들이 나중에 취업하고자 할 때 염두에 둘만한 안정적 회사들일 겁니다.

1. 우리나라 광고회사

광고(Advertising)라는 단어는 전달하고자 하는 메시지를 넓은 규모 즉 대규모로 알린다는 뜻입니다. 널리 알린다는 것은 많은 사람들에게 알린다는 것입니다. 그러니 많은 사람들이 관심을 가질만한 내용이어야 하고, 많은 사람에게 알릴 수 있는 방법이 있어야 합니다. 많은 사람들이 관심을 가질만한 내용을 만들어내기 위해 돈을 투자해야 하고, 많은 사람들에 알리기 위해 TV, 라디오, 신문, 인터넷처럼 많은 사람들이 사용하는 미디어에 담겨야 합니다. 그렇다면 누가 많은 사람들에게 돈을 들여 많은 사람들이 이용하는 미디어에 메시지를 담고자 할까요? 그것을 기꺼이 하는 사람들은 기업가입니다. 기업가들은 자신이 생산하는 제품과 서비스를 많은 사람들에게 알려 많은 사람들이 살 수 있도록 해 매출을 높입니다. 그러니까 기업가들은 기꺼이 광고주가 돼 많은 사람들이 자신들의 제품이나 서비스를 사거나 이용할 수 있도록 하는 것이 중요합니다. 이 때문에 기업들은 광고를 만드는데 비용을 지불하고 지불된 비용으로 광고물을 만드는 광고 대행사가 등장하게 되고 이들 중 누가 광고주의 요구에 맞는 메시지를 잘 만들고 유통시키는지가 중요해집니다. 아래 〈그림 9.1〉처럼 많은 사람들이 관심을 가질만한 메시지를 어떻게 만들어 내는지가 대행사의 중요한 역할입니다.

우리는 일상생활 속에서 TV, 신문, 라디오, 잡지, 인터넷, SNS 등 다양한 미디어를 통해 광고를 접합니다. 광고 내용은 물론, 광고모델, 광고 디자인, 광고 음악/유행어 등이 화제가 되기도 합니다. 광고회사들은 어떤 광고모델을 써야 이 제품이 더 주목될까?, 어떤 색깔과 모양으로 배경을 구성해야 좀 더 많은 사람들의 관심을 불러일으킬 수 있을까?, 어떤 표현을 써야 더 많은 사람들이 우리 광고를 더 오래 기억할 수 있을까?, 어떤 음악과 유행어를 써야 우리 광고를 사

그림 1 소비자 관심을 끌기 위한 광고

람들이 더 잘 알아볼까?, 우리 제품이나 서비스에 더 많은 사람들이 보는 미디어에 우리 광고를 내보내려면 어떻게 해야 할까? 등을 고민합니다. 이들은 자기 회사만의 차별화된 광고 메시지 구성기법과 특화된 커뮤니케이션 전략/전술을 통해 광고주의 관심을 불러일으킬 수 있는 비즈니스 모델을 구축하고 이를 통해 회사를 꾸려나가고 있습니다.

다음에 소개하는 광고대행사들은 그 중에서도 우리나라 광고시장에서 매출액이 상위에 속하는 곳들입니다. 지난 2017년을 기준으로 우리나라 광고시장에 투자된 총 비용은 약 11조 원에 달합니다. 약간의 차이는 있지만 오늘날 우리나라 광고시장의 총 매출액이 연간 10조원 안팎이라고 볼 수 있습니다. 그런데 이러한 광고 매출액의 거의 대부분은 제일기획, 이노션 월드와이드, HS 애드, 대홍기획, SMC&C, TBWA코리아, 오리콤 등 몇 개 안되는 광고대행사들을 중심으로 이루어집니다.

1) 제일기획

1973년 삼성그룹의 하우스에이전시(모기업이 있는 광고대행사를 뜻하며 주로 모기업의 광고를 집행)인 제일기획은 국내 최초로 전국 소비자 조사를 통해 소비자의 매체 접촉 형태, 라이프스타일, 제품 구매 실태 등을 종합적으로 분석해 광고 기획에 활용한 종합광고대행사입니다. 1987년 처음으로 광고매출 1,000억 원을 넘어선 이후 2007년에 취급고가 2조 원을 넘어섰고 2017년에는 5조 3천 억 원에 달합니다. 제일기획은 광고 대행 및 관련 미디어 서비스, 프로모션, 광고물 제작 등 통합적인 광고 서비스를 제공하는 삼성그룹 소속 계열사입니다. 주요 광고주로는 대부분의 삼성 계열사와 KT, 귀뚜라미 보일러, 동아제약, 동서식품, 삼천리자전거, 코웨이, 쿠첸, 오비맥주, 한국인삼공사, 신한은행 등입니다.

2) 이노션 월드와이드

현대자동차그룹의 계열회사인 이노션 월드와이드는 광고기획 및 제작 전문 광고대행사입니다. 2005년 5월 설립된 이노션은 'Innovation'과 'Ocean'의 합성어로 만들어졌습니다. 2013년 1월 평창 동계스페셜올림픽 세계대회 마케팅 종합 대행사로 이노션의 주요 사업은 매체대행, 광고제작, 옥외광고, 공간마케팅(모터쇼 등), 스포츠 마케팅, 공간 디자인, 디지털 마케팅 등입니다. 2017년 이노션 월드와이드의 광고 취급금액은 3조 9천억 원입니다. 대표적인 광고주는 대부분의 현대계열사와 광동제약, 구글플레이, 기아자동차, 대신증권, KCC 건설, 교보생명 등입니다.

3) HS 애드

LG 그룹 계열 광고회사인 HS 애드는 1962년 발족한 락희화학 선전실을 모태로 합니다. 2004년 자회사에 대한 투자 및 경영 자문 사업을 영위하는 주식회사 지투알과 광고 사업을 영위하는 주식회사 LG 애드로 분할됐으며, 하이브리드 솔루션 컴퍼니(Hybrid Solution Company)를 지향하며 2008년 4월 사명을 HS 애드로 변경했습니다. 크리에이티브 컨셉 개발 및 4대 매체 (TV/라디오/신문/잡지) 광고물 제작, 브랜드 마케팅, 미디어 플래닝/바잉, 디지털 광고대행, 퍼포먼스 마케팅, 이벤트, 스페이스 디자인 등 광고 커뮤니케이션 전반에 걸쳐 사업을 영위하고 있습니다. 매년 시행되는 대학생 광고 공모전인 'Young Creator's

Competition'으로 잘 알려진 HS애드의 2017년도 매출액은 1조 4천 500여 억 원입니다.

4) 대홍기획

롯데 기업 계열의 광고대행업체인 대홍기획은 1982년에 만들어졌습니다. 2017년 기준으로 광고 취급액은 9천 530억 정도입니다. 대홍기획의 주요 광고주는 L&P 코스메틱, 한샘, 한국관광공사, 한국농수산물센터, 우리은행, 인도롯데, KT&G, 인도푸드, 신한인도, 제주항공, 네이버, 롯데면세점, 롯데리아, 롯데마트, 롯데닷브이앤, 롯데쇼핑 등입니다. 대홍기획은 소비자 구매 행동을 5단계 (Desire, Primary Search, Optimal Search, Purchase, Share) 과정으로 규정해 단계별로 고려 브랜드 → 접점 매체 → 구매 영향 요인 등을 분석하는 소비 행동 분석 모듈인 D-pops를 적용해 산업별, 카테고리별, 브랜드별, 제품 관여 수준별 구매 행동 특징을 밝혀내고 각 구매 단계별로 구매력을 높일 수 있는 개별적 솔루션을 제공하고 있습니다. 이러한 D-pops모델은 구매 행동 전반을 고려한 최적의 마케팅 실행 전략을 제안하는 대홍기획만의 통합 IMC 전략모듈입니다.

5) SMC&C

SMC&C는 주로 SK그룹 광고를 대행하는 광고대행사입니다. 2007년5월1일 SK마케팅앤컴퍼니(주)가 설립되면서 SK그룹 산하 광고대행사가 처음 출범했습니다. 그 후 SK텔레콤에서 기업분할 된 SK플래닛(주)에 SK마케팅앤컴퍼니가 흡수 합병되면서 광고대행업은 주로 SK플래닛(주)이 맡게 됐지만 2017년7월17일 SK플래닛(주)의 광고대행사업부문이 분할되어 SM엔터테인먼트(주) 산하 SMC&C(주)에 매각되면서 SK 그룹 광고를 대행하는 SM C&C 광고 대행사가 만들어졌습니다. SMC&C의 2017년도 광고취급액은 약 5천억 원에 달하고 주요 광고주는 SK 홀딩스, SK 텔레콤, SK 이노베이션, SK 하이닉스, SK 텔링크, SK 루브리컨츠, SK 건설, SK 네트웍스, SK 브로드 밴드, 네오위즈, 네파, 다방, 대원제약, 로엔엔터데인먼트, 미즈사랑, 소니코리아, 알바천국, 아웃백스테이크, 알지피코리아, 암웨이코리아. 유한킴벌리, 참좋은 여행, 풀무원, 하나카드,

한국수력원자력 등입니다.

6) TBWA 코리아

원래 TBWA Worldwide는 미국 뉴욕에 본사를 둔 국제 광고회사입니다. 그런데 이 미국계 광고대행사가 1998년 12월 SK그룹의 태광멀티애드를 인수하여 TBWA KOREA를 설립해 지금의 TBWA 코리아가 만들어졌습니다. 이 회사의 주요 광고주는 NH 투자증권, ABC 마트, CJ E&M, CJ 제일제당, 오리온, 현대카드, 현대 캐피탈, 세스코, 교촌치킨, 하이트진로, 비자카드, SC 제일은행, 퍼시스 등입니다. TBWA의 2017년도 광고취급액은 약 2천 862억 원이었습니다.

7) 오리콤

두산그룹 계열의 광고 대행사인 오리콤은 1967년 합동통신사 광고기획실로 출범하여 1979년 5월 동양전산기술(주)과 합병하면서 오리콤이라는 이름을 갖게 됐습니다. 오리콤의 주요 사업은 광고 대행, 광고 제작, 프로모션, 잡지 및 정기간행물 발행 등이고, 오리콤의 대표적인 광고로는 1960년대 '풍년라면'(동명식품), 1970년대 '퍼모스트 아이스크림'(대일유업), '킨사이다'(한국음료), 1980년대 '청하'(백화양조), 1990년대 '에이스침대'(카피:침대는 가구가 아닙니다), 'OB라거'(카피:랄랄라 라거), 2000년대 '하이마트'(카피:하이마트로 가요), 유한킴벌리(카피:우리강산 푸르게 푸르게) 등이 있습니다. 오리콤의 2017년도 광고취급 금액은 1천 615억 원이고 주요 광고주로는 대부분의 두산그룹 계열사와, 에이스 침대, 동화약품, 동부화재, KB 국민은행, 미스터 피자, 넥센 타이어, 노스페이스 등이 있습니다.

2. 광고회사 vs. PR회사

오늘날 우리사회에서 PR은 광고, 마케팅, 심지어 브랜드와도 뒤섞여 아무렇게나 사용됩니다. PR과 나머지 개념들을 모두 비교해 분석할 수 있지만 이 장에서는 그러한 개념정리가 목적이 아니니 광고와 PR의 개념을 중심으로 광고회사와 PR회사는 어떤 차이가 있는지만 간략히 말씀드리겠습니다. 홍보와 거의 같은 뜻으로 간주되곤 하는 PR은 “피할 것은 피하고 알릴 것은 알리거나”, “피나게 알리는 것”을 의미하는 단어가 전혀 아닙니다. PR은 “Public Relations”의 약자로 조직(Organization)의 입장에서 공중 (Public)과의 관계 (Relations)를 어떻게 설정할 것인지의 문제를 고민하는 과정을 의미합니다. 특히 메시지 구성과 미디어 활용을 통한 전략적 커뮤니케이션 방법을 통해 고민하는 과정 (Process)을 의미합니다. 주로 공중관계성 (Relationships with Public)이라는 표현으로 이해되는 PR은 여러 가지 측면에서 광고 등과 본질적으로 다릅니다.

첫째, 광고는 최대한 많은 사람에게 메시지를 전하고자 하기 때문에 그 메시지를 접하는 사람이 누구인지 관심이 없습니다. 이 때문에 대중 (Mass)이라고 하는 불특정 다수를 상대로 메시지를 전달합니다. 따라서 불특정 다수를 대상으로 광고 메시지를 전달하거나 광고 메시지를 전달하기 위해 미디어를 활용하는 광고의 경우 누구에게 어떤 메시지를 왜 전달하는지 파악하는 것이 거의 불가능합니다. 어쩌면 광고는 누구에게 어떤 메시지를 전달하는지에 관심이 없을 수도 있습니다. 왜냐하면 어쨌든 광고는 많은 사람에게 널리 멀리 메시지를 전달해 누가 됐든 광고주의 제품과 서비스를 알리는 광고물을 최대한 많은 사람이 보도록 하는 것이 목표이기 때문입니다. 그런데 PR은 전혀 그렇지 않습니다. 메시지

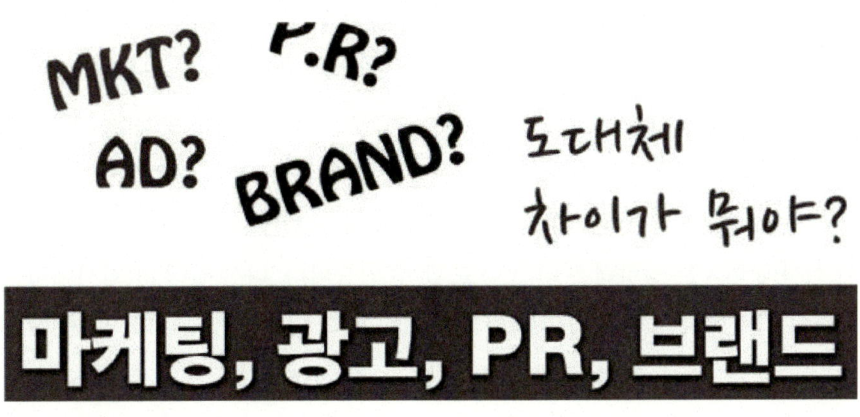

그림 2 PR은 도대체 광고와 뭐가 다르지?

를 누구에게 전달할 것인지 파악해 그 사람들이 필요로 하는 적합한 메시지를 구성하고 그 사람들이 자주 이용하는 미디어를 통해 그 메시지를 전달합니다.

둘째, 광고는 불특정 다수를 상대로 일방적으로 광고주의 메시지를 전달하고 대중을 설득하는 것이 목표이지만 PR은 조직과 공중 간에 서로 좋은 관계, 그래서 서로 도움이 되는 호혜적인 관계(mutually beneficial relationships)를 만들어 가는 것이 목표입니다. 광고의 궁극적인 목표가 소비자로 하여금 물건을 사도록 하는 것이라면, PR의 궁극적인 목표는 특정 이슈에 관심을 갖는 공중들과 좋은 관계를 유지하는 것이라 할 수 있습니다. 이 때문에 광고는 원샷(One Shot) 프로세스이지만 PR은 네버엔딩(Never-Ending) 프로세스라고 할 수 있습니다. 공중은 조직과 상호 호혜적인 관계를 갖는 집단이기 때문에 설득적 커뮤니케이션의 대상이 아니라 쌍방향 커뮤니케이션을 수행하기 위한 파트너(Partner)라고 할 수 있습니다. 따라서 이러한 공중과의 관계를 어떻게 설정할 것인가의 문제는 광고에서 강조하는 구매행위 유발처럼 한 번에 해결될 수 있는 것이 아닙니다.

셋째, 불특정 다수를 상대로 메시지를 전달하는 광고는 시간/비용/노력이 얼마나 드는지 가늠하기 어렵지만 PR은 특정 이슈에 관심을 갖는 집단인 한정된 공중을 상대로 시간/비용/노력을 투입해 어느 정도의 효과를 얻을 수 있는지 가늠할 수 있어 효율적입니다. 이 때문에 광고회사의 취급액은 수천 억 원에서 수조 원에 달하지만 PR회사의 취급액은 수 십 억 원에서 수 백 억 원 수준입니다. 기업의 매출액에 해당하는 취급액 수준으로 볼 때 광고회사의 규모가 훨씬 크지만 기업의 수익이라 할 수 있는 영업이익 측면에서는 PR 회사들이 더 많은 이익을 내는 특징이 있습니다. 특히 부채, 인건비, 관련 부대비용 등을 종합적으로 고려할 때 영업이익은 PR 회사가 더 높게 나타나기도 합니다.

넷째, 광고회사에 비해 PR회사들이 취급액 규모가 작지만 이 때문에 개인이 회사에 미치는 영향력은 더 크다고 할 수 있습니다. 다시 말해 PR회사에서는 개인의 역량이나 창의적 발상을 발휘할 기회가 더 많다는 것입니다. 특히 PR은 조직과 공중이 서로 좋은 관계를 유지하기 위한 지속적인 커뮤니케이션 과정이기 때문에 단순한 소비자의 구매행위로 커뮤니케이션 결과가 파악되는 광고와 달리, 다양하고 모든 창의적인 커뮤니케이션이 PR 커뮤니케이션 활동의 결과로 간주될 수 있습니다. 그래서 PR 분야에 종사하는 사람들은 광고와 달리 조직과 이해관계를 만들고, 유지하며, 발전시키는 지속적 커뮤니케이션 과정을 중시합니다. PR 활동에서 무엇보다 중요한 것은 좋은 관계를 안정적으로 유지할 수 있도록 메시지를 구성하고, 미디어를 활용하는 것이라 할 수 있습니다.

다섯째, 광고와 달리 PR은 커뮤니케니션 과정을 통해 관계성 (Relationships)의 문제를 다루기 때문에 조직과 공중의 관계가 없는 경우, 관계가 있다면 관계가 좋은 경우와 그렇지 않은 경우, 심지어 최악인 경우 (예: 위기상황) 등 여러 가지 경우에 따라 다양한 메시지 구성과 미디어 활용 방안을 제시한다는 특징이 있습니다. 이 때문에 PR을 홍보로 이해하거나 마케팅의 하위개념, 심지어 광고와 유사한 것으로 이해한다는 것 자체가 어불성설입니다. 과거에는 PR을 주로 언론관계로 이해하곤 했는데 그 이유는 TV, 신문, 잡지 등 매스미디어의 영향력이 강했고, 매스미디어의 영향력은 곧 언론의 영향력으로 받아들여졌기 때문입니다. 오늘날처럼 다양한 유형의 미디어가 존재하고 각각의 미디어 내에 수많은 채널과 메시지 전송방식이 개발되며, 심지어 이러한 미디어 간 융합으로 새로운 플랫폼이 구축되는 상황에서 조직과 공중 간의 관계는 언론과의 관계 설정만으로 설명되기 어려운 측면이 있습니다. 과거에 광고(廣告)와 홍보(弘報)라는 표현으로 인해 PR 개념이 혼란스러워졌던 이유는 과거 매스 미디어의 사회적 영향력이 컸기 때문에 한정된 미디어 유형과 제한된 채널 환경에서는 언론조직의 영향력이 더 크다고 여겨졌기 때문입니다.

이상의 여러 가지 차이점들로 인해 PR회사들은 광고회사들과 그 업무 방식이나 매출규모, 비즈니스 모델 등에서 분명한 차이가 있습니다. PR회사들은 다양한 유형의 조직을 상대로 비즈니스 합니다. 기업, 정부, 비영리 단체, 종교, 교육기관 등 거의 모든 형태의 조직들이 PR 회사에 컨설팅을 의뢰할 수 있습니다. 또한 이러한 조직들은 각기 서로 다른 공중을 상대로 한 관계 설정의 문제를 해결하기 위해 커뮤니케이션할 필요가 있습니다. 예를 들어 기업이나 정부는 임직원, 투자자, 정부기관, 언론, 소비자, 경쟁사, 지역주민, 도민, 정책수혜자 등 다양한 공중들과 우호적인 관계를 맺고, 유지하며, 발전시키기 위해 PR 활동을 전개할 수 있습니다. 기업의 경우라면 마케팅적 측면에서의 기업이 조직이 되고 소비자가 공중이 되는 상황을 상정할 수도 있습니다. 이처럼 다양한 조직 환경에서 다양한 공중들과의 관계를 설정하기 위한 커뮤니케이션 활동에 PR회사들은 컨설팅 명목으로 참여하게 됩니다. 이러한 PR회사들의 주요 업무로는 마케팅 캠페인 기획, 공공캠페인, 위기관리, 명성관리, 기업의 사회적 책임(Corporate Social Responsibility) 활동, 제품 출시 이벤트 기획 등이 있습니다.

3. 우리나라 PR회사

PR은 조직이 공중과의 관계를 설정하는 과정에서 전달하고자 하는 메시지를 광고처럼 무조건 널리 멀리 많이 알리는 것을 목표로 하지 않습니다. PR 커뮤니케이션 활동은 아무나 상대로 널리 멀리 많이 알리는 광고와 전혀 다릅니다. 따라서 PR회사들의 커뮤니케이션 업무는 조직이 전달하고자 하는 메시지에 관심이 있고, 이를 필요로 하며, 메시지를 바탕으로 태도나 행동을 바꿀 필요가 있거나 바꾸려고 하는 사람들 즉, 공중 (Public)을 대상으로 이루어집니다. 따라서 메시지 구성과 미디어 활용과정에서 시간/비용/노력 대비 효율성의 문제가 중시되고 메시지 전달로 인한 태도와 행동의 변화와 같은 메시지 효과가 중시됩니다. 따라서 PR회사의 컨설팅 활동에 관심을 갖는 조직들 중에는 많은 비용을 지불할 수 있는 대기업도 있지만 그렇지 않은 기업은 물론 정부를 비롯한 공공기관도 있습니다. 특히 특정 정책과 관련된 정부사업은 자격조건과 기준 등이 있기 때문에 불특정 다수라는 대중을 상대로 메시지를 전달할 필요가 없습니다. 이 때문에 광고와 달리 공공영역에서의 커뮤니케이션 활동 과정에서 PR 회사의 역량이 두드러지게 나타나곤 합니다. 그래서 광고 대행사처럼 거대한 기업들이 광고주로 등장하지는 않지만, PR 회사들은 정부에서 추진하는 다양한 정책적 메시지를 효율적으로 전달하는 전략적 컨설팅 과정을 통해 PR 업무 영역을 구축하고 있습니다. 이 과정에서 중시되는 전문성과 사회적 책임의식을 기반으로 하는 윤리성을 바탕으로 그 활동 영역을 넓혀가고 있습니다.

1) 프레인 글로벌(Pranin Global)

프레인은 매출액 규모로 하우스에이전시 회사를 제외한 PR회사 중 우리나라에서 가장 큰 PR 회사입니다. 프레인은 약 130여명의 PR 전문 인력이 PR컨설팅부터 실행까지의 통합 커뮤니케이션 서비스를 제공하고 있으며 국내 최초로 미디어 2.0 전략을 개발해 많은 기업들에 관련 컨설팅을 제공하고 있습니다. PR 그룹 프레인은 디지털에이전시 마커스, PR전문사 트레이, 컨설팅기업 PCG, PR연구소 프레인앤리 등의 계열사가 있고, PR 이외에도 외식사업부 퓨어아레나, 영상물등급위원회 선정 청소년을 위한 좋은 영화 영화 '4등'을 제작한 영화사업, 류승룡 김무열 문정희 이준 지수 이세영 김대명 엄태구 등 20 여 명의 매니지먼트를 맡고 있는 프레인TPC 등 신사업을 운영하고 있습니다. 최근에는 뮤지컬 기획/제작에도 참여하고 있습니다. 프레인글로벌의 주요 클라이언트(컨설팅 대상 조직)는 서울시, 삼성전자, SK 텔레콤, 인천공항, 보건복지부, 문화체육관광부, 고용노동부, 국민권익위원회, 통계청, 볼보, 노바티스, 엑스피디아, 동서식품, 시몬스, 국민은행, 기아자동차, 한국공항공사 등 기업, 정부, 외국계회사, 글로벌 기업 등 다양합니다. 프레인의 2017년도 매출은 293억 원으로 알려져 있습니다.

2) 레인보우커뮤니케이션(Rainbow Communication)

2004년에 설립된 레인보우커뮤니케이션은 정부를 비롯한 지자체, 공기업, 준정부기관 등을 대상으로 기관의 인지도 제고 및 주요 정책사안에 대한 홍보전략의 수립 및 실행하는 대표적 공공PR 회사입니다. 물론 기업의 브랜드 및 마케팅 목표를 달성하기 위한 일련의 PR활동인 MPR 활동도 하고 있지만 대부분의 매출 관련활동은 공공PR 영역에서 이루어지고 있습니다. 특히 국내외 정부 및 관련기관의 PR 커뮤니케이션 컨설팅/기획/실행을 중시하고 있기 때문에 해양수산부, 한국산업안전보건공단, 농정원, 한국건강증진개발원, 해양수산부, 축산자조금연합, 중앙선거관리위원회, 외교부, 질병관리본부, 환경부 등 각 정부 부처와 지자체는 물론 정부 산하 유관기관들을 대상으로 PR 컨설팅 활동을 하고 있습니다. 레인보우의 2017년도 매출액은 약 112억 원으로 파악되고 있습니다.

3) KPR (KPR & Associates)

KPR은 우리나라에서 PR 개념이 제대로 이해조차 되지 않던 1989년에 가장 먼저 만들어진 PR 회사입니다. 물론 과거에도 홍보/PR/커뮤니케이션 등의 이름을 달았던 회사들은 있었지만 대부분 미디어 대행 또는 언론 대행에 그쳤을 뿐 이 장에서 다루고 있는 공중관계성 개념의 PR활동을 한 회사로는 최초의 회사입니다. 이 때문에 KPR은 국내 PR산업 분야를 선도적으로 개척해 온 PR전문기업으로 초기에는 소비재 PR팀과 IT PR팀을 위주로 PR서비스를 제공해 오다가, 의약분업을 계기로 2001년 헬스케어 전문PR팀을 신설했으며, 이후 스포츠마케팅연구소와 이슈 및 위기관리팀(2004년), 금융PR팀 및 공공서비스PR팀(2007년), 온라인 PR팀(2008년) 등 우리 사회에 주요 모멘텀이 있을 때마다 고객의 니즈에 한발 앞서 서비스의 전문성을 확보해 왔습니다. 또한 산학협동 차원에서 지난 2004년부터 매년 개최해오고 있는 'KPR 대학생 PR아이디어 공모전'은 지금까지 PR 전문가를 꿈꾸는 인재 양성의 계기가 되고 있습니다. KPR의 주요 클라이언트로는 알로소, 알보젠코리아, 암웨이, 바이엘 코리아, 반얀트리, 한국시티은행, 대구은행, 구글, 하츠, 한화생명, 일룸, 질병관리본부, 기상청, LA 관광청, 여성가족부, 편의점 CU, 유투브, Yes 24, 한국지멘스, 싱가포르 항공 등 다양합니다. 2017년도 KPR의 매출액은 약 148억 원으로 파악됩니다.

4) 에델만(Edelman) 코리아

에델만 (Edelman)은 1952년 다니엘 에델만 (Daniel Edelma)이 언론에서의 스토리텔링을 통한 기업의 브랜드 구축 및 제품 판매라는 개념을 통해 PR의 의미를 새롭게 구축하기 위해 만든 미국의 PR 회사입니다. 에델만 코리아는 그 한국 지점으로 서비스 PR대행, 행사기획, 전시기획 등, 경영컨설팅, 공공/공중관계 서비스 등으로 시작해 지금은 리서치 능력과 컨설팅 노하우 등을 토대로 엔터테인먼트 마케팅 및 컨텐츠 제작 등 다양한 분야에서 그 입지를 더욱 넓혀가고 있습니다. 에델만코리아는 스스로를 글로벌 커뮤니케이션즈 마케팅 회사로 부르며 PR에서 시작했지만 광고는 물론, 마케팅, IMC, 심지어 경영컨설팅까지 업무영역으로 삼는 세계 최대 PR 회사의 한국지점이라 할 수 있습니다. 위기관리, 미디어 관계, 공공PR, 이슈관리, 브랜드 마케팅, PR 캠페인, CSR, 헬스 커뮤니케이션, 광고, 크리에이티브, 디지털 마케팅, 경영관리 등 거의 모든 커뮤니케이션 영역에서 활동을 하는 PR회사입니다. 에델만코리아의 클라이언트는 오토데스크, 삼성, 청와대, 포스코, 롯데, 코롱, 스터벅스, 아모레퍼시픽, 문화체육관광부, 선키스트, AIG 생명, 아랍에미리트 항공, 쉘 등 다양하고 에델만 코리아의 2017년도 매출액은 약 182억 원으로 확인됩니다.

5) 플레시먼힐러드(FleishmanHillard) 코리아

프러시먼힐러드는 마케팅 기업PR, 공공정책 PR, 전략커뮤니케이션 컨설팅, 이슈 위기관리 매니지먼트, 평판관리, 크리에이티브 솔루션, 금융 컨설팅, 미디어 관계, 브랜드 마케팅, 식음료/농업 마케팅, 에너지 원자재 관리, 전략적 통합 커뮤니케이션, 헬스 커뮤니케이션 등 다양한 분야의 다양한 비스니스 모델로 PR활동을 하는 70년 된 외국계 PR회사입니다. 그 한국지사인 프로시먼힐러드 코리아는 다른 PR회사들처럼 제품 홍보, 명성 및 이슈 관리, 변화 및 갈등 관리,공공 캠페인 및 정책 홍보 등을 사업영역으로 하고 있고, 특히 한국 기업들의 해외 PR 또는 외국기업들의 국내 PR 활동에 대한 컨설팅을 하고 있습니다. 다른 PR회사와 달리 플러시먼힐러드 코리아는 기업 브랜드 PR 활동을 뿐 아니라 공정거래, 소송, M&A, 대정부 관계, NGO 관계 등에 전략적 커뮤니케이션 컨설팅 및 자문을 제공하는 특징이 있습니다. 플러시먼힐러드 코리아의 클라이언트로는 알리바바, 버버리 코리아, 쉰들어 홀딩스, 한국수력원자력, 노바티스코리아, 법무법인 충정, GM, 비자카드, J&J, Leonardo, Reckitt Benckiser 등이 있고, 그 밖에도 보건복지부, 여성가족부 등에 대한 공공PR활동도 사업영역에 포함됩니다. 플러시먼힐러드의 2017년도 매출액은 68억 원 안팎으로 파악되고 있습니다.

6) 메타커뮤니케이션즈

제일기획에서 PR업무를 담당했던 직원들 중심으로 이루어진 PR회사입니다. 규모는 작지만 정책PR 영역에서 두각을 나타내고 있고, 그동안 한국수력원자력, 원전센터부지선정 관련 PR컨설팅을 비롯해 저출산고령화, 한미FTA, 주한미군기지이전사업 등 국가적으로 민감한 정책현안들에 대한 PR컨설팅과 실행에 이르는 다양한 PR활동 경험을 축적하고 있습니다. 기업 PR 영역에서도 송도국제도시, 알펜시아 등 대형 개발사업에 대한 PR활동과 옥션, KTF, 푸조자동차, 도시바, CJ, 메가박스, 삼립식품 등에 대한 마케팅PR을 한 바 있습니다. 업무분야로는 종합PR업무와 더불어 PR 컨설팅, 미디어 관계관리, 온라인 컨설팅, 온라인 바이럴 마케팅, 이벤트 프로모션 기획, 광고물 제작, 방송콘텐츠 제작 등이 있습니다. 주요 클라이언트로는 기획재정부, 보건복지부, 환경부, 국방부, 국무총리실, 대한민국해군, 조달청, 국세청, 코레일, 서울시, 코트라, 한국도로공사, 국민건강보험공단 등 공공기관과 삼성, IBM, 도시바, 하이트진로, 해태, 국순당, 하이모, 옥션, 귀뚜라미보일러 등의 대기업과 중소기업을 망라하고 있습니다. 메타커뮤니케이션즈의 2017년도 매출액은 40억 원 내외로 알려져 있습니다.

7) 엔자임헬스

엔자임헬스는 2003년 더 커뮤니케이션즈 엔자임으로 설립된 PR회사입니다. 초기에는 헬스케어 PR, 광고, 통합 헬스케어 마케팅(Advertising, Research, New Media), 공익마케팅(정부단체, 환경단체, NGO, 사회적기업, 친환경제품/서비스 제공 기업 등), 디자인(브랜딩, 네이밍, 로고, 포스터, 디지털, 영상, 패키지, 캐릭터, 브로셔, CI, BI 등 다양한 영역에서 PR활동이 이루어졌지만 2015년 엔자임헬스로 사명을 변경한 이후에는 헬스커뮤니케이션 영역으로 특화된 PR회사입니다. 이 때문에 클라이언트도 주로 한국애보트, 한국아스트라제네카, 바이엘코리아, 한국노바티스, 한국화이자, 한국 MSD, 한국릴리, 한독약품, 한국얀센, 존슨앤드존슨메디칼, 존슨앤드존슨, 바슈롬 코리아, 씨스팜, 연세사랑병원, 한국건강증진재단, 한국다케다제약 주식회사, 한국얀센, 동화약품 등 주로 제약회사나 의약 관련 정부기관이나 기업들의 PR활동을 전문적으로 하는 특징이 있습니다. 엔자임 헬스의 2017년 매출액은 72억 원 정도로 확인됩니다. 〈그림 3〉은 다양한 이름의 PR 대행사들을 보여줍니다.

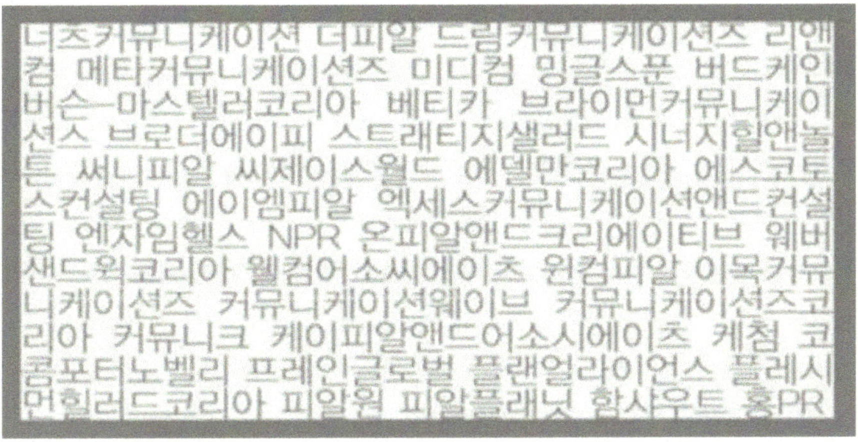

그림 3 다양한 이름의 PR 회사들

4. 그 밖의 광고/PR 유관기관

앞서 살펴본 것처럼 우리나라에는 다양한 비즈니스 모델을 기반으로 커뮤니케이션 활동을 하는 여러 광고회사와 PR회사들이 있습니다. 그런데 이러한 회사들은 서로 유대 관계를 갖고 있고, 그 과정에서 서로 협력하기도 하고 경쟁하기도 합니다. 이러한 협력과 경쟁의 과정에서 발행하는 여러 가지 한계와 문제점들을 해결하고 더 나은 발전방안을 모색하기 위해 광고/PR회사들은 유관단체를 만들어 시너지 효과를 높이기 위해 노력하고 있습니다. 그런 단체로는 여러 곳이 있지만 대표적 기관으로 광고영역에서는 코바코라 불리는 한국방송광고진흥공사 (Korea Broadcast Advertising Corporation)와 광고총연합회가 있고, PR영역에서는 PR협회와 PR 기업협회가 있습니다.

1) 광고유관기관 1: 한국방송광고진흥공사

한국방송광고 진흥공사는 방송광고 균형발전과 방송통신광고 진흥사업 및 방송광고 산업 활성화를 위해 만들어진 정부 산하 기구입니다. 주로 SBS를 제외한 지상파 방송 (예: KBS/MBC/EBS/OBS 등)의 방송광고의 판매 대행사 역할을 하며, 네트워크 지역 지상파 방송사업자와 중소 지상파방송사업자 (예: 지역민방)에 대한 지원 등 방송광고 균형발전을 위한 다양한 지원 사업을 하는 기관입니다. 방송광고 제작과 산업육성은 물론 방송광고 표준화와 광고효과 측정, 광고 유통기반 구축, 광고관련 조사 · 연구 · 교육 등도 담당하고 있습니다. 또한 우리가 흔히 언론을 통해 접하는 드라마 시청률 등에 대한 조사를 검증하고 결과를 산정해 정부 (예: 방송통신위원회)에 보고하는 업무도 담당하고 있습니다. 공익광고 협의회를 운영하고 있고, 서울 잠실의 한국 광고문화회관 내 광고교육원에서 광고 관련 인재 양성에 힘쓰고 있는 방송광고 관련 정부 기관입니다.

2) 광고유관기관 2: 한국광고총연합회

한국광고총연합회는 광고의 윤리성과 공익성 제고를 위한 다양한 공익사업을 하는 광고 유관 단체로 광고산업 발전을 위한 연구와 대정부 활동을 하는 곳입니다. 광고진흥을 위한 기금을 조성하고 관리하거나 광고산업 발전을 위한 조사 · 연구 · 출판 · 보급 등에 관한 업무를 다루고 있습니다. 광고산업 발전을 위해 광고인에 대한 포상과 우수 광고물에 대한 시상을 하기도 하고, 광고인의 권익과 광고의 질적 향상을 위해 다양한 활동을 하는 곳입니다. 광고대회와 세미나 등 다양한 광고관련 국내외 행사와 국내외 광고관련 단체와의 제휴 및 교류 활동 등을 추진하고 실행하는 단체입니다. 광고정보센터를 운영하면서 광고관련 자료를 바탕으로 데이터베이스를 구축하는 작업을 하며 광고의 날 캠페인을 비롯해 광고전문 인력의 양성과 관련 교직원 연수 등 광고인 상호간의 공동이익을 도모하기 위한 활동을 하는 단체입니다.

3) PR 유관기관 1: PR 협회

한국PR협회는 광고 하우스에이전시 중 PR 영역에 관심을 갖는 대행사를 중심으로 만들어진 PR 단체입니다. PR 산업 및 PR학문의 건전한 발전과 PR인들 간 친선을 도모하기 위해 만들어진 단체입니다. 이 단체의 특징은 PR산업의 위상정립과 질적 가치 향상을 위해 전문인증제도를 도입해 시행하고 있다는 점입니다. 이 단체에서는 미국의 PR 협회 (PRSA)처럼 PR활동을 위한 인재양성 교육 후 인증서 즉, 자격증을 발급하고 있습니다. 또한 PR 학회와 함께 각종 세미나를 개최하고 한국 PR 대상을 공모 · 시상하는 등 PR 산업 발전을 위해 다각적인 노력을 기울이고 있습니다. 특히 국제PR 협회 (IPRA)등 해외 관련 기구와의 협력과 교류 증진에 힘쓰는 등 PR 산업의 국제화를 위해 애쓰고 있습니다.

4) PR 유관기관 2: PR기업협회

한국PR 협회가 광고 하우스에이전시 중 PR에 관심을 갖는 대행사의 모임이라면 한국 PR기업협회는 순수 PR 대행사들의 모임이라 할 수 있습니다. PR기업에 대한 신뢰와 위상을 제고하고 한국 PR산업 발전에 이바지하는 PR인의 자질과 의식 고양을 목적으로 만들어진 단체입니다. 최근 급속히 커지고 있는 국내 PR 산업을 보다 선진적인 방향으로 이끌고 회원사간의 경쟁 및 협조, 고객사와의 바람직한 관계정립, 언론사와의 협조 등을 위한 공동 보조를 목표로 하고 있습니다. 특히 한국 PR기업협회는 PR업계의 권익도모를 위한 사업, PR인의 수준 향상 및 PR기업 이미지 제고를 위한 사업, 자율적인 윤리규범 준수를 위한 사업, 회원사 상호간의 친목 도모 등을 중시합니다. 최근 '한국 PR 기업 협회 실천 윤리강령'을 선포하고 그 전문성과 윤리의식을 부각시키려 노력하고 있습니다.

5. 맺음말

광고와 PR은 분명히 다릅니다. 그런데 그 업무 영역은 점점 통합되고 융합되는 현상이 나타나고 있습니다. 그 이유는 실제로 우리 생활에서 광고와 PR 모두 커뮤니케이션 활동으로 인식되기 때문입니다. 이미 앞에서 여러 번 언급됐듯이 광고와 PR은 개념적으로 다르지만 커뮤니케이션 활동이라는 공통점이 있습니다. 차이는 어떤 커뮤니케이션 활동이 오늘날 의미 있는지를 통해 확인됩니다. 사회라는 공동체를 매스라는 불특정 다수로 간주하고 짧은 시간에 많은 양의 메시지를 획일적으로 전달해 수용자를 설득하는 것을 목표로 할 것인지, 특정이슈에 관심을 갖는 사람들의 속성을 고려해 그들에게 부합되는 메시지를 정교하게 구성하고 공중이 주로 사용하는 미디어를 중심으로 메시지를 확산시켜 그들과 호혜적인 관계를 유지할 것인지 기업들은 고민하고 있습니다. 과거에는 무조건 최대한 많은 사람에게 널리 멀리 많이 퍼뜨리는 것을 목적으로 커뮤니케이션 활동을 했다면, 오늘날에는 특정 메시지에 관심을 갖거나 이를 원하는 사람들을 대상으로 그들이 원하는 만큼만 메시지를 전달해 불필요한 시간/비용/노력을 줄이는 커뮤니케이션 활동이 주목받고 있습니다. 기업입장에서 오늘날 커뮤니케이션 활동은 과거 커뮤니케이션 활동보다 매출 규모가 작습니다. 이 때문에 아직도 많은 학생들이 PR보다 광고를 선호하고 있는지도 모르겠습니다. 더 많은 월급을 받을 수 있는 취업의 기회는 어쩌면 광고 쪽에 있을 수 있습니다. 그러나 디지털 커뮤니케이션 기술의 발달로 다매체 다채널 환경이 구축되고 사람들은 좀 더 원활하고 효율적인 커뮤니케이션에 근거한 사회관계를 형성하고 있습니다. 여러분들이 늘 즐기는 카톡, 페이스북, 유투브 등은 여러분이 불특정 다수가 아님을 깨닫게 합니다.

이미 여러분은 대중매체 세상에서 SNS미디어 세상에서 살고 있고, 대중매체가 여러분들을 불특정 다수로 간주했었다면 SNS미디어는 여러분을 친구라 부르며 친구가 바라고 원하는 맞춤형 메시지를 전해주고 있습니다. 광고가 매스미디어 중심의 커뮤니케이션 방식이었다면 PR은 SNS미디어 중심의 커뮤니케이션 방식을 부각시키고 있습니다. 이 때문에 광고와 PR의 구분이 모호해지는 것입니다. 광고도 더 이상 매스미디어 중심으로 하기 어려운 상황이 벌어지고 있어 이제는 광고회사인지 PR회사인지 구분하는 것이 의미 없을 정도가 되고 있습니다. 1953년 만들어진 세계적인 PR 회사는 스스로를 더 이상 PR회사라 부르지 않고 있고, 기획이라 불렸던 광고회사들은 스스로의 이름에 커뮤니케이션즈를 열심히 끼워 넣고 있습니다. 광고/PR 영역에 관심을 갖는 여러분들의 진로는 광고와 PR의 역할을 구분하는 것에서 시작될 수 있습니다. 그러나 여러분의 진로는 광고와 PR을 구별함으로써 결정되는 것이 아닙니다. 여러분의 진로는 우리 사회에서 광고회사와 PR회사들이 어떻게 커뮤니케이션이라는 이름으로 협력하고 경쟁하고 있는지 이해하는데서 결정된다는 사실을 꼭 기억하시기 바랍니다.

저자소개

홍문기 교수
(한세대학교 미디어영상광고학과)

한국외국어대학교 신문방송학과에서 학사, 고려대학교 대학원에서 신문방송학 석사, 미국 플로리다주립대에서 커뮤니케이션학 박사 학위를 받았으며, 플로리다 주립대학교 LSI 연구소 연구원, 언론중재위원회 위원, YTN 시청자 위원회 위원, 지역신문발전위원회 위원 등을 역임했다. 현재 한국PR학회 부회장과 채널 A 시청자위원회 위원, 한국공익광고협의회 위원, 식품의약품안전처 규제개혁심사위원회 위원을 맡고 있으며, 한국광고학회, 한국광고홍보학회, 한국소통학회 등에서 이사로 활동하고 있다. 주요 관심분야로는 광고/PR/미디어 정책과 다양한 분야의 커뮤니케이션 캠페인 전략 등이다.

10

글로벌 광고 및 PR 대행사 – 더 멀리, 그리고 더 높이

엄남현(홍익대학교 광고홍보학부 교수)

요즘 세대들만큼 영어에 대한 부담감이 덜 한 세대들이 있을까요? 졸업 후 취직을 국내 시장에 한정해서 볼 필요는 없습니다. 인턴을 시작으로 취업에 이르기까지 이제 관심을 글로벌 광고 및 PR 대행사로 돌려 보시길 바랍니다. 홍콩 및 싱가포르에 있는 아시아–태평양 본부(Asia-Pacific Headquarters) 뿐만 아니라 뉴욕 및 런던 등 글로벌 광고 및 PR대행사들의 본사가 위치한 도시에서 일하는 자신의 모습을 그려보시길 바랍니다.

국내 광고 및 PR 대행사와는 다르게 글로벌 광고 및 PR 대행사는 독립적인 대행사보다는 지주회사에 속한 네트워크 개념이 우세하다고 볼 수 있습니다. 국내에 있는 TBWA Korea가 옴니콤(Omnicom) 그룹에 속한 광고대행사이고, 레오버넷 코리아(Leo Burnett Korea)가 퍼블리시스(Publicis) 그룹에 속한 광고대행사이고, 오길비 코리아(Ogilvy Korea)는 WPP 그룹에 속한 광고대행사인 것처럼 외국계 광고대행사들은 이렇게 글로벌 지주회사에 속해 있는 경우가 많습니다. 국내 PR 외국계 대행사들의 경우도 크게 다르지 않습니다. 플레시먼힐러드(FleishmanHillard)는 옴니콤 그룹에 속해 있으며, 웨버샌드윅(Weber Shandwick)은 인터퍼블릭(Interpublic) 그룹에 속해 있습니다. 그렇다면 글로벌 지주회사는 무엇일까요? 글로벌 지주회사는 광고주들이 글로벌화 되었기 때문에 광고주들의 현지 마케팅 커뮤니케이션 관련된 제반 모든 서비스를 제공하기 위해서 다양한 광고대행사, PR 대행사, 미디어 대행사, 프로모션 대행사, 디지털 광고 대행사 등 많은 전문영역의 대행사를 소유한 형태의 기업으로 볼 수 있습니다.

1. 세계 20대 글로벌 지주회사 - 2018년 취급고 기준으로

외국 광고 및 PR 대행사를 이해하기 위해서는 우선 글로벌 지주회사에 대한 이해가 선행 되어야 합니다. 〈표 10.1〉에서처럼 글로벌 지주회사의 순위를 보면 WPP 그룹이 1위, 옴니콤 그룹이 2위, 퍼블리스 그룹이 3위, 인터퍼블릭 그룹이 4위, 그리고 일본 광고대행사인 덴츠(Dentsu)가 5위인 것을 알 수 있습니다. 19위를 차지한 국내 광고대행사 제일기획(Cheil Worldwide)도 글로벌 지주회사로 당당히 이름을 올리고 있습니다. 참고로, 제일기획은 영국 광고 대행사 아이리스(Iris)와 영국의 독립 크리에이티브 광고회사인 BMB (Beattie McGuinness Bungay)와, 미국 디지털 광고대행사 바바리언 그룹(Barbarian Group), 그리고 광고대행사인 맥키니(McKinney), 중국 브라보(Bravo)사를 인수 및 합병을 통해 삼성전자의 글로벌 마케팅 커뮤니케이션 업무를 대행하고 있습니다. 글로벌 지주회사 6위부터 10위를 살펴 보면 한가지 공통점이 있습니다. 혹시 찾으셨나요? 이 회사들의 모회사들이 모두 컨설팅 전문 기업이라는 사실입니다. 컨설팅 전문 기업들이 디지털 대행사를 만들어 전세계적 광고지주회사들과 어깨를 나란히 하고 있으며, 이는 디지털 광고의 지속적인 성장세와도 그 궤를 같이 한다고 볼 수 있습니다.

글로벌 지주회사 순위 25 중에서 1위부터 5위에 이름을 올린 지주회사들의 설명과 함께 어떠한 전문 대행사들이 속해 있는지 한번 알아보겠습니다.

표 10.1 2018년 취급고 기준 세계 20대 글로벌 지주회사

(단위: 백만 달러)

순위	지주회사	본사 소재지	2018년 취급고	2017년 취급고	증감률(%)
1	WPP	London	20,795	20,400	1.9
2	Omnicom Group	New York	15,290	15,274	0.1
3	Publicis Groupe	Paris	11.742	11,547	1.7
4	Interpublic Group of Cos.	New York	9,714	9,048	7.4
5	Dentsu Inc.	Tokyo	9,226	8,466	9.0
6	Accenture's Accenture Interactive	New York	8,495	6,512	30.5
7	PwC's PwC Digital Services	New York	5,437	5,060	7.5
8	Deloitte's Deloitte Digital	New York	5,346	4,065	31.5
9	IBM Corp.'s IBM iX	Armonk, NY	5,008	4,637	8.0
10	Cognizant's Cognizant Interactive	New York	4,877	3,942	23.7
11	BlueFocus Communication Group	Beijing	3,522	2,254	56.2
12	Hakuhodo DY Holdings	Tokyo	2,835	2,346	20.8
13	Vivendi's Havas	Puteaux, France	2,740	2,682	2.2
14	Alliance Data Systems Corp.'s Epsilon–Conversant	Irving, TX	2,175	2,272	–4.3
15	Advantage Solutions' Advantage Marketing Partners	Irvine, Calif.	1,532	1,381	10.9
16	MDC Partners	New York	1,476	1,514	–2.5
17	Williams Lea Tag	London	1,200	1,342	–10.6
18	R.R. Donnelley's RRD Marketing Solutions	Chicago	1,181	1,177	0.4
19	Cheil Worldwide	Seoul, Korea	985	901	9.3
20	D.J.E. Holdings	Chicago	962	958	0.4

※ 출처: Adage(2019)

1) WPP 그룹

WPP 그룹은 영국 런던에 위치한 글로벌 미디어 커뮤니케이션 서비스 기업으로, 매출 면에서나 규모 면에서나 세계 최대의 광고커뮤니케이션 그룹이다. 1971 마틴 소렐 경이 설립하였으며, 현재 107개국에 2400개의 사무소를 가지고 있다. 전 세계에 포진한 직원수만 13만 명에 달하며, 2018년 그룹 총 취급고는 한화 24조 6천억원에 달한다. WPP그룹의 계열사들은 세계적인 광고대행사들과 미디어 대행사들을 포함하고 있다. 대표적으로는 Group M, JWT, Ogilvy and Mather, Bates 141, KANTAR, Young & Rubicam, Grey Group 등이 있다. 미디어 대행사인 Group M의 산하에는 Mindshare, Mediacom 등을 비롯한 세계적인 명성을 가진 회사들이 다수 포진되어 있다. WPP그룹은 IMF경제위기 직후, 국내 대기업계열의 광고회사들에 대한 공격적인 M&A로도 국내에 잘 알려져 있다. 2008년에는 마켓 리서치 회사 TNS 인수를 인수했으며, 광고 대행사, PR 대행사, 미디어 대행사, 조사 회사 등 다양한 서비스 분야의 회사들을 거느리고 있다.

2) 옴니콤(Omnicom) 그룹

2018년 매출기준 세계 2위의 광고그룹은 옴니콤(Omnicom)그룹입니다. 1986년에 설립되어 미국 뉴욕에 본사를 두고 있는 이 그룹은 John Wren이 대표이사 회장을 맡고 있다. 전세계 100개국에 1500개의 사무소를 운영하고 있으며 전세계에 근무하고 있는 옴니콤 그룹의 임직원 수는 6만 5천명에 이른다. 그룹전체가 2018년 일년 동안 벌어들인 취급고는 한화 약 18조 1천억원에 달하고 있는데 전체 매출의 57%가 미국에서 일어나고 있고 유럽대륙이 21.8% 그리고 영국에서 8.9%의 매출이 발생하고 있다. 옴니콤 그룹에 소속된 대표적인 회사들로는 미디어 에이전시인 옴니콤 미디어 그룹, 광고대행사인 BBDO 월드와이드, DDB월드와이드, TBWA월드와이드 가 있으며 이외에도 PR, DM 등 광고 분야별로 무수한 자회사를 보유하고 있다. 미디어 에이전시, 옴니콤미디어 그룹에는 OMD 월드와이드와 PHD 네트워크가 포함되어 있다.

3) 퍼블리시스(Publicis) 그룹

1926년에 설립되어 하바스(Havas) 그룹과 함께 유럽대륙 광고계의 자존심을 지켜온 퍼블리시스(Publicis) 그룹은 2000년대 초반만 하더라도 유럽최대 광고회사의 하나인 EURORSCG를 보유한 HAVAS그룹에 이어 프랑스 2위권에 머무르고 있었으나 2000년대 후반부터 WPP그룹에 버금가는 활발한 M&A를 통해 빠른 시간에 세계 광고커뮤니케이션 그룹 순위 3위까지 치고 올라온 저력 있는 회사이다. 본사는 프랑스 파리에 자리잡고 있으며 전세계 104개국에서 77,574명의 직원들이 일하고 있다. 2018년 기준 그룹 총 취급고는 13조 9천억원 수준이다. 경쟁사인 프랑스의 하바스(Havas) 그룹이 57%매출을 유럽에서 발생시키는데 반해 퍼블리시스 그룹매출의 46%는 북미지역에서 발생하고 있다. 유럽권 매출은 약 35%수준이다. 동 그룹의 계열사로는 삼성전자의 글로벌 바잉을 담당하고 있는 스타컴(Starcom), 제니스 옵티미디어(Zenith Optimedia) 등 유명 미디어 대행사와 광고회사 레오버넷(Leo Burnett), 퍼블리시스 월드와이드(Publicis worldwide), 사치 앤 사치(Saatchi & Saatchi) 등이 속해있다. 퍼블리시스 그룹의 총수는 모리스 레비(Maurice Levy)가 맡고 있다.

4) 인터퍼블릭(Interpublic) 그룹

뉴욕에 본사를 둔 미국의 글로벌 광고 지주회사이다. 1902년 세워진 알프레드 W. 에릭슨 에이전시(Alfred W. Erickson Agency)와 1911년 세워진 해리슨 K. 맥캔 컴퍼니(Harrison K. McCann Company)가 1930년 합병하여 오하이오주 델라웨어에 맥캔 에릭슨을 세웠다. 1961년 맥켄 에릭슨과 맥캔 마샤크(McCann-Marschalk)의 마케팅서비스 지주회사로 인터퍼블릭이 세워졌다. 1971년 기업을 공개하였다. 현재 전 세계 90개국 이상에서 활발한 영업 활동을 하고 있다. 맥캔월드그룹(McCann Worldgroup), 드래프트FCB (Draft FCB), '로우&파트너스 월드와이드(Lowe & Partners Worldwide)'라는 브랜드를 보유하고 있다. 인터퍼블릭의 대리점들은 기업 브랜딩, 경험 마케팅, 스포츠마케팅, 홍보 전문가, 헬스케어 커뮤니케이션, 디지털 에이전시 등의 분야에서 마케팅 전문가 역할을 담당한다. 글로벌 네트워크인 이니시어티브(Initiative)와 유니버설 맥켄(Universal McCann)을 감독하기 위해 미디어브랜드(Mediabrands)를 세웠다. 2018년 기준 5만4천 명의 직원이 일하고 있으며, 한화 약 11조 5천억원의 취급고를 올렸다.

5) 덴츠(Dentsu) 그룹

덴츠는 일본 광고 기업이다. 매출 기준으로 영국의 WPP그룹과 함께 세계 최대 광고회사를 다툰다. 전체적인 매출은 WPP가 앞서지만 WPP는 여러 회사로 형성된 그룹인 반면 덴츠는 하나의 법인이다. 이 때문에 단일 회사로 덴츠를 세계 최대의 광고회사로 평가하기도 한다. 일본이 메이지시대(明治時代, 1868~1912)에 문호를 개방하면서 신문과 잡지 등 현대적인 언론 매체가 등장했다. 언론사의 광고 수입 의존도가 높아지면서 광고 산업이 태동했다. 1895년 덴츠의 라이벌인 하쿠호도가 세워졌고 그보다 6년 늦은 1901년 덴츠가 출범했다. 기자였던 미쓰나가 호시로가 세운 덴포쓰신사(電報通信社)가 덴츠의 모태다. 1907년 자회사인 니폰광고를 통합해 니폰덴포쓰신사로 이름을 바꿨다. 1936년 뉴스 서비스 부문이 국영화되면서 광고 제작에만 집중하기 시작했다. 1951년 라디오광고를 시작했다. 1955년 회사 이름을 니폰덴포쓰신사를 줄인 덴츠로 바꿨다. 1995년 일본 국내에 5개의 자회사를 세웠다. 2001년 도쿄 증시에 주식을 상장했다. 현재 덴츠는 두 개의 네트워크로 이루어져 있습니다. 일본에서 광고사업에 주력하는 덴츠 일본과 글로벌 사업을 주관하는 덴츠 이지스 네트워크(Dentsu Aegis Network)로 구분된다. 덴츠 이지스 네트워크에 속한 기업들은 360i, Carat, Fetch, Firstborn, Gravity Media, Gyro, ICUC Social, iProspect, Isobar, McGrarryBowen, Merkle, Mitchell, MKTG, Posterscope, Story Lab, Vizeum 등이 있다. 현재 6만 명 정도의 직원이 덴츠 본사 및 145개 국가에서 일하고 있다.

2. 글로벌 광고 대행사 - 세계 10대 광고 대행사(2018년 취급고 기준)를 중심으로

단일 광고대행사로 최대 규모를 가진 광고대행사는 앞서 설명했듯이 일본의 덴츠입니다. 2018년 취급고는 23억8천7백만 달러, 한화 약 2조8250억원에 달합니다. 덴츠는 세계적인 자동차 그룹 토요타, 아사히 맥주, 유니클로 등 일본 브랜드뿐만 아니라 다국적 기업의 광고들을 담당하고 있습니다. 덴츠에 이어 옴니콤 그룹의 DDB Worldwide와 BBDO Worldwide가 각각 2위와 3위를 차지했습니다. 덴츠의 경쟁사인 일본의 하쿠호도가가 4위를 차지했으며, 옴니콤 그룹의 TBWA Worldwide가 5위를 차지했습니다. 인터퍼블릭 그룹의 맥켄이 6위, 그리고 WPP 그룹의 오길비 및 Wunderman Thompson이 각각 7위와 8위를 차지했습니다. 퍼브리스 그룹의 Publicis Worldwide가 9위, 그리고 WPP 그룹의 Grey가 10위를 차지했습니다. 이렇게 2018년 취급고 기준 세계 10대 광고 대

표 10.2 2018년 취급고 기준 세계 10대 광고대행사

(단위: 백만 달러)

순위	광고대행사	지주회사	본사 소재지	2018년 취급고
1	Dentsu	Dentsu	Tokyo	2,387
2	DDB Worldwide	Omnicom	New York	1,785
3	BBDO Worldwide	Omnicom	New York	1,746
4	Hakuhodo	Hakuhodo DY Holdings	Tokyo	1,504
5	TBWA Worldwide	Omnicom	New York	1,474
6	McCann	Interpublic	New York	1,419
7	Ogilvy	WPP	New York	983
8	Wunderman Thompson	WPP	New York	939
9	Publicis Worldwide	Publicis	Paris	716
10	Grey	WPP	New York	691

※ 출처: Adage(2019)

행사를 알아보았습니다. 그렇다면 이 10대 광고대행사들이 어떠한 회사들인지, 그리고 한국에도 지사가 있는지를 한번 살펴 보도록 하겠습니다.

1) 덴츠(Dentsu)

단일 광고대행사 취급고 기준으로 본다면 단연 덴츠가 세계 최고의 광고대행사임에 틀림없다. 일본에 본사가 있는 덴츠는 많은 일본 글로벌 브랜드들의 전세계 마케팅 커뮤니케이션을 대행하고 있다. 덴츠 코리아(Dentsu Korea)는 143개국 약 4만 5천명의 커뮤니케이션 전문가 그룹인 Dentsu Aegis Network 의 한국 대표 커뮤니케이션 기업이다. 클라이언트의 마케팅 목표달성을 위해 함께 고민하는 파트너로서 글로벌 커뮤니케이션 환경과 온라인 오프라인 구분 없는 최적의 솔루션을 제공한다.

2) 디디비 월드와이드(DDB Worldwide)

디디비 월드와이드는 디디비(DDB)로도 알려져 있으며, 세계적인 마케팅 커뮤니케이션 네트워크 회사다. 옴니콤 그룹에 속한 디디비 월드와이드는 1986년 Doyle Dane Bernach와 Needham Harper가 DDB Needham으로 합병했으며, 그 이후 BBDO를 합병하면서 지금의 옴니콤 그룹의 시초를 다졌다. DDB 월드와이드는 전세계 90개국 200여 개의 사무실을 가지고 있다. DDB Korea는 광고 대행사로서 마케팅, 광고, 데이터 분석, 플래닝, 디자인, 프로모션과 컨텐츠 개발에 주력하고 있으며 세계에서 가장 큰 커뮤니케이션 네트워크 중 하나인 DDB 월드와이드의 한국 지사다

3) 비비디오 월드와이드(BBDO Worldwide)

비비디오 월드와이드는 뉴욕에 본사를 둔 세계적인 광고 대행사로 1891년 창립되었으며, 1928년 지금의 BBDO (Batten, Barton, Durstine & Osborn)라는 이름을 갖게 되었다. 디디비 월드와이드 및 TBWA 월드와이드와 함께 옴니콤 그룹의 대표적인 광고회사의 명성을 가지고 있다. “세계에서 가장 상을 많이 받은 대행사”, 칸느 광고제에서 “올해의 광고대행사”, 애드위크(Adweek)의 “올

해의 글로벌 대행사", 애드에이지(Adage)의 "올해의 광고대행사"로 선정되기도 하였다. 국내에서는 BBDO Korea라는 한국 지사를 두고 있으며, 최적화된 IMC의 구현을 위해 TV, 신문 등 전통적인 광고물 제작을 넘어 광고와 컨텐츠, 온라인, 프로모션 등 다각도로 접근하며 IMC 플래닝, 채널 플래닝, Creative 그리고 프록시미티 등이 유기적으로 협업하여 시너지를 창출하고 있다. BBDO에는 오랜 기간 파트너 관계를 유지한 광고주가 유독 많다. 이는 BBDO만의 솔루션과 서비스에 만족한다는 증거이며 국내 및 해외 광고주와의 관계를 통해 Communication Needs를 이해하고 이를 해결하여 성공 캠페인을 만들어가고 있다. 비비디오 코리아는 국내 최대 광고주 중의 하나인 화장품 전문 기업 아모레퍼시픽의 여러 브랜드들을 마케팅 커뮤니케이션을 대행하고 있다.

4) 하쿠호도(Hakuhodo)

하쿠호도는 2위의 일본 광고 대행사이다. 일본 1위이자 단독규모로 세계 1위인 덴츠의 절반규모이지만 그래도 우리나라의 제일기획보다는 총자본 규모가 5배 정도 큰 엄청난 대기업이고, 세계 광고회사 순위에도 항상 10위권 안에 들어가는 대기업이다. 일본에서는 흔히 덴츠와 묶어서 '덴파쿠(電博)'라고 칭해진다. 대개 연결매출을 지주회사인 하쿠호도 DY 홀딩스 기준으로 잡으면 덴츠의 절반규모, 3위인 ADK에 비하면 3배 규모이다. 하쿠호도는 덴츠와 달리, 하쿠호도 위에 지주회사로 하쿠호도 DY 홀딩스라는 회사가 하쿠호도를 포함한 자회사들을 관리하는 구조이다. 한국에는 "하쿠호도 코리아"라는 사명이 아닌 "하쿠호도제일"이라는 사명으로 진출해 있다. 지난 2000년에 제일기획 자회사 제일보젤 지분을 인수해 "하쿠호도제일"로 바꾸면서 진출하였다. 지분비율은 하쿠호도 51%, 제일기획 49%로 일본 하쿠호도 본사에서 파견한 일본 대표이사와 제일기획에서 파견한 한국 대표이사가 공동으로 운영하는 독특한 시스템을 줄곧 유지하고 있다.

6) 맥켄(McCann)

맥켄은 인터퍼블릭 지주회사에 속한 대표 광고대행사이다. 맥켄은 다양한 채널들을 통한 브랜드 구축을 위해 최상의 전략 및 크리에이티브 서비스를 광고주에게 제공한다. 120개국 23000명의 직원들은 통합 마케팅 커뮤니케이션(IMC: Integrated Marketing Communication)을 위해 광고, 디지털 마케팅, 이벤트, PPL, CRM (Customer Relationship Management), 헬스케어 분야에서 최적의 마케팅 솔루션을 추구하는 콘텐츠 크리에이션 파트너(Content Creation Partner)로서 포지셔닝 하기 위해 노력하고 있다. 국내에서는 맥켄 월드그룹 코리아 지사를 운영하고 있다. 국내 광고주로는 코카콜라, 로레알, 마스터카드, 마이크로소프트 등 다양한 광고주들의 마케팅 커뮤니케이션을 책임지고 있다.

7) 오길비(Ogilvy)

오길비는 뉴욕에 본사를 둔 영국의 광고, 마케팅, 및 PR 대행사입니다. 1850년 런던을 본사로 한 애드문트 매더(Edmund Mather)에 창립되었으며, 1964년 데이비드 오길비(David Ogilvy)가 세운 뉴욕시티 대행사와 합병해 오길비 앤 매더(Ogilvy & Mather)로 새로 탄생했다. 현재는 WPP 그룹의 대표 광고대행사로 도브(Dove), 아메리컨 익스프레스(American Express), IBM 등 세계적 기업들의 광고 크리에이티브로 명성을 쌓았다. 세계적인 광고회사 오길비 앤 매더는 지난 1982년 한국에 처음 발을 내디딘 이후, 글로벌 기업들의 광고 마케팅 전략 파트너로 그 위상을 쌓았다. 그리고 지난 1983년 출발하여 지난 20여년간 한국 광고계를 대표했던 (주) 금강기획과 함께 한 단계 도약하기 위해 금강오길비그룹으로 새롭게 탄생했다. 금강오길비그룹에는 광고는 물론, PR, 인터렉티브, 디지털 마케팅, 리테일 마케팅까지 아우르는 150여명의 마케팅커뮤니케이션 전문가들이 함께 하고 있다.

8) 분더만 톰슨(Wunderman Thompson)

분더만은 70개 국가에 200개의 지사를 둔 글로벌 디지털 대행사였다. WPP 그룹의 대표 광고대행사인 영앤루비컴(Young & Rubicam)의 자회사였으나, 2018년 11월 26일 세계에서 가장 오래된 광고대행사인 JWT (J. Walter Thompson)과 합병하여 지금의 분더만 톰슨(Wunderman Thompson)으로 사명을 변경

했다. 한국에는 분더만 사무소를 운영하고 있다.

9) 퍼블리시스 월드와이드(Publicis Worldwide)

퍼블리시스 월드와이드는 프랑스의 다국적 광고 및 PR대행사로서 파리에 본사를 둔 오랜 역사를 가진 세계에서 가장 큰 광고대행사 중의 하나다. 1926년 스무 살 나이에 Marcel Bleustein-Blanchet가 창립한 회사다. 1945년 프랑스의 전후 경제 성장과 함께 광고산업의 급진적 팽창기와 맞물려 빠른 시기에 프랑스 정부와의 밀접한 네트워크를 기반으로 성공한 광고대행사다. 국내에서는 "웰컴 퍼블리스 월드와이드"라는 이름으로 진출했으며, Publicis Groupe의 설립자인 Marcel Bleustein-Banchet의 "변화에 의해 이끌려 가고 싶지 않다면, 우리는 변화를 이끌어야 한다."라는 신념을 여전히 가지고 있다. 주요 광고주로는 '르노삼성', '네스카페', '유한킴벌리' 등이 있다.

10) 그레이(Grey)

그레이는 96개국, 154개 도시에 432개의 지사를 운영하는 WPP그룹에 속한 광고대행사다. 북미, 유럽, 중동 및 아프리카, 아시아 및 남미 지역에 다국적 기업들의 다양한 마케팅 커뮤니케이션 관련 서비스 즉, 광고, 다이렉트 마케팅, PR, 공공업무, 브랜드 개발, CRM, 세일즈 프로모션, 및 인터렉티브 마케팅 등 솔루션을 제공하고자 노력하고 있다. 주요 광고주로는 P&G, 노키아, 폭스바겐 등이 있으며, 국내에는 그레이 월드와이드 코리아 지사를 운영하고 있다. 국제 광고제 칸느, 클리오 등에서 크리에이티브 능력을 인정받아 많은 어워드를 수상하기도 하였다.

3. 글로벌 PR 대행사 - 세계 10대 PR 대행사(2018년 취급고 기준)를 중심으로

세계 10대 PR 대행사를 살펴보면, 10개 PR 대행사들 중에서 확실한 1위 자

표 10.3 2018년 취급고 기준 세계 10대 PR대행사

(단위: 백만 달러)

순위	PR대행사	지주회사	본사 소재지	2018년 취급고
1	Edelman	DJE Holdings	Chicago	888
2	Burson Cohn & Wolfe	WPP	New York	693
3	Weber Shandwick	Interpublic	New York	660
4	FleishmanHillard	Omnicom	St. Louis	600
5	Ketchum	Omnicom	New York	510
6	MSL	Publicis	Paris	402
7	Hill&Knowlton Strategies	WPP	New York	390
8	Brunswick Group	N/A	London	325
9	Ogilvy	WPP	New York	317
10	BlueDigital	BlueFocus Communication Group	Beijing	283

※ 출처: Adage(2019)

리매김을 하고 있는 에델만(Edelman)과 8위를 차지한 브런스윅 그룹(Brunswick Group), 그리고 10위를 차지한 블루디지털(BlueDigital)을 제외하고는 모두 거대 광고기업들에 속해 있습니다. 2위 버슨 콘 앤 울프(Burson Cohn & Wolfe), 7위 힐앤놀턴 스트레티지스(Hill&Knowlton Strategies), 그리고 9위 오길비(Ogilvy)는 WPP 그룹에 속한 PR 대행사들이며, 3위 웨버 샌드윅(Weber Shandwick)은 인터퍼블릭 그룹에 속한 PR 대행사입니다. 그리고 4위 플레시먼힐러드(FleishmanHillard)와 5위 케첨(Ketchum)은 옴니콤 그룹에 속해있으며, 마지막으로 엠에스엘(MSL)은 퍼블리스 그룹에 속한 PR 대행사입니다.

1) 에델만(Edelman)

1952년 다니엘 에델만(Daniel Edelman)은 홍보(Public Relations)의 역할을 새롭게 정의하기 위한 회사를 설립해 수준 높고 창의적인 능력을 갖춘 전문적인 홍보 회사를 만들고자 노력했다. 그리고 클라이언트가 성장해 나갈 수 있도록 열정을 다해 사업에 임한 결과 Toni Company, Sara Lee, Brunswick Bowling, PaperMate, ReaLemon 등 유수의 기업들이 시장에서 성공적으로 자리잡는데 기여했습니다. 에델만은 최초로 언론에 스토리텔링을 통한 기업의 브랜드 구축 및 제품 판매라는 개념을 정립했으며, 이것은 오늘날의 Public Engagement로 이어졌다. 현재 에델만은 탄탄한 리서치 능력과 풍부한 경험, 컨설팅 노하우 등을 토대로 고객에게 더욱 선진적이고 전문적인 서비스를 제공하고 있다. 최근엔 광고대행사 Blue를 인수하고, 인하우스 조사연구 전문기관인 Edelman Berland를 설립했으며, 디지털 시대에 발맞춘 Edelman Digital을 구축한 한편, 엔터테인먼트 마케팅 및 컨텐츠 회사 MATTER, Funny or Die, 영화 단체인 Sundance 등 다양한 분야의 전문 기관들과 합병, 협업 등을 통해 그 입지를 더욱 탄탄히 넓혀가고 있다. 에델만의 Global Citizenship 프로그램을 CSR의 영역에 활용하기도 했다. 에델만은 지난 60년간 고객의 가치를 중심으로 한 기업 활동을 이어왔으며, 기업가 정신과 지적 호기심, 창의력을 바탕으로 종합적인 커뮤니케이션 마케팅 에이전시로 새로운 미래를 열어가고 있다. 에델만은 한국에도 "에델만 코리아(Edelman Korea)" 지사를 운영하고 있으며, 국내 대기업 및 현지 글로벌 기업들의 PR 및 디지털 PR업무를 대행하고 있다.

2) 버슨 콘 앤 울프(Burson Cohn & Wolfe)

버슨 콘 앤 울프(Burson Cohn & Wolfe)는 뉴욕에 본사를 둔 글로벌 PR 대행사이며, 커뮤니케이션 대행사로서 세계 최대 규모의 풀서비스 글로벌 커뮤니케이션 에이전시로 모든 산업 분야에서 디지털 및 통합 커뮤니케이션 전문성을 보유하고 있다. 버슨 콘 앤 울프는 소비재, 의료 및 기술 분야에서 디지털 기반 크리에이티브 콘텐츠와 통합 커뮤니케이션 분야의 전문성을 통합하며 특히 공공업무, 기업평판, 위기관리, 연구 및 분석 등에 전문성을 지니고 있다. 버슨 콘 앤 울프는 42개 나라에서 4000여 명의 직원으로 구성된 네트워크를 보유하고 있다. 2018년 2월, WPP그룹 PLC는 콘 앤 울프(Cohn & Wolfe)와 버슨 마스텔러(Burson-Marsteller)의 합병을 발표했으며, 그 이후 회사명은 지금의 버슨 콘 앤 울프가 되었다.

3) 웨버 샌드윅(Weber Shandwick)

웨버 샌드윅은 아시아태평양 지역에서 50 년 이상의 역사를 이어오는 글로벌 PR 커뮤니케이션 회사다. 아시아 태평양 지역에서 12개국, 18개의 지사를 갖추고 있다. 웨버 샌드윅은 고객사의 성공적인 커뮤니케이션 전략을 세우는 전문가 그룹(기획, 작가, 디자이너)이며, 고객사의 비즈니스에 대해 연구하는 크리에이티브 스튜디오(Creative Studio)다. 웨버 샌드윅의 행동강령 'engaging always' 가치 아래, 적극적이고 효과적인 소통을 통하여 좋은 결과를 만들어가고자 노력하고 있다. '마케팅의 새로운 시대'를 맞이하고 있다는 것은 새로운 소통 방식의 시대가 왔다는 것을 뜻한다. 비즈니스 커뮤니케이션 환경이 빠르게 변화되고 있는 지금, 우리는 개개인의 의사표현 방식에서도 변화가 이뤄지고 있음을 인식하고 있다. 개인은 흥미를 가진 대상에 대한 스스로의 표현 방식, 이에 대한 타인과의 소통하는 방식까지 또한, 그 소통의 채널까지 변화가 이뤄지고 있기에 이에 맞춰 비즈니스 영역에서도 기존과는 확연히 다른 방식을 취할 때다.

변화하는 소통의 시대가 일부에게는 다소 생소할 수 있지만 이러한 조류를 인식해 온 웨버 샌드윅에게는 그렇지 않다. 웨버 샌드윅은 '어제'가 아닌 '오늘'을 위해 준비된 커뮤니케이션 전문 회사다. 웨버 샌드윅은 인터퍼블릭 그룹(NYSE:IPG)의 자회사입니다. 웨버샌드윅 코리아는 2010년 11월, 설립 된 이후 소셜 미디어 커뮤니케이션 전문회사 소셜링크 합병 그리고 헬스케어 마케팅 전문 기업 맥켄 헬스 커뮤니케이션즈 코리아 통합해 운영하고 있다.

4) 플레시먼힐러드(FleishmanHillard)

플레시먼힐러드(FleishmanHillard: 예전 사명은 Fleishman-Hillard)는 미주리 세인트 루이즈(St. Louis, Missouri)에 본사를 둔 PR 대행사이며, 동시에 마케팅 대행사이다. 1997년 옴니콤 그룹이 합병하였으며, 그 이후 옴니콤 그룹 Diversified Agency Services (DAS)의 한 본부로 편입되었다. 플레시먼힐러드는 1946년 알프레드 플레시먼(Alfred Fleishman)과 밥 힐러드(Bob Hillard)에 의해 창립되었다. 1994년 북경에 지사를 설립하면서 아시아 퍼시픽 지역까지 업무영역을 넓혔다. 2013년 지금의 사명인 플레시먼힐러드로 재브랜딩 하였으며, 현재 29개국에 111개의 지사를 보유하고 있다. 우리나라에도 한국 지사인 플레시먼힐러드 코리아가 있으며, 끊임 없이 공공관계활동(Public Affairs)과 리스크 커뮤니케이션(Risk Communication) 영역을 넓혀 나가고 있다.

5) 케첨(Ketchum)

옴니콤 그룹의 PR 전문 대행사인 케첨은 96년의 역사를 지닌 글로벌 PR회사로 뉴욕에 본사를 두고 전세계 70여개 국가에서 105개의 사무소를 두었으며, 특히 창의력과 기획력으로 PR 칸느 라이온 어워드, 실버앤빌스를 포함한 가장 많은 상을 수상한 글로벌 커뮤니케이션 기업이라고 할 수 있습니다. 케첨은 마케팅, 브랜딩, 기업 커뮤니케이션 서비스, 헬스케어, 음식료 및 테크놀로지 산업 등 다양한 클라이언트에게 마케팅 커뮤니케이션 서비스를 제공하고 있다. 1923년 조지 케첨(George Ketchum)이 피츠버그에 기반을 둔 광고대행사로 설립했고, 추후 PR 서비스를 추가했다. 케첨은 케첨 코리아(Ketchum Korea)라는 한국 지사를 운영하고 있다.

6) 엠에스엘(MSL)

Manning Selvage & Lee (MS & L)는 세계 최대의 광고 및 미디어 서비스 대기업 중 하나 인 파리에 본사를 둔 퍼블리스 그룹의 자회사로 주요 기업 고객을 대상으로 네 가지 주요 분야 즉, 소비자 마케팅, 기업 커뮤니케이션, 헬스케어 및 테크놀로지에 마케팅 커뮤니케이션 서비스를 제공하고 있다. 주요 서비스에는 브랜드 홍보, 소비자 인사이트 메시지 개발 및 PR 캠페인 효과측정 등이 있다. 브랜드 홍보, 청중 통찰력, 메시지 개발 및 홍보 캠페인의 효과 평가가 포함됩니다. 주요 MS & L의 주요 클라이언트는 General Motors, Hasbro, JP Morgan, Nestle, Pfizer, Philips, Procter & Gamble, Western Union 등이 있다. 현재, 37개 국가에 110개의 지사를 운영 중이며, 3000여명의 직원을 거느리고 있다.

7) 힐앤놀튼 스트레티지스(Hill&Knowlton Strategies)

세계 최대 규모의 종합 커뮤니케이션 그룹인 WPP Group 소속의 Hill+-Knowlton Strategies(H+K Strategies)는 1927년 설립되어 올해로 86주년을 맞이하고 있다. 전세계 52개국, 104개 오피스를 보유하고 있는 Hill+Knowlton Strategies는 2010년 Holmes Report에서 선정한 가장 신뢰할 수 있는 컨설팅 회사로 선정되었으며 Fortune 500 글로벌 기업 중 40%에게 커뮤니케이션 서비스를 제공하고 있다. 1999년에 설립된 한국 Hill+Knowlton Strategies는 기업홍보 및 명성관리, 브랜드 마케팅 홍보, 위기관리 및 뉴 미디어 관리 등 종합적인 커뮤니케이션 서비스를 국내외 기업 및 정부에게 제공하고 있다. 특히 한국 H+K Strategies는 아시아 Digital Hub Office로써 자체 개발 온라인 툴을 보유하고 있으며, 정부 및 한국 기업의 성공적인 해외 마케팅 경험을 다년간 축적하고 있다.

8) 브런스윅 그룹(Brunswick Group)

1987년 설립된 브런스윅 그룹은 세계10대 PR 대행사에 선정된 대행사들 중에서 유일하게 지주회사에 속하지 않은 독립적인 PR 대행사다. 14개 국가에 23개의 지사를 두고 있는 브런스윅 그룹은 약 1천명의 직원들은 소비재, 에너지 및 리소스, 파이낸셜, 헬스케어, 및 미디어, 텔레콤 등 다양한 산업분야에 PR 및 디지털 솔루션 서비스를 제공하고 있다. 현재까지 국내에 지사는 없으며, 아시아에는 홍콩, 북경, 상해, 및 싱가포르에 지사를 운영 중이다.

9) 오길비(Ogilvy)

오길비는 앞서 '세계 10대 광고대행사'에서 간략히 설명했듯이 뉴욕에 본사를 둔 영국의 광고, 마케팅, 및 PR 대행사다. 광고분야뿐만 아니라 PR분야에 이르기까지 오길비는 '세계 10대 PR 대행사'에 이름을 올리며 그 명성을 떨치고 있다. 광고와 홍보를 공부하는 사람들에게 오길비를 창립한 데이비드 오길비(David Ogilvy)는 전설의 카피라이터이며, 영국 옥스퍼드 대학교 2학년 중퇴생인 그는 "어느 광고인의 고백"이라는 책의 저자로도 유명하다.

10) 블루디지털(BlueDigital)

PR 대행사 블루디지털(BlueDigital)에 대해 알려진 사실은 그리 많지 않은 상황이다. 모회사 격인 블루포커스(BlueFocus)의 자회사로서 중국 기업들의 PR 활동을 대행하고 있는 것으로 알려져 있다. 블루포커스는 10개의 국가에 100개 정도의 지사를 운영하고 있으며 현재 5천명 정도의 직원이 근무하고 있다. 대부분의 업무는 중국 본토에서 이루어지고 있다.

4. 글로벌 디지털 및 미디어 대행사 - 세계 10대 디지털 및 미디어 대행사(2018년 취급고 기준)를 중심으로

'마케팅 커뮤니케이션'이란 마케팅 주체가 마케팅 객체, 즉 소비자에게 제품, 가격, 유통 등에 대해서 알리고, 필요한 욕구를 자극함으로써 제품 및 서비스의 구매를 촉진하기 위해 수행하는 의사전달 행위를 일컫는 개념입니다. 광고 및 PR 활동을 통한 마케팅 커뮤니케이션뿐만 아니라 최근에는 광고주들도 디지털 마케팅을 통한 다양한 활동들을 전개하고 있습니다. 브랜디드 콘텐츠 및 SNS 마케팅 등도 모두 디지털 마케팅으로 볼 수 있습니다. 소비자들의 매체 소비 행태를 보면 TV, 뉴스, 엔터테인먼트 등 다양한 볼거리를 온라인을 통해서 특히 모바일을 통해서 소비하는 것을 알 수 있습니다. 따라서 이러한 추세는 국내뿐만 아니라 전세계적으로 디지털 광고비가 전통매체를 통한 광고비를 뛰어넘고 있다는 것을 간접적으로 증명하고 있습니다. 이러한 이유에서 글로벌 디지털 대행사에 대한 약간의 이해도 필요하다고 판단돼서 간략하게 순위 정도만 짚고 넘어가고자 합니다. 또한, 광고, PR, 그리고 디지털 마케팅 활동을 펼침에 있어 '콘텐츠'를 담아내는 매체를 담당하는 미디어 대행사에 대해서도 간략히 소개하고자 합니다.

〈표 10.4〉에서처럼 세계 10대 디지털 대행사 순위를 살펴보면 Accenture Interactive가 1위, 그 뒤를 이어 Deloitte Digital이 2위, IBM iX가 3위, Cognizant Interactive가 4위, PwC Digital Services가 5위, Wunderman Thompson이 6

표 10.4 2018년 취급고 기준 세계 10대 디지털 대행사

(단위: 백만 달러)

순위	디지털 대행사	지주회사	본사 소재지	2018년 취급고
1	Accenture Interactive	Accenture	New York	8,495
2	Deloitte Digital	Deloitte	New York	5,346
3	IBM iX	IBM Corp.	Armonk, N.Y.	5,008
4	Cognizant Interactive	Cognizant	New York	4,877
5	PwC Digital Service	PwC	New York	3,787
6	Wunderman Thompson	WPP	New York	1,974
7	Publicis Sapient	Publicis	Boston	1,732
8	Epsilon-Conversant	Alliance Data Systems	Irving, Texas	1,216
9	Ogilvy	WPP	New York	1,104
10	Havas	Vivendi's Havas	New York	872

※ 출처: Adage(2019)

위, Publicis Sapient가 7위, Epsilon-Conversant가 8위, Ogilvy가 9위, 마지막으로 Havas가 10위를 차지했습니다. 세계 10대 디지털 대행사 순위 1위부터 5위의 공통점을 살펴보면 이 회사들의 모회사들이 모두 세계적인 컨설팅 기업이라는 사실입니다. 컨설팅 기업들이 컨설팅 본연의 업무를 넘어서 이제는 클라이언트의 '디지털 마케팅' 영역에 까지 사업의 범위를 확장하고 있습니다.

〈표 10.5〉는 세계 10대 미디어 대행사 순위를 보여주고 있습니다. 재미있는 사실은 1위부터 3위까지(1위 Mindshare, 2위 MediaCom, 3위 Wavemaker) 모두 WPP 그룹에 속한 미디어 대행사라는 것입니다. 왜 WPP 그룹이 전세계적으로 1위 지주회사라는 것을 알려주는 지표가 아닌가 싶습니다. 4위는 덴츠 그룹의 Carat, 5위는 옴니콤 그룹의 OMD 월드와이드, 6위는 퍼블리시스 그룹의 Starcom, 7위는 Vivendi그룹의 Havas Media Group, 8위는 퍼블리스 그룹의 Zenith가 차지했으며, 옴니콤 그룹의 PHD가 9위, 그리고 마지막으로 퍼블리시스 그룹의 Spark Foundry/Blue 449가 10위를 차지했습니다. 세계 10대 미디어

표 10.5 2018년 취급고 기준 세계 10대 미디어 대행사

(단위: 백만 달러)

순위	미디어 대행사	지주회사	본사 소재지	2018년 취급고
1	Mindshare	WPP	London	1,513
2	MediaCom	WPP	London	1,436
3	Wavemaker	WPP	London	1,433
4	Carat	Dentsu	London	1,348
5	OMD Worldwide	Omnicom	London	1,307
6	Starcom	Publicis	Chicago	1,014
7	Havas Media Group	Vivendi	Puteaux, France	1,011
8	Zenith	Publicis	London	827
9	PHD	Omnicom	London	753
10	Spark Foundry/Blue 449	Publicis	Chicago	615

※ 출처: Adage(2019)

대행사 순위에 이름을 올린 기업들 중에서 국내에서 가장 활발한 기업 활동을 하고 있는 자회사는 아마도 Mindshare Korea가 아닐 듯싶습니다.

마인드쉐어는 86개 국가에 116개의 지사를 두고 있으며, 현재 약 7000명 이상의 직원들이 근무하고 있는 글로벌 미디어 대행사입니다. 그룹엠(GroupM)의 한 자회사에 속하는 마인드쉐어는 지난 2019년 3월 아시아 태평양 지역에서 펩시콜라를 생산하는 글로벌 식음료 기업 펩시코와 함께 프로젝트 '프로톤'(Proton)을 진행했는데, 이 프로젝트는 스마트 콘트랙트 기술을 활용해 광고를 시청하는 소비자에게 인센티브를 제공하고 중간 광고주를 없애면서 비용 효과를 높였으며, 또한 사기 계약을 원천 차단하고 있습니다. 블록체인 기술을 도입해 기존 광고보다 28%나 광고비를 크게 절감한 대폭적인 개선효과를 봤다고 펩시코는 밝혔으며, 이러한 프로젝트를 통해 마인드쉐어는 클라이언트의 신뢰뿐만 아니라 글로벌 미디어 대행사로서의 지위를 굳건히 했다는 평가를 받았습니다.

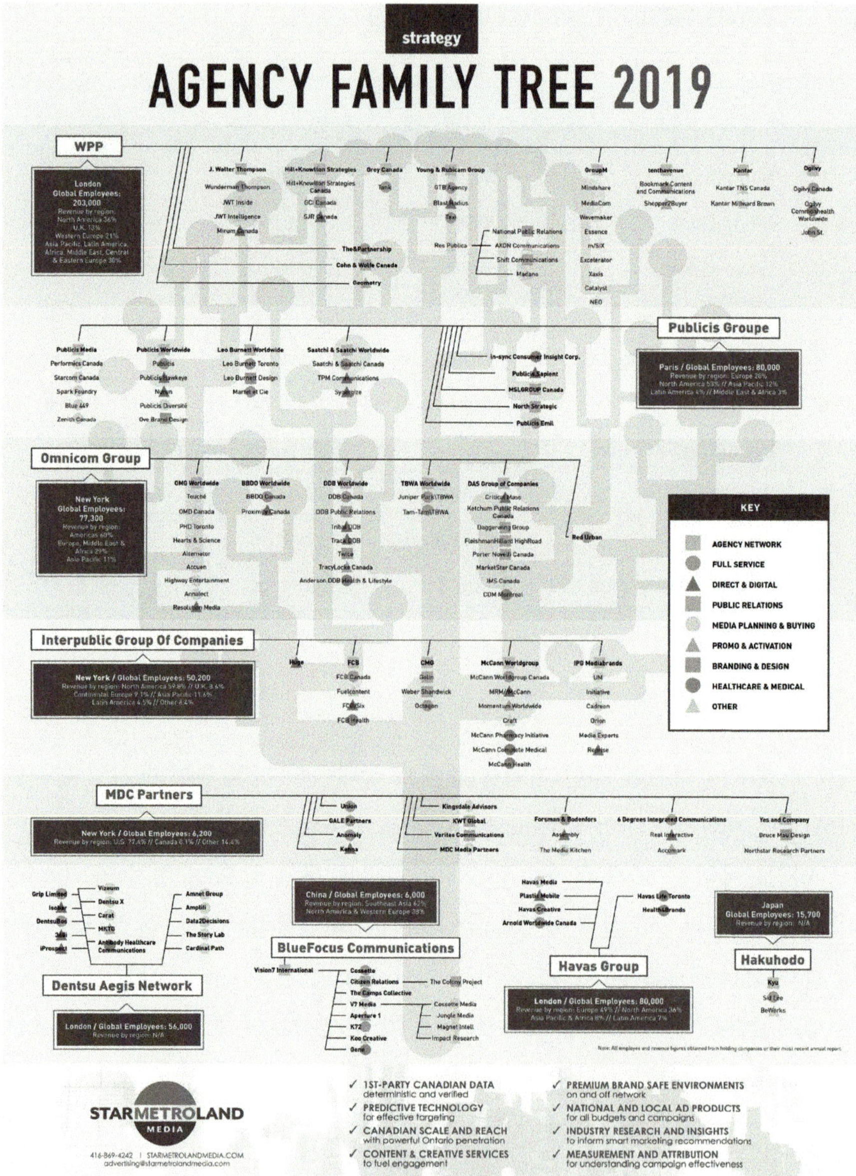

그림 10.1 2019년 광고기업들(지주회사)의 가계도(Family Tree)

글을 마치며

2013년 7월, 세계 2, 3위 광고 기업인 미국 옴니콤과 프랑스 퍼블리스가 동등한 조건으로 대등 합병하기로 합의하면서 직원 수 13만 명, 자산 규모 351억 달러(약 39조원)에 이르는 세계 1위 광고회사가 탄생했다고 밝혔습다. 하지만 결론적으로 이 합병은 결국 무산되었죠. 그리고 2016년 퍼블리스는 삼성그룹의 인하우스 대행사이며, 국내 매출액 순위 1위 광고대행사인 제일기획의 인수 협상을 시작했습니다. 하지만, 퍼블리시스가 내부 경영난에 빠지면서 또한 삼성그룹과의 제일기획 지분을 매각하는 내용의 협상을 진행했지만 진전을 보지 못하면서 결국 인수 협상은 이루어지지 않았습니다. 글로벌 광고 기업들인 WPP, 옴니콤, 퍼블리스 등은 인수와 합병을 통해서 지속적으로 몸집 불리기에 나서고 있습니다. 광고와 PR을 공부하는데 있어 국내산업 현황뿐만 아니라 해외 광고 기업들의 움직임에도 관심을 가지는 것이 중요합니다. 광고전문 주간지인 애드버타이징에이지(AdvertisingAge), 줄여서 애드에이지뿐만 아니라 애드위크(Adweek) 등 다양한 광고 전문지들을 통해 글로벌 광고계의 흐름을 스스로 업데이트 할 필요가 있습니다. 조금씩 성장하면서 더 멀리 내다보는 식견을 길러 나가길 바랍니다.

저자소개

엄남현 교수
(홍익대학교 광고홍보학부)

미국 텍사스주립대학교(University of Texas at Austin)에서 광고(Advertising) 전공으로 박사학위를받았 받았다. 위스콘신 대학교 광고학과 조교수를 거쳐, 현재 홍익대학교 광고홍보학부에 부교수로 재직 중이며, 광고학개론, 세일즈 프로모션 및 광고/홍보조사방법을 가르치고 있다. 유명인 광고, 게이광고, 정치광고 및 소비자 인게이지먼트 관련 연구활동을 하고 있다. 제일기획에서 AE로 삼성그룹광고, 삼성전자 '또 하나의 가족', 풀무원, 월드건설, 성균관 대학교, KTF 브랜드 광고 등을 담당했다.

11

대학원에서 광고와 PR을 공부하려면?

이세진(국민대학교 언론정보학부 교수)

1. 대학원이란 어떤 곳일까?

대학원은 학문의 이론적 연구와 응용방법을 전문적으로 연구하는 최고 교육기관으로 전공 분야에 대한 전문 지식을 공부할 기회를 제공합니다. 대학원에 진학하는 목적은 다양할 수 있습니다. 어떤 학생은 학부에서 배운 광고와 PR에 대한 전공지식을 더 깊게 배워보고 싶어 진학할 수도 있지만, 학부에서 다른 전공을 공부했던 학생이 광고와 PR에 대해 배워보고자 진학하기도 합니다. 또 어떤 학생은 다른 학교, 다른 환경에서 공부해보고자 지원할 수도 있고, 더 좋은 직업을 얻기 위해서, 또는 교수나 연구자가 되기 위해서 대학원에 진학하기도 합니다. 학부 졸업 후 바로 대학원에 진학하는 학생도 많지만, 현업에서 일을 하다가 광고와 PR 분야에 대한 전문 지식을 더 배우고자 대학원에 진학하는 경우도 있습니다.

대학원에서 학위과정을 마치면 석사학위 또는 박사학위를 받게 됩니다. 석사와 박사 각 학위과정 동안에는 학부과정에서와 같이 일정량의 교과과정을 이수해야 하며, 이후 전공시험과 외국어 시험을 보고, 최종적으로 학위 논문이 통과되어야 학위가 수여됩니다. 매 학기 정규등록을 하였을 경우, 석사는 보통 2년내에 교과과정을 마치고 학위를 받게 되며, 박사는 석사를 마치고 나서 대략 3년~4년 정도의 교과과정 수료 기간이 필요합니다.

1) 대학원 교육과정의 특성

지식기반사회에서 탁월한 연구를 수행하는 조직으로서 대학원의 존재와 위상이 부각되고 있습니다. 대학원 교육은 학부에서의 교육과는 차이가 있습니다. 대학원의 교육 및 연구과정의 특징은 다음과 같습니다(이정미 외, 2013).

첫째, 대학원은 교육 및 연구의 과정에서 학생과 교수가 긴밀한 상호작용을 하며 협업합니다. 학부에서의 교육이 교수의 강의를 중심으로 지식 및 정보의 전달이 주가된다면, 대학원 교육은 교수의 강의뿐 아니라 연구 과정에서 학생과 교수의 협업을 통해 전공 영역에 대한 전문성을 습득하게 됩니다.

둘째, 대학원 교육은 교육과 연구가 함께 진행되는 교육과정입니다. 대학원 교육과정은 대학원생이 전공과 관련된 교육과정을 이수하고, 이를 바탕으로 학위논문의 연구를 통해 새로운 지식을 생산하고, 전문성을 획득하여 학위를 취득하는 과정입니다.

셋째, 대학원 교육은 교수 등 교육자 양성뿐 아니라 산업 분야의 요구에 부합하는 전문가 양성을 목적으로 합니다. 대학원에서의 교육과정은 광고와 PR 실무보다는 이론적 측면에 초점을 두는 경향이 있으나, 다양한 과목들이 개설되어있기 때문에 광고와 PR 산업 전반에 대한 이해도를 넓힐 수 있습니다.

2) 대학원 지원자의 특성 및 동기

대학원 과정을 계열별(인문, 사회, 교육, 공학, 자연, 의약, 예체능)로 나누어 보았을 때, 광고와 PR 전공은 사회계열에 포함됩니다. 2018년 기준 전체 석사과정 재학생수는 232,007명이었으며, 이 중 사회계열 석사과정 재학생수는 66,185명으로 전체의 28.5%에 달해, 전 계열에서 사회계열이 가장 높은 비율을 차지하고 있습니다. 전체 박사과정 재학생수는 73,499명이었으며, 이 중 사회계열 박사과정 재학생수는 14,220명으로 전체의 19.3%를 차지해, 사회계열이 공학계열 다음으로 박사과정 재학생수가 많았습니다(교육통계서비스, 2018).

한국교육개발원의 연구보고서(2013)에 따르면, 대학원 입학 동기는 '본격적으로 깊이 있는 학문 탐구와 연구에 도전하고 싶어서(35.9%)', '교수 연구원이 되기 위해서(28.6%)', '좋은 직장에 취업하거나 이직하기 위해(21.7%)' 등으로 나타났습니다. 즉, 학생들이 대학원에 가는 이유는 학문적 성취(48.7%)라는 목적 이외에도 취업과 전문분야 정보 교류 및 네트워크 향상을 중요시하고 있는 것으로 나타났습니다.

3) 대학원의 유형과 학위

광고와 PR 전공 대학원에는 일반대학원과 특수대학원이 있습니다. 일반대학원은 학문의 기초 이론과 학술 연구를 목적으로 주로 원서 강독과 전공 관련 주제 토론 등을 바탕으로 수업이 이루어집니다. 석사와 박사학위를 모두 취득할 수 있고, 일반적으로 논문 자격시험과 논문 심사에서 합격해야 학위취득이 가능합니다.

반면, 특수대학원은 직업인 또는 일반 성인을 위한 교육기관으로 주로 야간에 수업이 제공되기 때문에 취업 후 학문 연구를 더 하고자 하는 직업인이 수강하는 경우가 많습니다. 특수대학원에서는 석사학위만을 취득할 수 있고, 박사학위 취득을 위해서는 일반대학원에 진학해야 합니다. 광고 및 PR분야에서 특수대학원이 있는 학교는 경희대, 고려대, 연세대, 중앙대, 한양대 등이 있습니다. 여기서는 광고 PR 분야의 일반대학원에 대해 알아보도록 하겠습니다.

2. 광고와 PR분야에서 석사/박사가 되기 위해서는 어떻게 해야 할까?

1) 대학원의 입학요건과 졸업요건

대학원은 학교에 따라 전형과정과 내용이 다르지만 공통적으로 서류전형과 면접전형으로 입학 여부가 결정됩니다. 서류전형에서는 자기소개서 또는 학업계획서를 요구하는 경우가 많으며, 그 밖에 필요한 서류들은 해당 학교 홈페이지에서 확인하고 제출해야 합니다.

대학원의 졸업요건도 대학에 따라 차이가 있으나, 대게 석사학위는 대학원에서 전공과목을 24~30학점 이상 취득하고 외국어 시험과 석사학위 종합시험에 합격한 뒤 논문이 통과되면 취득할 수 있습니다. 박사학위는 석사학위 취득자가 대학원에서 전공과목을 30~36학점 이상 취득하고 외국어 시험과 박사학위 종합시험에 합격한 뒤 학위논문이 통과되면 취득할 수 있습니다. 석사학위를 받는 데 소요되는 시간은 2년 정도이며, 박사학위를 받는 데 소요되는 시간은 3년 정도이나, 이는 개인에 따라 차이가 나타날 수 있습니다.

2) 학위논문

대학원 수업은 보통 세미나 형식입니다. 세미나는 준비자가 맡은 분야에 대해 조사하고 공부한 것을 발표하는 형식인데, 이를 통해서 대학원생들은 스스로 자료조사와 학습을 통해 관련 지식을 습득할 수 있을 뿐만 아니라 발표한 내용에 대한 교수와 다른 학생들의 토론을 통해 비판적 의견도 수렴하고 공유하게 됩니다. 이러한 수업방식을 통해 습득한 지식은 학위를 받기 위해 졸업논문을 쓰는데 도움이 됩니다.

학위논문운 학문적 주장 혹은 가설을 적합한 연구절차와 형식에 맞추어 이론적으로 논증하거나, 데이터를 수집하여 통계분석을 통해 이를 입증하는 글입니다. 움베르트 에코는 논문을 작성한다는 것은 자신의 개념을 체계화하고 자료를 정리하는 방법을 배운다는 것을 의미하며, 한 주제에 대해 논문을 쓴다는 것은 논문의 주제 분야에 있어서는 권위자가 되는 것이라고 했습니다.

논문은 기본적으로 다른 곳에서 발표되거나 언급되지 않은 새로운 주제에 대한 것을 써야 합니다. 보통 논문의 중요한 요소로 독창성, 객관성, 검증성이 강조됩니다. 독창성은 논문을 쓸 때 가장 중요한 요건으로 새로운 현상을 연구하거나 같은 현상이라도 이전의 연구와 다른 시각에서 해석하거나, 이전 연구에서 부족했던 점을 채우거나, 새롭게 발견된 자료를 제시하는 등 이전 연구들과는 다른 새로운 주제, 해석, 방법론을 지니고 있어야 합니다. 두 번째 중요한 요소인 객관성은 사회과학의 현상을 바라보는 관점이 상황에 따라 다르게 해석될 여지를 줄이고, 사실에 근거해서 정확하게 쓰는 것입니다. 세 번째, 검증성이란 논문의 주제는 검증가능해야 한다는 것입니다. 이를 위해서는 분석에 사용된 자료의 출처를 분명하게 밝히고, 연구방법을 정확히 기술하여 결론에 도달하는 과정을 기술하는 것입니다.

석사논문에서 독창성을 발견하기는 쉽지 않을 수 있습니다. 많은 석사논문들이 기존의 이론을 재확인하는 수준이라면, 박사논문은 독창성이 중요합니다. 박사논문은 기존 이론을 토대로 새로운 이론을 세우는 작업입니다. 따라서 박사논문 작성은 석사논문 작성과정보다 어렵고 긴 과정이기도 합니다. 이러한 논문은 학위논문 뿐만 아니라 학술대회 등에 발표하거나 학술지에 게재하기 위해 쓰기도 합니다.

3. 광고와 PR분야 대학원에서는 무엇을 배울까?

1) 광고와 PR전공 대학원

광고와 PR 전공이 있는 4년제 대학은 대개 각 학과별로 대학원 과정이 있지만, 모든 대학들이 대학원 교과과정을 제공하는 것은 아닙니다. 4년제이면서도 대학원 과정이 없는 대학들도 있습니다. 대학원 과정이 있는 대학 중에서도 동국대 광고홍보학과, 숙명여대 홍보광고학과나 중앙대 광고홍보학과처럼 광고와 PR이 독립적으로 분리된 전공이 있는 대학도 있지만, 언론 · 영상 · 미디어 · 커뮤니케이션 전공과 통합된 교과과정을 제공하는 대학원이 많습니다. 이러한 통합된 교과과정을 제공하는 대학원에서는 학생이 자신의 전공에 맞게 지도교수를 선택하고, 관련 과목들을 수강하게 됩니다. 광고와 PR 전공이 있는 대학원 리스트는 〈표 11.1〉과 같습니다.

표 11.1 광고와 PR전공 대학원

강원대학교 신문방송학과	http://masscom.kangwon.ac.kr
건국대학교 미디어커뮤니케이션학과	http://comm.konkuk.ac.kr/
경북대학교 신문방송학과	http://masscom.knu.ac.kr/
고려대학교 미디어학부	https://mediacom.korea.ac.kr
국민대학교 언론정보학부	http://kmucomm.com/
단국대학교 언론영상학부	http://grad.dankook.ac.kr
동국대학교 광고홍보학과	http://dguadpr.kr/
목원대학교 광고홍보언론학과	http://gii.mokwon.ac.kr
부산대학교 신문방송학과	https://comm.pusan.ac.kr
서강대학교 커뮤니케이션학부	http://sgcomm.sogang.ac.kr
성균관대학교 미디어커뮤니케이션학과	http://www.skkucomm.ac.kr/
성신여자대학교 미디어커뮤니케이션학과	http://www.sungshin.ac.kr/mediacomm/
세종대학교 미디어커뮤니케이션학과	http://home.sejong.ac.kr/~nnbdpt/
숙명여자대학교 홍보광고학과	http://prad.sookmyung.ac.kr/
숭실대학교 언론홍보학과	http://comm.ssu.ac.kr
연세대학교 언론홍보영상학부	https://jmc.yonsei.ac.kr:446/
영남대학교 언론정보학과	http://mnc.yu.ac.kr
이화여자대학교 커뮤니케이션 · 미디어학부	http://masscomm.ewha.ac.kr
인제대학교 신문방송학과	http://homepage.inje.ac.kr/~masscomm/
인하대학교 언론정보학과	http://comm.inha.ac.kr/
전남대학교 신문방송학과	http://comm.jnu.ac.kr
제주대학교 언론홍보학과	http://journalism.jejunu.ac.kr/
조선대학교 신문방송학과	http://www.chosun.ac.kr/~comm
중앙대학교 광고홍보학과	http://www.iadpr.org/
청주대학교 광고홍보학과	https://www.cju.ac.kr/adver/index.do
충남대학교 언론정보학과	http://www.cnucomm.net/
한국외국어대학교 미디어커뮤니케이션학부	http://commu.hufs.ac.kr/
한림대학교 미디어커뮤니케이션학부	http://comm.hallym.ac.kr/
한양대학교 언론정보대학원	https://gsjmc.hanyang.ac.kr/
홍익대학교 광고홍보커뮤니케이션학과	http://ilbangrad.hongik.ac.kr

*가나다순.

**광고와 PR 전공이 있는 모든 대학원을 포함한 리스트는 아님.

2) 광고와 PR전공 대학원의 교과과정

대학원 교과과정은 광고와 PR분야에 대한 심도깊은 수업 외에도 기초 공통과목으로 이루어져 있습니다. 기초 공통과목으로는 주로 커뮤니케이션 이론이나, 조사구방법론에 대한 것들입니다. 대학원 교과과정에서는 조사방법론이 중요한데, 그 이유는 대학원 졸업 요건에는 대부분의 학교들이 연구논문 제출을 두고 있기 때문입니다. 연구논문이란 광고와 PR분야에서 자신이 관심있는 주제를 선택하여 실제로 연구를 수행하고, 분석을 실시하여 결과를 도출하는 것입니다. 연구논문을 쓰기 위해서는 객관적인 연구를 실행하는 방법과 그러한 방법들을 통해서 얻는 데이터를 분석하는 방법에 대한 이해가 필요합니다.

대학원 수업은 주로 발표나 토론을 중심으로 이루어지는 세미나 형식의 수업이 많습니다. 대부분의 수업들은 소규모 세미나식 수업으로 진행되기 때문에 교수와 대학원생들간의 학문적 소통의 기회가 많으며, 발제 및 토론 참여를 통해 능동적으로 전공분야에 대한 이해도를 높일 수 있습니다.

전공 교과목을 살펴보면, 학교별로 세부적인 교과과정이 조금씩 다르지만, 기본적으로 제공하는 교과목들은 다음과 같습니다. 광고분야에서는 주로 광고이론, 매체이론, 소비자행동, 브랜드매니지먼트 등이 있고, PR분야에서는 PR론, PR전략, 공공PR, PR캠페인론, 쟁점관리, 위기관리 등이 있습니다. 몇몇 대학에서 제공하는 교과목은 〈표 11.2〉와 같습니다.

대학원에서 제공하는 교과목들은 광고와 PR분야 학부에서 제공하는 과목들과 교과목명에서는 크게 다르지 않지만, 그 내용의 깊이와 수업방식에 있어서 차이가 있습니다. 광고와 PR전공 대학원에서 제공하는 교과목들은 학교에 따라 다르지만, 공통적으로 가르치는 과목들과 과목에 대한 간단한 설명은 〈표 11.3〉과 같습니다.

표 11.2 광고와 PR분야 대학원 교과과정 예시

국민대 언론정보학과 광고홍보학전공	공통	광고조사방법론, 다변인통계분석
	광고	광고이론, 광고관리, OOH프로모션 전략, 광고심리, 디지털미디어와 광고, 광고세미나, 광고효과, 광고매체, 글로벌광고, 광고크리에이티브, 광고전략, 마케팅커뮤니케이션, 광고캠페인, 광고와 문화컨텐츠, 소비자행동, 브랜드커뮤니케이션
	PR	PR이론, PR전략, 기업PR, PR세미나, 공공커뮤니케이션캠페인, 위기관리, 헬스커뮤니케이션
동국대 광고홍보학과	공통	조사방법론
	광고	광고학이론, 광고기획론, 소비자행동론, 광고연구, 광고효과이론, 광고미디어연구, 광고세미나, 뉴미디어 광고론, 정치광고세미나, 광고크리에이티브론, 국제광고론, 매체기획론, 매체관리론, 브랜드커뮤니케이션론, 통합마케팅커뮤니케이션론, 판매촉진론, 프로모션전략론, 고급 광고 효과분석
	PR	홍보학이론, 홍보전략론, 홍보세미나, 홍보캠페인론, 홍보관리론, 기업홍보론, 공공캠페인세미나론, 위기커뮤니케이션론
중앙대 광고홍보학과	공통	광고홍보학 입문, 광고홍보이론세미나, 광고홍보연구방법론, 광고홍보조사분석, 광고홍보 질적 연구방법, 광고홍보 다변량 효과분석, 통합적 마케팅커뮤니케이션
	광고	광고이론, 광고관리론, 설득커뮤니케이션론, 광고효과론, 광고매체론, 광고판매론, 고급광고매체론, 광고심리학, 소비자행동, 뉴미디어광고, 마케팅이론, 브랜드자산관리론, 판매촉진론, 국제광고이론, 광고와 사회
	PR	PR이론, PR관리론, PR캠페인, 공공PR론, 기업홍보론, 위기관리론, 쟁점관리, 조직커뮤니케이션, 국제홍보론, 고급홍보이론, 홍보특강
한양대 언론정보대학원	공통	미디어이론, 미디어연구방법, 설득커뮤니케이션, 커뮤니케이션통계분석, 논문읽기와 쓰기
	광고	마케팅커뮤니케이션, 광고 소비자심리와 행동, SNS와 마켓팅, 광고와 문화, 브랜드전략과 매니지먼트, 브랜드마케팅 미디어저작권
	PR	위기커뮤니케이션, 헬스커뮤니케이션, 전략커뮤니케이션, 조직커뮤니케이션, 공공커뮤니케이션론, PR매니지먼트
홍익대 광고홍보 커뮤니케이션학과	공통	광고PR이론세미나, 광고PR연구방법론, 광고PR질적연구방법, 광고PR연구방법론심화, 뉴미디어와 광고PR, 커뮤니케이션이론, 커뮤니케이션통계분석
	광고	광고이론, 광고세미나, 마케팅이론, 소비자행동, 브랜드전략, 브랜드커뮤니케이션, 통합적 마케팅 커뮤니케이션, 광고와 사회, 광고매체론, 국제광고론, 공공커뮤니케이션, 광고기획론, 매체기획론
	PR	PR이론, 기업PR, PR세미나, 위기관리커뮤니케이션, 공공커뮤니케이션, 헬스커뮤니케이션, 문화콘텐츠PR, 국제PR, CSR

표 11.3 대학원 교과목 설명

분야	과목명	설명
공통	광고PR 연구방법론	광고 및 PR의 과학적 연구를 위한 기초능력 배양을 목적으로 과학철학, 가설도출, 정량적/정성적 조사방법 등 다양한 연구방법론을 소개하고 적용 가능성을 논의하는 과목
	다변량 통계분석	SPSS를 활용하여 다변량 분석, 다중회귀분석, 로지스틱 회귀분석, 판별분석, 요인분석 등 주요 다변량 통계분석법의 원리를 이해하고 연구에 적용하는 과목
광고	국제광고론	국제사회의 다양한 문화적 배경을 바탕으로 국제적인 광고캠페인의 기획에서부터 적용과 평가에 이르는 국제광고 전반에 대해 논의하며, 효과적 국제광고 및 문제점들에 대해서 토의하는 과목
	광고이론	광고의 설득적 이론을 중심으로 사회 · 심리 · 문화 · 마케팅 등 다양한 측면에서 연구하는 과목으로, 광고의 본질, 기능, 효과에 대한 기존의 연구 결과들과 새로운 연구경향에 대해 연구하는 과목
	광고제작론	다양한 광고 표현요소들에 대한 이해와 크리에이터의 전략적 의도를 파악하고, 크리에이티브 실무와 관련된 주요 이슈들을 점검하여 광고 크리에이티브의 근간을 확립하는 과목
	뉴미디어광고	인터넷 및 각종의 개인 미디어, 멀티미디어, 인터랙티브미디어 등 신규매체가 파급하는 영향력을 평가하고, 광고매체로서 뉴미디어의 효과와 활용전략에 관해 논의하는 과목
	매체기획론	매체기획, 매체목표, 매체효과, 매체전략 등 광고매체 전반에 대해 이해하며 매체전략모델과 멀티미디어 등 다양한 매체기획의 이슈를 다루는 과목
	브랜드관리론	이론적 및 실무적 관점에서 브랜드 및 브랜드 자산에 대한 체계적인 이해를 위해 브랜드 커뮤니케이션 과정 및 전략 등과 관련한 논문 및 사례 연구들을 논의하는 과목
	소비자행동론	소비자의 정보처리과정과 의사결정과정에 영향을 미치는 다양한 요인들을 살펴보는 심리적 시각을 비롯하여 사회학적 시각 등 인접 학문의 다양한 지식을 통합하여 소비자 행동을 연구하는 과목
	판매촉진론	마케팅 프로모션 믹스의 요소로서의 판촉 및 이벤트에 대한 개념을 이해하고 다양한 판촉사례를 통해 판촉기법과 전략에 대해 논의하는 과목
	통합마케팅 커뮤니케이션	다양한 미디어를 활용한 차별적이고 통합적인 커뮤니케이션 접근법의 등장배경 및 기획, 전략 및 성과측정 등에 대한 기본적 이해와 사례를 연구한는 과목

(계속)

표 11.3 대학원 교과목 설명(계속)

PR	공공PR론	정부기관 및 비영리 단체를 비롯한 공공영역에서의 PR 활동과 관련된 주요 개념 및 이론을 학습하고, 정책 홍보, 공공캠페인, 국가 이미지 관리 등 주요 영역의 관련 연구들을 고찰하는 과목
	국제PR론	PR의 국제화 및 전략에 대해 논의하고, PR조직의 국제적 환경하에서의 대응방식 및 전략구성, 문화간 차이에서 오는 국제PR의 문제점에 대해 연구하는 과목
	기업PR론	기업환경변화에 따른 기업의 역할 변화와 대응전략 등을 PR의 관점에서 논의하고, 기업PR의 개념 및 관련 이론과 사례 통해 PR전략 및 수단의 다양화와 그 효과에 대해 논의하는 과목
	쟁점관리	공공 정책이나 새로운 이슈가 기업 커뮤니케이션에 미치는 영향을 고찰하며 특히 사회, 정치, 경제, 기술 분야의 새로운 동향 관찰과 평가의 중요성에 대해 논의하는 과목
	위기관리	위기의 정의, 조직이 경험하는 위기의 종류를 파악하고, 조직에 영향을 미치는 쟁점 및 위기상황에 대처하는 PR전략과 커뮤니케이션 전략 등을 논의하는 과목
	PR이론	사회과학, 행동과학, 커뮤니케이션 이론을 바탕으로 PR분야에서 발전한 제반 이론을 연구하고, 이론을 실제 상황에 적용하며 나아가 새로운 이론을 개발할 수 있도록 하는 과목
	PR캠페인론	PR수행과정과 관련한 상황분석, 공중분석, 사전연구, 목표설정, 전략개발, 평가 등을 고찰하고, PR캠페인 사례들을 분석하여 PR의 역할 변화와 대응전략을 논의하는 과목

4. 광고와 PR전공이 있는 해외 대학원은 어떠할까?

1) 해외 대학원 진학 현황

국내에서 광고와 PR을 전공한 후 해외에서 대학원에 진학할 수도 있습니다. 통계자료에 따르면, 한국에서 해외 대학원으로 유학을 가는 유학생 수는 2018년 32,104명이었습니다(교육통계서비스, 2018). 〈그림 11.1〉에 나타난 바와 같이, 그 중 중국과 일본을 비롯한 아시아 지역으로 유학을 간 전체 학생수는 7,415명(23%), 미국 등 북미 지역이 16,647명(52%), 유럽지역이 7,836명(24%), 중동, 아프리카 등 기타지역이 206명(0.6%)이었습니다.

국가별로 한국인 유학생이 가장 많이 가는 국가는 미국이 16,471명으로 가

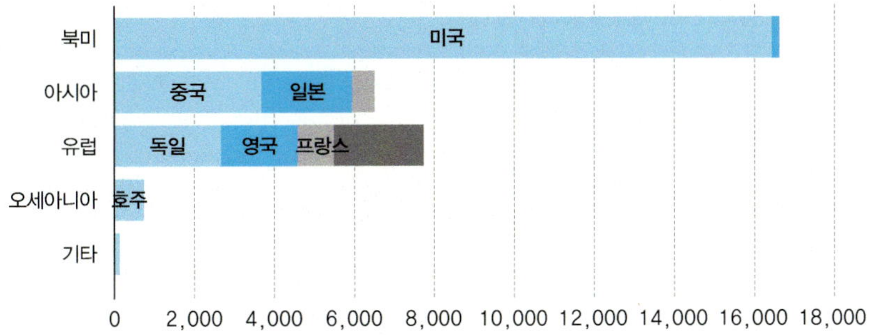

그림 11.1 2018년 대학원과정 한국인 유학생 현황

장 많았으며, 중국(3,810명)과 독일(2,742명)이 그 다음이었습니다. 미국의 대학원으로 유학 가는 학생이 전체 대학원 유학생 중 50%이상을 차지하고 있어, 미국 대학원에 대해서도 간단히 소개하도록 하겠습니다.

2) 미국의 광고와 PR전공 대학원

미국의 대학원은 연구와 교육 분야에서 세계 최고의 경쟁력을 가졌다고 평가받고 있습니다. 광고와 PR 전공은 보통 저널리즘이나 매스커뮤니케이션을 가르치는 대학에 대부분 개설되어 있습니다. 미국에 있는 광고 전공 대학원들 중에서 학생들이 선호하는 학교는 Michigan State Univ., Univ. of Florida at Gainesville, Univ. of Georgia at Athens, Univ. of Texas at Austin 등이 있습니다. PR분야에서 학생들이 선호하는 대학원은 Purdue University, Syracuse university, Univ. of Florida, Univ. of Maryland 등이 있습니다.

미국 대학원에 진학하면, 광고와 PR이 학문적으로나 실무적으로 가장 발달한 곳에서 공부할 기회가 되기도 합니다. 또한, 다양한 국가에서 온 학생들과 새로운 환경에서 공부할 수 있다는 것이 장점일 수 있습니다. 하지만, 영어를 사용해야만 한다는 언어장벽의 문제, 그리고 한국보다 비싼 생활비와 학비는 단점일 수 있습니다.

미국 대학원의 광고와 PR 전공의 교과과정은 한국 대학원에서 제공하는 교과과정처럼 광고와 PR 관련 전공과목들과 방법론 등의 기초 공통과목들로 이루

표 11.4 미국 광고와 PR 대학원 교과과정 예시

	대학	교과과정
광고	Univ. of Florida	Advertising Planning, Theories of Advertising, Advanced Media Planning, Advertising and Social Media, International Advertising, Advertising Creative Strategy and Research, Advertising Research Methods, Advertising Management
	Univ. of Georgia	Advertising Foundations, Research Methodology in Mass Communication, Advertising and Communication Management, Advertising Media Planning, Advertising and Public Relations Research, Special Topics in Advertising, Media Management, Social Network Analysis–Theories and Methods
	Univ. of Texas	Qualitative and Quantitative Research, Theories of Persuasive Communication, Creative Strategies, Integrated Communication Management, Strategic Advertising Management, Account Planning, Media Management, Multicultural Issues in Advertising: Theories and Research, Integrated Communication for Sports, Understanding Audiences for NonProfits, Branding and External Communication for Nonprofit Organizations, Communicating Science, Advanced Advertising Research
PR 전공	Syracuse Univ.	PR Principles and Practices, Writing for News & Public Relations, Graphic Design Fundamentals, Multimedia Storytelling, Foundations of Analytics, Social Listening and Information Gathering, Public Relations Theory, Public Relations Research, Advanced Public Relations Writing for Digital Platforms, Advertising and PR Law, Public Relations Campaign Planning and Execution, Public Relations Management, Special Topics in Public Relations
	Univ. of Florida	Persuasion Theory and Research, Theories of Public Relations, Public Relations Foundations, Public Relations Ethics and Professional Responsibility, Crisis and Risk Management, International Issues and Crisis Communication, Public Relations and Fund Raising, Public Relations and Philanthropy, Public Relations Research, Public Relations Management, International Public Relations, Corporate Reputation and Communication
	Univ. of Maryland	Conflict Management, Organization Communication, Seminar in Public Relations Management, Seminar in Public Relations Publics, Global Public Relations, Seminar in Ethics and Philosophy of Public Relations, Quantitative Methods in Communication Research, Qualitative Methods in Communication Research, Persuasive Message Strategies

어져 있습니다. 몇몇 대학원들의 교과과정은 〈표 11.4〉와 같습니다.

5. 광고와 PR 대학원을 졸업하면 어떤 일을 하게 될까?

광고와 PR 분야의 석사 졸업생들은 뉴미디어, 방송, 신문, 광고, PR, 리서치 등 관련 산업에 진출하거나 박사과정에 진학합니다. 기업에서 석사나 박사과정을 마친 대학원 졸업자를 뽑을 때 보통 그 기간을 경력으로 인정해주는 경우가 많습니다. 이는 대학원 졸업자가 전문화된 지식을 바탕으로 업무에 대해 어느 정도 이해한다고 인정하는 것입니다.

석사 졸업자들의 장점은 전공 분야에 대한 전문성이 다소 높으며, 업무를 진행하는데 보다 자율적으로 처리한다는 것입니다. 그러나 동시에 업무적 능력만을 따진다면 2년차 경력의 학부 졸업생보다 우월하지는 않다고 평가되기도 합니다. 따라서 석사과정의 경우 대학원은 자기 발전의 기회로 생각해야지, 자신의 경력을 쌓기 위한 곳이라고 보아서는 안될 것입니다. 대학원은 학부를 졸업한 학생들이 전공분야에 대한 심화된 지식을 배우고, 주체적으로 학문에 매진할 수 있는 곳입니다.

박사과정은 전공 분야 교육과 연구 능력 향상에 역점을 두며, 박사과정 학생은 재학중 국내외 주요 학술대회 발표 및 전문학술지 논문 게재 등을 통해 활발한 연구를 수행합니다. 박사학위를 취득한 후에는 광고 · PR · 미디어 각 분야의 연구자, 교육자, 전문가로서 주요한 역할을 수행합니다. 광고와 PR 분야의 박사들은 관련 산업의 전문 연구 인력으로 진출하거나 대학의 교수가 되는 경우가 많습니다.

저자소개

이세진 교수
(국민대학교 언론정보학부)

현재 국민대학교 언론정보학부 광고홍보학전공 교수로 재직 중이다. 미국 텍사스주립대학교(University of Texas at Austin)에서 광고학(Advertising) 전공으로 석사 및 박사학위를 받았으며, 제일기획 브랜드마케팅 연구소 책임연구원으로 근무하였다. 주 연구 분야는 다양한 매체환경에서의 광고효과와 소비자 행동에 관한 것이다. 국민대학교에서 학부수업으로는 소비자행동, 데이터분석 등을 가르치고 있으며, 대학원에서는 광고이론, 광고전략, 광고캠페인론 등을 가르치고 있다.

12

광고와 PR 전망

심성욱(한양대학교 광고홍보학과 교수)

1. 들어가며

4차 산업 혁명이란 말이 불리우고 있는 현재, 광고와 PR의 전망을 말하기는 쉽지 않을 것 같습니다. 이 글을 쓰고 있는 상황에서도 계속 변화하고 있기 때문입니다. 미디어들이 계속 창출되고 있으며 매스미디어가 개인미디어로 분화하고 있고 전통매체의 이용이 디지털매체로 감소함에 따라 미디어의 메시지가 수용자에게 도달하기 어려워졌습니다. 광고와 PR를 둘러싸고 있는 환경이 완전히 변화하고 있다고 보면 될 것입니다. 패러다임이 바뀌었기 때문에 이전의 미디어 이론과 소비를 현재에 적용시키기가 힘듭니다. 이런 현상은 최근의 변화를 이끌고 있는 디지털 매체, AI, 증강현실/가상현실, 빅데이터 등이 나타났기 때문입니다. 예전에는 일방향적인 메시지로 소비자에게 도달하면 되었지만 이제는 인터랙티브, SNS 등이 나타남에 따라 양방향적인 메시지로 소비자들과 커뮤니케이션하기 때문에 예전의 이론들이 이제는 적용하기 힘들게 되었습니다.

커뮤니케이션 대상으로써 대중 측면에서 보면 4차 산업혁명은 대중의 유형별 세분화에도 근본적인 변화를 일으킬 것으로 보입니다. 전통적으로 광고, PR,

마케팅을 할 때 인구학적 정보에 기반으로 하여 분류를 통해 고객에게 부합하는 메시지 전략을 구사해왔습니다. 그러나 빅데이터 시대에는 대규모 시간, 장소, 행위 정보를 포함한 빅데이터를 분석해 개인 상황에 맞춘 분류가 이뤄지게 됩니다(이보형, 2018). 예를 들어, 넷플릭스는 고객의 시청 취향을 7만여개의 고객군으로 분류하고 각 고객별로 개별화된 영화를 추천하고 있습니다.

테크놀러지로 들어가면 되면, 5G 세상이 되면서 이젠 전송속도가 얼마인지는 더 이상 무의미할 것 같습니다. 이젠 언제든지 수 만편의 영화를 단 몇 초에 다운로드받을 수 있고 TV광고에 나오듯이 증강현실, 가상현실이 스마트폰을 통해 바로 경험할 수 있게 되었습니다. 이런 세상에서 광고와 PR은 어떻게 변화할까요? 이러한 새로운 테크놀러지를 적용한 광고와 PR이 늘어날 것입니다. 아마 사람이 아닌 기계가 실행하는 캠페인을 경험하게도 될 것입니다. 어떠한 변화를 경험하게 될지 아무도 예측하기는 어렵게 되었습니다.

이런 상황에서 광고와 PR은 어떠한 방향으로 나아갈 것인지에 대해 쉽게 얘기하기는 어렵지만 이 챕터를 통해 광고와 PR을 변화시킬 수 있는 변화요인을 살펴보고 이를 통해 곧 다가올 시대를 전망하고자 합니다. 워낙 빠르게 변화하고 있기에 이 책을 읽는 순간에 새로운 현상이 나타난다 해도 놀라운 일이 아닐 것입니다. 다만 어떠한 변화를 가져올 것인가에 대해 화두를 던진다고 생각하면 될 것 같습니다.

2. 변화의 요건들

1) 미디어의 변화

전통매체를 이용하던 소비자들은 이제 디지털 매체로 이동하고 있습니다. 특히 스마트폰의 증가로 모바일 디바이스 활용이 더욱 커지고 있습니다. 이는 인터넷진흥원(2015, 2017)의 조사에서도 알 수 있습니다. 이제는 모바일을 비롯한 디지털매체를 많이 이용하고 있습니다.

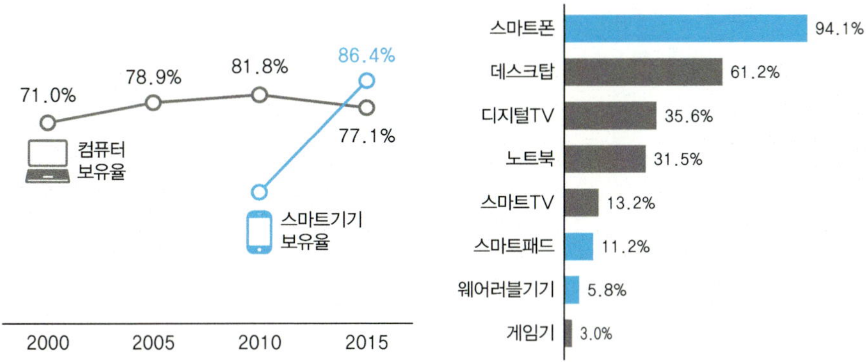

그림 12.1 가구별 인터넷 접속기기
〈출처〉 인터넷진흥원(2015, 2017) 인터넷 이용실태 조사

이와 같은 변화로 양방향 커뮤니케이션이 활발해 졌습니다. 이전에는 유선과 우편, 대면으로만 가능했던 양방향 커뮤니케이션이 디지털 채널로 확장되며 SNS, 이메일, 인스턴트 메시지, 홈페이지 등으로 확장됩니다. 이로 인해 판매자는 정보와 서비스, 상품을 제공하는 것에서 그치지 않고, 소비자의 의견을 수렴해 적극적으로 활용할 수 있는 커뮤니케이션을 진행하게 되었습니다. 제품에 대한 리뷰와 후기 공유를 권장하는 이벤트를 진행하기도 하고, 추가 고객유치시 할인을 해주는 프로모션을 준비하며, 소비자의 피드백을 반영해 상품이나 광고 내용을 수정하기도 합니다(아이온커뮤니케이션즈, 2018). 이와 같은 변화로 소비자는 이제 수신자가 아니라 메시지를 전송하는 발신자가 되었으며 소비자가 커뮤니케이션 과정에서 중요한 역할을 주체로 바뀌었습니다.

2018년 과학기술정보통신부의 인터넷이용률 자료에 의하면, 가구 인터넷 접속률은 99.5%(전년 동일)로 거의 대부분의 가구에서 인터넷을 접속하는 것으로 나타났으며, 컴퓨터를 보유하고 있는 가구의 비율은 '12년(82.3%)을 기점으로 매년 감소하여 '18년 72.4%(전년대비 2.3%p ↓)로 조사되었습니다. 반면, 가구 스마트폰 보유율은 '12년(65.0%) 대비 '18년 94.8%(전년 대비 0.7%p ↑)로 크게 증가하였으며, 스마트폰 대중화가 가구 컴퓨터 보유율의 하락 추세에 영향을 미친 것으로 보입니다.

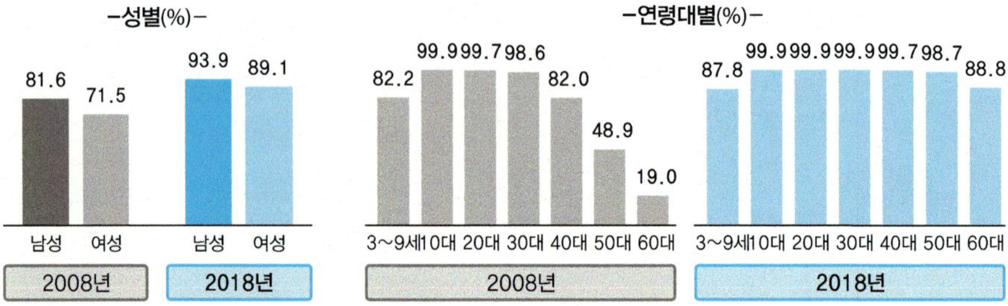

〈출처〉 과학기술정보통신부(2019), 2018 인터넷 이용실태조사

이런 추세로 말미암아 이제는 거의 전 연령대로 스마트폰을 통해 인터넷을 이용하기 때문에 미디어 환경이 완전히 바뀌었음을 알 수 있습니다.

2) 채널의 분화

이렇게 미디어가 다양화 되면서 소비자에게 다가갈 수 있는 채널이 다양화 되고 있습니다. 기본적으로 뉴스, 드라마, 영화, 엔터테인먼트, 종교 등 전문화 된 프로그램을 볼 수 있는 채널도 많아진 반면, 전통적인 매체 뿐만 아니라 인터넷을 통한 다양한 채널이 생겨나고 있습니다. 1인 미디어들이 그 예들입니다. 유튜브를 통해 다양한 주제를 가진 채널이 있습니다. 게임을 방송하는 대도서관, 먹방을 방송하는 밴쯔 등이 생기고 있습니다. 그밖에 우리는 네이버를 통해 스포츠 중계를 볼 수 도 있습니다. 그 밖에도 각종 어플을 통해 음식을 주문하기도 합니다. 이렇듯 소비자를 다가갈 수 있는 채널이 소셜미디어, 어플 등을 통해 분화되고 있기 때문에 커뮤니케이션을 하기가 어려워졌습니다. 예를 들어, 배달의 민족, 요기요 등 배달어플은 음식배달에 대한 새로운 모습을 제공하기도 하였습니다.

이제 다양화된 채널을 통해 어떻게 최적화하여 소비자에게 도달할지가 중요하게 되었습니다. 예전에 4대 매체를 통해 미디어믹스를 했다면, 이제는 채널 믹스를 해야 할 시대가 되었습니다.

한편, 유튜브를 통한 채널이 더 많아지고 있으며 기업들도 이런 유튜브 채널들을 많이 활용하고 있습니다. 매경이코노미는 국내 10대 그룹 주요 계열사 50여 곳의 공식 유튜브 계정을 조사했습니다. 그 결과 유튜브 채널 활성화를 가늠할 수 있는 구독자 수와 총 조회 수(업로드된 모든 동영상 조회 수의 합계)가 각각 10만명, 5000만건을 넘는 기업은 손에 꼽을 정도로 적었지만 앞으로 유튜브를 통한 활용은 더욱 증가할 것으로 보입니다(노승욱 & 김기진, 2019).

이런 유튜브는 기존 TV와 다른 이용자층과 트렌트를 반영하고 있기 때문에 이 매체를 통한 커뮤니케이션이 중요하게 되었습니다.

3. 변화의 모습들

1) 광고

광고 전문가인 마크 달시 페이스북 부사장은 “모바일 기술이 지배하는 4차 산업혁명 시기에는 TV 광고도 달라져야 한다”며 “손바닥 속 세상에 최적화한 광고가 브랜드 승패를 좌우할 것”이라고 강조했습니다. 달시 부사장은 “모바일을 통한 파괴적 혁신을 가장 잘 한 브랜드가 앞으로 가장 사랑받는 브랜드가 될 것”이라고 했습니다(사이언스타임즈, 2016). 모바일 광고는 현재 강세를 나타내며 디지털광고를 대표하고 있습니다. 앞에서 나온 미디어 이용률에서 보았듯이 스마트폰이 가장 높았기 때문이며 이제는 전 연령대를 넘어 이용률이 높게 나타나고 있습니다. 광고안에 몇 가지 변화된 모습들이 나타나고 있어 살펴보겠습니다.

(1) VR과 IoT의 결합

기아자동차 핸즈온 프로젝트의 하나인 ‘핸즈온 투어’가 있습니다. 핸즈온

그림 12.2 핸즈온 투어

투어는 쉽게 생각하면 우리가 흔히 보는 카탈로그나 브로슈어를 평면적인 이미지로 보는 것이 아니라, VR 기술을 통해 360도로 실제 차를 보듯이 볼 수 있는 체험을 제공하는 프로그램입니다. Web GL의 형식을 빌려 웹브라우저에서도 바로 VR체험이 가능한 점이 핸즈온 투어의 장점입니다. 또한, 보통 애플리케이션을 통해 보는 캠페인은 앱스토어에 들어가 해당 앱을 다운 받는 것 자체가 소비자에게 하나의 장벽이었다면, 핸즈온 투어는 광고 클릭 한 번으로 바로 3D의 풍성한 VR 콘텐츠를 볼 수 있습니다(최현주, 2018). 이와 같이 2D를 넘어 3D로 콘텐츠를 제공하기 있어 소비자에게 소통하기에 걸림돌이 될 것이 없습니다.

(2) 프로그래매틱 광고

최근에 프로그래매틱 광고가 각광을 받고 있습니다. 프로그래매틱 광고란 간단히 말해 소프트웨어를 사용해서 디지털 광고를 구매하는 것을 의미합니다. 실제로는 프로그래매틱 바잉을 통해 구매하게 됩니다. 사람을 통해서 이뤄지는 것이 아니라 사전에 만든 알고리즘에 따라 디지털을 통해 자동으로 구매를 하는 것을 말합니다. 최근에는 광고가 디지털 시장으로 넘어오면서 포털, SNS, 웹사이트 등 여러 플랫폼은 계속해서 증가하고 있기 때문에 광고는 필연적으로 광고

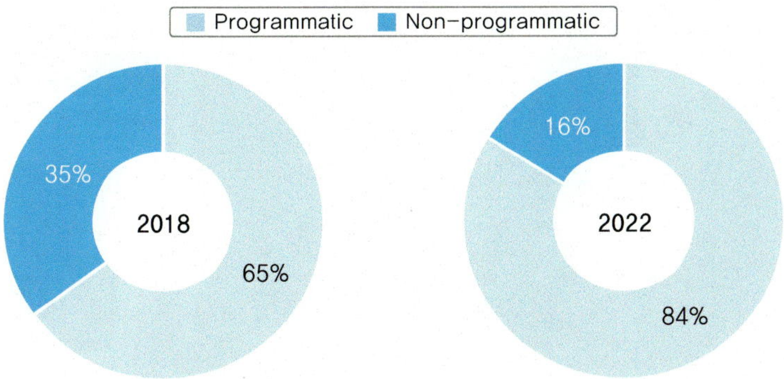

그림 12.3 디지털광고에서 프로그래매틱광고의 비율
〈출처: IPG Mediabrands' Magna's "2018 Programtic Forecast", US. Progrmatic share estimates.〉

공간을 확보하고 노출시키기가 더욱 어려워지고 있습니다. 뿐만 아니라 하루에도 수많은 트래픽이 거래되는 디지털 광고를 사람이 일일이 계약하고 거래하는 것도 사실상 불가능에 가깝습니다(Cassandra, 2019). 그래서 이러한 프로그래매틱 광고가 더욱 증가할 것 같습니다. 이로 인해 많은 정보들이 디지털 공간에서 있기 때문에 빅데이타를 분석하고 머닝러신을 운영할 수 있는 전문가가 더욱 필요할 예정입니다.

(3) 인공지능이 광고에 줄 영향

전상수(2019)는 인공지능이 줄 변화로 데이터기반 가치 제안(Data-driven Value Proposition)을 들고 있습니다. 인공지능시대는 사용자를 마이크로 타깃팅하여 분석하여 한 사람만들 위한 큐레이션이 가능하다고 얘기했습니다. 인공지능이 추천하는 서비스를 통해 개인화된 어시스턴트는 사용자와 일대일로 대화하고 관심사를 수집하여 대응할 수 있을 것이라 보고 있습니다. 두 번째는 플랫폼기반 매스 맞춤화(Platform-based Mass Customization)입니다. 앞으로 사용자의 데이터를 분석하면 인공지능 알고리즘을 통해 포털에서 개별화된 페이지를 제공할 수 있을 것이라 보고 있습니다. 이러한 것은 개별화된 타임라인인데, 자신의 선택에 따른 정보로 구성되어 같은 서비스를 이용하고 있지만 서로 다른

그림 12.4 영화(Her)에서 인공지능과 대화하는 모습
〈출처〉 송형석(2019). 한국경제.

정보를 보고 생각하고 취향을 맞춰가기 때문에 광고도 사용자의 선택된 콘텐츠와 검색과 내비게이션에 따라 개별화된 형태를 띠게 될 것입니다. 광고의 효과성 측면에서 가정 적합한 사용자를 찾아 제공하는 것이기에 노출과 클릭의 효율성은 높아질 것으로 보고 있습니다.

(4) 음성 검색

현재, 스마트 스피커는 사용자의 음성을 듣고 실행하는 플랫폼입니다. 이를 통해 좋아하는 음악이나 검색을 지시할 수 있습니다. 쇼핑에 대한 제품도 추천받게 되면서 최근에 중요한 플랫폼으로 대두되고 있습니다. 현재 수준으로 새로운 기기 이상으로 큰 의미를 두기 어렵지만 구글조사에 의하면 소비자들은 음성검색을 통해 지금 보다 확대된 정보 획득에 대한 니즈가 다양하며 향후 활용 의사가 있는 것으로 나타나고 있습니다. 이를 바탕으로 위치 기반한 실시간 쇼핑으로 연결될 것으로 보고 있습니다(이숙인, 2019). 이젠 기존 텍스트 검색이 아닌 음성검색으로 이동할 예정입니다.

그림 12.5 음성검색으로 쇼핑
〈출처〉 손경호(2017). 지디넷코리아

2) PR

예전에 각 조직의 PR 담당자들은 언론인들을 접촉해서 자신이 속한 조직에 우호적인 내용이 기사화 되도록 노력하고, 자신이 속한 조직과 관련된 이슈가 발생할 경우 이와 관련된 언론기사를 모니터링 하는 것이 주 업무였습니다. 그러나 지금은 PR 담당자들이 언론사에서 보도한 기사를 모니터링 하는 차원을 넘어서 소셜 미디어(SNS)를 분석하는 것이 중대한 일상이 되었습니다. 왜냐하면, 전통매체보다는 SNS를 통해 조직에 대한 이미지가 생성되고 확산되는 양상을 보이고 있기 때문입니다(최진봉, 2019a). 이렇듯 과거에는 종이신문, TV를 분석했다면, 지금은 소셜미디어에서 나타난 조직을 분석해야 하는 시대가 되었으며 이 매체를 통해 조직에 대한 뉴스, 이미지를 만들어 내고 있습니다.

이와 같이 소셜미디어 시대에서는 PR은 스토리텔링 능력과 정보와 콘텐츠를 효과적으로 융합할 수 있는 '큐레이션' 감각이 절대적으로 필요하게 되고 디지털 환경에 맞게 PR담당자는 적극적으로 바뀌진 환경에 적극 대처하고 있습니다(최진봉, 2019b). 이와 같은 사례는 해외에서도 마찬가지로 나타납니다. 디지털 시대가 되면서 소비자의 주목이 짧기 때문에 영국에서도 스토리텔링이 중요하게 나타나고 있습니다. 요즘 페이크 뉴스나 낮아진 소비자 믿음 때문에 PR에서 스토리텔링은 전 보다 더 중요하게 되었습니다(Talk Business, 2019).

한편, 평판과 인식 관리 부분도 계속 변화하고 있습니다. 이 평판과 위기관리 부분은 PR산업에서 중요하며 2019년에도 계속 지속할 부분입니다. 아울러, 향후도 매우 중요한 부분이 될 전망입니다. 디지털 시대에 들어서, SNS가 활발해지고 뉴스가 빨리 전파되면서 기업이나 조직들은 평판과 위기관리 부분에서 더 많은 사건을 접할 가능성이 커졌습니다. 그래서 평판과 위기 관리는 지속적으로 중요해질 분야입니다.

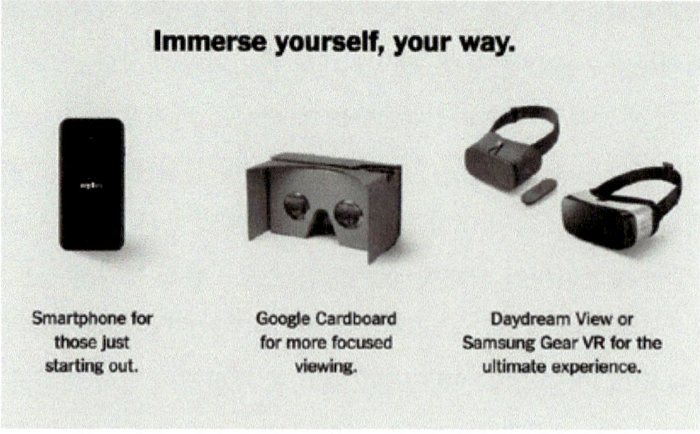

그림 12.6 뉴욕 타임즈의 The Displaced VR사례

인플루언서 마케팅 분야입니다. 요즘 몇 년 동안 소셜 인플루언서의 중요성을 많이 알고 있습니다. 현재 인플루언서 마케팅을 활용하여 브랜드이미지 제고를 많이 하고 있습니다. 이 분야도 향후 몇 년 동안 PR분야에서 계속 지속할 것으로 보입니다. 이렇게 인스타그램에서 인플루언서 마케팅이 증가하면서, PR 전문가들은 전 보다 더 인플루언서를 그들의 전략안에서 잘 통합하고 있습니다. 그리고 PR전문가들은 소셜미디어에서 이런 인플루언서와 관계를 구축하고 있으며 나중에 타깃 수용자에게 도달 할 수 있도록 파트너쉽을 개발하고 있습니다.

이제는 뉴스도 AR/VR 콘텐츠를 활용하고 있습니다. 2016년 칸라이언즈의 그랑프리로 선정되어 유명해진 뉴욕 타임즈의 The Displaced 사례이후 VR/AR을 활용한 몰입형 콘텐츠를 제공하고 있어 이런 기술을 통한 뉴스 자료를 생산해야 할 것으로 보입니다(이숙인, 2019). PR분야에서도 이런 VR를 반영한 콘텐츠를 개발하여 클라이언트인 회사나 기관이 미디어에 노출될 수 있도록 해야 할 것입니다.

PR분야에서 보도자료를 쓰는 일이 없어지지는 않겠지만, 이 일에서 적절한 글을 쓰는 것과 주목을 끌 만한 가치를 가졌다는 것은 다른 일이 되고 있습니다. 콘텐츠는 ROI에 더 초점이 맞추어져가고 있습니다. PR분야에서는 PR과 마케팅이 중요해지며 분명한 것은 더 이상 콘텐츠를 만드는 것이 아니고 "콘텐츠 마케팅"이 될 것이라는 점입니다. 이것은 지금과는 다른 차이점이 되고 있습니다(Norcross, 2018). 이와 같이 PR도 수익에 초점이 맞춰져 변화하고 있습니다.

3. 전망

1) 광고

광고의 미래를 예측하기는 어렵지만 지금의 추세를 본다면, 광고는 더욱 자동화될 것으로 예측됩니다. 현재, 디지털 비디오 광고의 70%나 디스플레이 광고의 80%는 자동화 된 채널을 통해 구매되고 있습니다. 앞서 말한 프로그래매틱 광고가 활성화되면서, 디지털 광고는 자동화된 시스템을 통해 거의 구매될 것으로 보입니다.

가장 개인화된 기기라 할 수 있는 스마트폰이 널리 보급되고, 소비자들의 제1스크린(1st Screen)으로 자리 잡음에 따라, 이제 광고는 단순히 널리 알리는 것이 아니라, 정교한 타겟팅을 기반으로, 원하는 사람에게만, 원하는(관련성 높은) 메시지를, 원하는(가장 효과 높은) 때에 보내주어 최고의 매출 증대 성과를 내는, 더 정교한 퍼포먼스 마케팅으로 급격히 변모할 것입니다(박지훈, 2019). 이와 같이 광고는 소비자들에게 적확하게 도달할 수 있도록 최적화를 추구하고 있기 때문에 향후 최적화모델이 더욱 발달할 것이며 소비자 맞춤형 광고가 더 증가하게 될 것입니다.

광고대행사 측면의 광고 미래는 지금과는 많이 다를 듯합니다. 그렇지만 광고대행사는 빅 아이디어를 제안하여 잠재적 소비자를 연결하는 데 있어 필수적인 기관이기 때문에 전략, 캠페인 집행, 규모를 통해 전략적 가치를 제공할 것으로 보입니다(Abramovich, 2018). 변화된 형태를 보이더라도 기본적인 역할을 유지할 것으로 보입니다. 그리고 향후에는 매체를 소유하여 직접 영업을 할 것으로 보입니다.

미래의 광고는 더욱 측정화된 시스템을 갖출 것으로 보입니다. 효과 측정은 ROI의 광고 가치를 설명할 수 있는데 중요한 요소입니다(Abramovich, 2018). 디지털 광고로 인해 예전보다 광고의 가치를 더 설명할 수 있게 되었습니다. 광고의 집행에 의한 구매 전 단계, 구매 단계 등 더 구조화된 단계를 통해 광고의 효과를 설명할 수 있게 되면서, 광고주는 이런 효과측정을 더 요구할 것이며 광고를 대행하는 회사들도 이런 효과측정을 더 활발히 하면서 최적화된 효과모델을 만들 것으로 기대하고 있습니다.

앞으로의 광고는 지금과는 많이 다를 것 같습니다. 테크놀러지를 활용하여 인간에게 접목된 광고가 나타날 것입니다. 영화 '마이너리티 리포트'에 나오는 것처럼 인간의 홍체를 읽어 그 사람에 맞는 광고가 노출될 수 도 있습니다. 물론 개인 프라이버시 침해라는 문제가 제기될 수 있지만 이러한 형태의 광고가 나올 것으로 예상됩니다.

아울러, 광고라는 형태가 존재하기도 하겠지만 지금 나타나는 '브랜디드 콘

그림 12.7 아디다스 AR 홀로그램
〈출처〉 BusinessCloud

텐츠'처럼 프로그램안에 광고가 포함된 형태로 나타나리라 생각합니다. 아직은 콘텐츠안의 제품을 인지하고 직접 구매를 하고 있지는 않지만 머지않아 프로그램의 제품을 스마트폰으로 읽어 제품을 인지하고 구매할 수 있게 될 것입니다. 이러한 행위는 보고 있는 프로그램을 방해하지 않고 할 수 있는 멀티태스킹 행위입니다. 현재 소비자는 두 가지 또는 세 가지 매체를 동시에 활용하기 때문에 이와 같은 '토탈형 콘텐츠 광고 프로그램'이 나타나 커머스형 프로그램으로 발전 될 것으로 보입니다.

2) PR

현재, 마케팅, PR, 광고의 경계선이 명확치 않게 되는데, 이러한 현상이 지속 될 것입니다. 이런 상황에서 PR전문가들은 여러 분야에 적응할 수 있는 멀티 기술을 가져야 할 것으로 보입니다. 예를 들면, 소셜 미디어 전문가, 콘텐츠 마케터, 광고트렌드 전문가 등 동시 다발적인 전문가가 되어야 합니다(Talk Business, 2019).

Norcross (2018)는 PR 분야도 마찬가지로 테크놀러지로 인해 변화가 많을 것으로 예상하고 있다는 것입니다. 그렇지만 PR분야는 계속 지속될 것으로 예상하고 있고 PR분야가 앞으로 더욱 인쇄보다는 온라인 콘텐츠에 초점을 맞출 것으로 예측하고 있습니다. 그리고, PR의 미래에 대해서 많은 사람들이 공감대를 형성하고 즉각적 반응을 알 수 있는 온라인 미디어를 선호할 것으로 보고 있습니다. 이는 저널리스트적 PR보다는 소비자 중심적 접근으로 이동함을 의미합니다. 결국 온라인 환경에서 빨리 적응해서 소비자에게 공감을 얻는 콘텐츠를 만들어 내는 것이 PR분야에서 중요한 일이 될 것으로 보입니다.

강함수(2016)는 이제 미래의 PR를 언급하면서 브랜드미디어가 되기를 제안하고 있습니다. 이제는 기업의 관련 정보가 어느 매체에 실려 노출되기가 바라기 보다는 좋은 콘텐츠를 만들어 미디어, 소비자, 관련 기관이 자신들의 브랜드로 끌어오라고 제안합니다. 이 생각에 전적으로 동의하게 됩니다. 이제 과거의 틀에서 본 PR이 아니고 직접 매체를 운영하여 좋은 콘텐츠를 생산하여 관련 개인, 기관들이 이 콘텐츠를 보고 전파할 수 있도록 해야 할 것입니다. PR회사는 이러한 일을 도울 수 있는 인재와 환경이 필요하다고 생각합니다.

위와 같은 환경에서 PR분야는 앞에서 언급한 것처럼 소셜미디어, 측정, 인플루언서, 멀티미디어, 관계, 인게이지먼트가 중요해지며 광고와 경계가 허물어지며 계속 진화, 발전하리라 예측해봅니다.

그림 12.8 미래의 뉴스 시청 장면
〈출처〉 Orchardpr.com

3) 결론

위에서 광고와 PR를 나누어 정리했지만 이 경계가 앞서서 말한바와 같이 허물어질 것입니다. 아울러, 두 분야 공통으로 디지털된 시대에서 빅데이터, 인공지능 등 새로운 테크놀로지로 인해 빠른 변화를 맞이할 것입니다. 이런 테크놀로지를 적극 이용하는 환경에 적응하여 응용된 프로그램, 솔루션 등이 만들어질 것입니다. 이렇게 하기 위해 이 두 분야는 이 환경에 맞는 인재 양성을 서둘러야 하며 데이터를 분석할 수 있는 인재를 유입해야 할 것입니다. 사실 광고PR 산업이 현재와는 다른 형태로 성장할 것으로 봅니다. 지금으로 보면 광고PR산업처럼 보이지 않는 사업이 나타날 수 있습니다. 그렇지만 광고PR과 관련이 있다면 광고PR산업으로 끌어와야 할 것입니다. 그래야만 광고와 PR은 새롭게 맞이하는 환경에서 진화, 발전할 것입니다.

저자소개

심성욱 교수
(한양대학교 광고홍보학과)

현재 한양대학교 광고홍보학과에 재직 중이며, 디지털 미디어, 디지털 사이니지론, 브랜드커뮤니케이션을 가르치고 있다. OOH(Out of Home)광고, 디지털 광고 관련 연구 활동을 하고 있다. 2014년-2016년 한국OOH광고학회장을 역임했으며 현재 한국광고홍보학회 부회장으로 활동하고 있다.

4부

광고와 PR을 전공한 12명의 선배들과 직업세계

반갑다

광고와 PR!

광고와 PR 전공을 생각하는 학생들을 위한 필독서

이름
박수인

졸업학교 및 학과(부)
선문대학교 미디어커뮤니케이션학과

졸업 년도
2016년

현 재직중인 기업명 및 경력
프리즘커뮤니케이션

#1. 간단한 자기소개 (출신학교, 학과, 학번 등) 및 프로필 (직장경력 등)

안녕하세요. 선문대학교 언론광고학부 광고홍보학과 졸업생 10학번 박수인이라고 합니다. 현재 프리즘커뮤니케이션이라는 홍보대행사에서 근무하며 언론홍보 업무를 담당하고 있습니다.

저는 재학 당시 2학년을 2학기를 마치고 약 1년간의 휴학 기간 동안 호주 워킹 홀리데이 프로그램을 통해 해외 경험을 쌓았으며, 복학 후 산학 인턴으로 광고대행사에서 근무한 경험이 있습니다.

2016년도 졸업 이후 현재 재직 중인 회사에 취직, 올해로 4년 차 홍보인 생활을 하고 있습니다.

#2. 현재 다니고 있는 회사 소개 및 업무소개

저희 프리즘커뮤니케이션은 홍보대행사로서 언론홍보, 디지털PR, 프로모션, 마케팅PR, 이벤트, 캠페인, 위기관리 등 다양한 PR 전략을 통한 통합 마케팅 커뮤니케이션(IMC)을 제공하고 있습니다. 제약, 공공, 통신, IT, 식음료, 교육 등 다양한 분야의 PR 실무 경험을 갖추고 있으며 대표적인 고객사로는 자동차, 아웃도어, 학생복, 화장품, 악기 및 음향 전문 기업 등의 브랜드와 파트너십을 맺고 있습니다.

저는 프리즘에서 언론홍보 담당 AE로서 고객사가 원하는 홍보 전략을 제안하고 그에 맞는 흥미로운 기사 발굴을 통해 기업을 알리는 역할을 하고 있습니다. 전략에 따라 보도자료, 기획자료 등의 기사 작성을 주로 하며, 때에 따라 오프라인 프로모션, 캠페인 활동 등 다양한 PR 업무를 진행하고 있습니다.

#3. 학교를 다니면서 가장 기억에 남는 일

아직도 동기들끼리 만나면 항상 나오는 얘깃거리 중 하나인 일명 '검은 눈물' 사건이 제일 기억에 남습니다. 저는 솔직히 1,2학년 때 수업을 열심히 듣는 모범생은 아니었었습니다 부끄러운 일이지만 일명 자체 공강이라 칭하는 땡땡이도 많이 치고 놀기에만 바빴습니다.
그러던 어느 날 저와 수업을 같이 듣던 절친한 친구 중 한 명이 저에게 서운한 감정과 더불어 친구가 나쁜 길로 빠지는 걸 볼 수 없다며 저를 위해 눈물을 흘려주었습니다. 저는 너무 놀라고 감동받았었습니다.
하지만 감동도 잠시 그 당시는 눈 화장을 진하게 하는 스모키 화장법이 유행할 때인지라 눈물을 흘리는 친구의 얼굴은 마치 드라마에서 자주 나오는 실연당한 여주인공 꼴이 되어있었습니다. 울던 친구도 감동받았던 저도 그 모습을 보고 동시에 빵 터졌던 기억이 납니다. 그때 제 친구의 검은 눈물로 인해 저는 정신을 똑바로 차리는 계기가 되었고, 성적 우수 장학금까지 받으며 건강한 대학생활을 마무리하였습니다.

#4. 학교 전공 수업 (광고 또는 PR수업)을 들으면서 본인이 좋아했고, 지금 업무를 하면서 도움이 되는 수업 소개

3학년 때 PR작문 수업이 있었습니다. 말 그대로 글을 어떻게 써야 하는지를 배우는 수업으로 과제 중 하나가 조별로 어느 기업의 홍보팀이 되었다는 가상의 상황 아래 여러 가지 글을 써보는 것이었습니다.
저와 저희 조원들은 그 당시 최고의 인기 예능 프로그램인 '꽃보다 할배'와 '삼시세끼'를 합친 '꽃보다 삼시세끼'라는 가상 프로그램의 홍보팀이 되어, 제작 발표회 때에 쓰일 연설문, 첫 방송 후 나갈 기획 자료, 촬영 중 일어난 불미스러운 이슈로 인한 사과문 등 다양한 글을 써 과제로 제출했었습니다.
지금 와서 생각해보니 홍보 일을 하면서 작성해왔던 수많은 자료들을 그때 처음 써봤던 것 같습니다. 자료 작성이야말로 현업에서 가장 기본적으로 갖추어야 하는 기술이며, 수업 때 배운 기초 이론과 작문 실습 등이 현재 제가 하는 업무에 크게 도움이 되고 있습니다.

#5. 광고/PR을 전공으로 대학에서 공부하려는 후배들에게 해주고 싶은 말

광고와 홍보, 홍보와 광고, 현시대에는 통합 마케팅 커뮤니케이션으로 업종간 경계가 모호해지고있다고 하지만, 예비 전공자 또는 예비 현업 종사자로서 둘의 기본 개념 차이를 정확히 알았으면 좋겠습니다. 그래야 내가 무엇을 잘하며, 무엇이 하고 싶은지 파악이 가능하기 때문입니다.
인턴사원으로 지원하는 친구들을 보면 '광고대행사인 줄 알고 지원했다', '홍보대행사가 무슨 일을 하는지 정확히 모른다'라는 경우가 꽤나 많습니다. 광고와 홍보를 딱 나누어 역할을 가르자는 것이 아닌 광고 · 홍보 전문가로서 학문의 시작점을 정확히 이해하고, 이에 자신만의 생각과 경험으로 살을 붙여 가다 보면 훌륭한 광고 또는 홍보인으로 성장할 수 있다고 생각합니다.

#6. 본인의 향후 계획 및 포부 (목표 또는 지향점)

현업 종사자들끼리 흔히 '업계가 좁다'라는 말을 많이 합니다. 연차가 쌓이고 업계에 계속 몸을 담고 있다 보면 (보통 한 다리만 건너면) 그 사람의 일에 대한 역량 및 평판을 쉽게 알 수 있어 나온 말입니다. 다소 부담스러운 상황이 될 수도 있지만 반대로 내가 열심히 잘하면 나의 역량을 쉽게 알릴 수 있는 업계라고 생각합니다.

나중에 누군가가 제 이름을 거론하며 '그 친구 어때?'라고 물었을 때, '아, 그 친구 일 잘하지!'라는 소리를 듣는 것이 제 단기간의 목표입니다. 어떻게 보면 단편적이고 일차원적인 목표일 수도 있습니다. 하지만 단편적이고 일차원적인 것이 가장 중요한 것이라 생각합니다. 앞으로 홍보 전문가로서 어떠한 상황에서도 유연한 대처가 가능한, 말 그대로 '일 잘하는 홍보인'이 되는 것이 저의 계획입니다.

이름
박시윤

졸업학교 및 학과(부)
성신여자대학교 미디어커뮤니케이션학과

졸업 년도
2018년 2월

현 재직중인 기업명 및 경력
맥켄월드그룹 AE 2년차

#1. 간단한 자기소개 (출신학교, 학과, 학번 등) 및 프로필 (직장경력 등)

성신여자대학교 미디어커뮤니케이션학과에 12년도에 입학하여 18년도 2월에 졸업과 동시에 맥켄 월드그룹에 입사했습니다. 현재 입사 2년차로 코카콜라 AE로 근무 중에 있습니다.

#2. 현재 다니고 있는 회사 소개 및 업무 소개

맥켄월드그룹은 세계적인 종합광고대행사인 Interpublic Group의 자회사로 전세계 131개국 205개 도시에 지사를 둔 세계 최대의 네트워크를 자랑하는 다국적 광고 대행사입니다. 광고기획자는 광고주와 광고대행사 사이의 실질적인 책임자로서 광고주와 광고회사가 원활한 관계를 가지도록 하는 역할을 담당하고 광고전략부터 제작에 이르기까지 그 중심에서 소통의 창구역할을 하며, 광고주 제작팀 프로덕션 등 관계자들의 의견을 조율하고 합의해 좋은 결과물을 만들기 위해 노력합니다.

#3. 학교를 다니면서 가장 기억에 남는 일

대외활동) 애드플래쉬라는 4대 광고동아리에 들어가기 위해 밤새 면접 준비를 하고, 동아리에 들어가 팀원들과 함께 밤을 지새우며 공모전을 준비하던 그 체력과 열정 가득했던 날들이 가장 기억에 남습니다. 학교와 대외활동을 병행한 것이 시야를 넓혀주는 데 조금이나마 도움이 되었던 것 같습니다.

#4. 학교 전공 수업 (광고 또는 PR수업)을 들으면서 본인이 좋아했고, 지금 업무를 하면서 도움이 되는 수업 소개

광고인으로서 가장 중요한 자질 중 하나는 자신의 생각을 다른 사람이 이해하고 받아들일 수 있도록 하는 능력입니다. 그런 차원에서 커뮤니케이션연구방법론 및 설득 커뮤니케이션 수업은 지금까지도 도움이 많이 되는 수업입니다. 설득 커뮤니케이션 수업은 청중에게 자신이 하고자 하는 말을 어떻게 잘 전달할 수 있는가를 배웁니다. 다양한 제스

쳐와 말투, ppt 구성을 통해 듣는 이로 하여금 자신에게 이목을 집중시키는 법을 터득했습니다.
커뮤니케이션 연구 방법론은 매년 새롭게 주어지는 프로젝트 과제 하에서 팀 단위로 모여 과제를 수행하는 학생들의 자발적인 참여를 유도하는 수업이었습니다. 팀원들과 생생한 아이디어를 만들기 위한 전략을 흥미롭게 고민할 수 있는 시간이었습니다. 단순히 이론만 듣고 필기만 하는 것에 그치지 않고 직접 캠페인을 진행하는 사람의 입장으로서 문제를 해결할 수 있는 실현 가능한 상상력을 해보며 전략적 사고의 기반을 다질 수 있었습니다.
광고 회사의 초년생으로서 많은 대중 앞에서 자신의 전략을 내세울 일은 많지 않습니다. 우선 제 옆의 사수와 팀장님부터 설득시키는 것이 관건입니다. 앞서 말한 두 수업에서 했던 경험이 있기에 제안서를 만들기 위한 아이디어를 생각하고 말할 때면 기죽지 않습니다. 커뮤니케이션 연구 방법론에서 배운 전략적 사고와 설득 커뮤니케이션 수업에서 들은 다른 사람의 관심을 높이는 말하는 기술들은 회의 시간에 단순한 고개만 끄덕이는 설득을 넘어 충분한 납득까지 시킬 수 있는 기회를 만들어줬습니다.

#5. 광고/PR을 전공으로 대학에서 공부하려는 후배들에게 해주고 싶은 말

물론 광고/언론학 전공이 타 전공보다는 상대적으로 광고회사에 많은 것은 사실이나. 얼마나 그 분야에 관심을 가지고 열정적인지, 그리고 얼마나 많이 직접 제작/기획 해본 경험과 능력을 갖고 있는지가 전공보다 더 중요하다고 생각합니다.
최대한 많이 다양하게 읽고 경험해보는 것을 추천 드립니다. 하지만 스펙에 도움이 될만한 이력 한 줄에 목숨 걸지 않았으면 좋겠습니다. 다양한 경험들을 통해서 자신의 내력을 키울 수 있겠지만 단순히 그런 활동들로 자신이 뭔가 하고 있다라고 자신을 위안하는 것은 아무런 의미가 없습니다. 다양한 공모전을 많이 했다는 것보다 한 두개를 하더라도 도전했다는 사실, 혹은 그 과정 속에서 얻은 것이 중요합니다.

#6. 본인의 향후 계획 및 포부 (목표 또는 지향점)

디지털 기술이 비약적으로 늘어나면서 광고의 역할과 방식도 많은 변화가 이루어지고 있습니다. AE로서 변화되는 디지털 환경 속에서도 잘 적응을 하는 얼리어답터가 되려고 합니다. 여전히 중요한 기획력과 창의력을 키우는 것은 물론 브랜드와 소비자의 데이터를 겸비한 최적의 광고를 제작할 수 있도록 다양한 매체의 활용법과 디지털 기술에 대해 관심을 가지고 배워 나가려 합니다.

이름
박주연

졸업학교 및 학과(부)
건국대학교 미디어커뮤니케이션학과

졸업 년도
2017년

현 재직중인 기업명 및 경력
Forever21(2년차)

#1. 간단한 자기소개 (출신학교, 학과, 학번 등) 및 프로필 (직장경력 등)

안녕하세요, 건국대학교 미디어커뮤니케이션학과 13학번(201313165) 박주연입니다. 전세계 단 한 사람과의 지문이 일치 할 수가 없는 것과 같이, 하나의 작품에 대해서 모든 사람의 관점이 다르다는 것에 흥미를 느꼈습니다. 저 또한 그러한 작품을 기획하여 사람들의 마음을 움직여보고자 국제학부로 입학하여 2학년 때 바로 미디어커뮤니케이션학과로 전과했습니다. 졸업과 동시에 디지털 광고 대행사인 제일평타이에 입사하여 실무 경험을 쌓았습니다. 광고 대행사에서 소셜 캠페인 운영, 플랫폼 구축 등 다양한 프로젝트를 하며 무엇에 끌리는지 알아갔습니다. 결국엔 하나의 브랜드만을 위한 인하우스 마케팅팀으로 이직하였습니다.

#2. 현재 다니고 있는 회사 소개 및 업무소개

미국계 글로벌 패션유통 회사인 Forever21 이커머스 마케팅팀에 근무 중입니다. 현재 국내에는Forever21 명동점과 홍대점이 오프라인 매장으로 있습니다. 고객 구매 데이터를 기반으로 퍼포먼스를 분석하고, 그를 통해 인사이트를 발굴하고 프로모션 기획 및 마케팅 전략을 구상합니다. 소셜컨텐츠 운영, 카카오플러스 메시지, 뉴스레터와 앱 푸시 컨텐츠를 기획 및 제작하여 발송하는 등 다양한 브랜드 캠페인, 고객관리 마케팅을 주업무로 진행하고 있다.

#3. 학교를 다니면서 가장 기억에 남는 일

조별과제가 주인 핵심교양 〈창의적 사고와 표현〉 때 만난 조원들과 함께한 4학년 마지막 학기가 가장 인상적입니다. 조별과제가 가장 많았던 수업이지만, 가장 즐거웠던 수업이라고 해도 과언이 아닐 것 같습니다. 1학년 새내기부터 복학생 오빠까지 조원 8명 중 단 한 명이 전공이 겹치지 않았습니다. 처음에 조 편성을 당시에는 막연했지만, 관점이 전부 다른 조원들과 끊임없이 대화하고 알아가며 친해졌습니다. 나중에는 수행하는 과제에 대하여 더 좋은 결과물을 보이고 싶은 욕심을 내었습니다. 수업시간 3시간이 짧아, 끝나고도 종종 저녁식사를 하며 좋은 관계를 유지하였습니다.

#4. 학교 전공 수업 (광고 또는 PR수업)을 들으면서 본인이 좋아했고, 지금 업무를 하면서 도움이 되는 수업 소개

조원들과 과제를 통해 제안서를 쓰고 발표를 하는 〈광고기획실무〉 전공수업이 가장 좋았습니다. 인사이트에서 전략화까지 많은 시간이 필요했지만, 최종 제안서로 정리되었을 때는 뿌듯했습니다.

광고대행사에서는 제안서를 써야 하는 일이 많습니다. 전공수업 때 기획서를 쓴 것과 동일한 맥락이었습니다. 완벽하다고 생각된 컨셉에 상사가 부정적인 피드백을 주어 새로 시작하여야 할 때, 동료들과 며칠간 밤새 제안서를 쓰고 날 때, 지치고 피곤하기도 했습니다. 하지만, 프로젝트를 수주한 기쁨은 말로 표현 할 수 없는 희열과 성취감을 주었습니다. 회사에서의 업무는 전공 수업에서 배운 내용들에 대한 연장선이었다.

#5. 광고/PR을 전공으로 대학에서 공부하려는 후배들에게 해주고 싶은 말

주변에 휩싸여 그들을 따라가 본인이 하고 싶은 것을 놓치기보다, 시간이 조금 걸리더라도 자신이 진정으로 갈망하고 달성하고 싶은 목표에 대하여 꾸준히 고민해보고 노력하는 것이 중요한 것 같습니다. 또한, 실무 경험을 통해 본인이 생각했던 바와 동일한지, 사전에 경험을 할 수 있으면 본인의 꿈을 구체화하는데 큰 도움이 되는 것 같습니다. 대학생활을 즐기더라도, 좋아하는 것과 하고 싶은 것과 잘하는 것을 빠르게 찾고 꿈을 달성하기 위해 차근차근 준비하여 일치시킬 수 있길 바랍니다.

#6. 본인의 향후 계획 및 포부 (목표 또는 지향점)

모든 경험에는 배울 점이 항상 있다고 생각합니다. 그 당시에는 몰랐지만, 전공 수업들은 실무경험을 하기 전에 밑거름이 되어주었으며 과제, 동아리 생활, 인턴 등 사소한 사건 또한 다 의미가 있었습니다.

경력을 쌓은 후, 마케터로써 더욱 더 전문성을 키우고자 대학원 진학을 통해, 조금 더 깊이 있는 연구를 해보고 싶습니다. 빠르게 변화하는 글로벌 시장의 트렌드를 파악하고 그에 적합한 마케팅 전략을 습득하여 추후에 더욱 더 영향력 있는 캠페인을 기획하고 싶습니다. 또한, 업계 종사자들과의 네트워킹을 통해 직무에 애착을 갖고 사고를 확장하고자 늘 노력 할 것입니다.

이름
최재영

졸업학교 및 학과(부)
숙명여자대학교 홍보광고학과

졸업 년도
2019년 2월

현 재직중인 기업명 및 경력
홍보대행사 피알원

#1. 간단한 자기소개 (출신학교, 학과, 학번 등) 및 프로필 (직장경력 등)

숙명여자대학교 홍보광고학과 13학번 최재영입니다. 6년 전 광고에 대한 꿈을 안고 대학에 입학하여 지금은 홍보대행사에서 디지털 PR AE로 일하고 있습니다. 대학 시절에는 광고 동아리와 PR 학회, 대학생 기자단, 공모전 참여 등 대학생으로서 할 수 있는 많은 것에 도전했습니다. 광고와 홍보에 구분을 두지 않고 다양한 분야와 주제에 관심을 갖고 경험했습니다. 이후에는 기업 홍보실과 홍보대행사에서 인턴으로 근무하며 언론홍보와 디지털 홍보에 대한 실무를 배웠습니다.

#2. 현재 다니고 있는 회사 소개 및 업무소개

홍보대행사 피알원은 빠르게 변화하는 미디어 환경에 맞춰 토탈 커뮤니케이션 서비스를 제공하고 있습니다. 언론매체를 통한 퍼블리시티뿐만 아니라 PR 컨설팅, 위기관리, 디지털 PR 등 다각도의 PR 서비스를 제공합니다. 그 중, 저는 디지털 PR팀에서 소셜 미디어 업무를 담당하고 있습니다. 고객사의 SNS 채널을 운영하며 브랜드의 이미지를 관리하고 대중과 소통하는 업무를 합니다. 주요 업무로는 SNS 채널 모니터링과 SNS 운영 기획 및 관리, 콘텐츠 제작 등이 있으며, 이외에도 소셜 미디어 운영의 전반적인 업무를 하고 있습니다.

#3. 학교를 다니면서 가장 기억에 남는 일

대학생활 중 가장 기억 남는 일은 고교생 전공체험 행사인 PRAD캠프를 진행한 것입니다. PR 학회 활동 중 하나로 학과 내 다양한 학회, 교수님, 외부 업체와 협업하여 행사 기획과 진행, 홍보, 협찬까지 모든 것을 학생들의 힘으로 진행했습니다. 학과 대표 행사라 규모가 크고 신경 써야 할 것이 많아 힘들었지만, 그 보다 얻는 것이 많은 경험이었습니다. 오고 가는 피드백 속에서 배운 것이 많고, 학생으로서 실무와 가장 유사한 경험을 할 수 있는 기회였습니다. 그리고 같은 꿈을 꾸는 후배들에게 진로 선택에 도움을 줄 수 있어 뿌듯하고 의미 있는 시간이었습니다.

#4. 학교 전공 수업 (광고 또는 PR수업)을 들으면서 본인이 좋아했고, 지금 업무를 하면서 도움이 되는 수업 소개

제가 가장 흥미롭게 들었던 수업은 '뉴미디어 광고론'입니다. 해당 수업을 통해 변화하는 미디어 환경에서 필요한 새로운 마케팅 이론과 다양한 사례를 접했습니다. 더불어 새로운 것에 대한 지속적인 학습 필요성도 깨달았습니다. 수업에서 보고 들은 사례들은 현재까지도 콘텐츠 아이데이션에 큰 도움이 되고 있으며, 당시 얻은 학습에 대한 동기는 제가 트렌드에 뒤처지지 않는 디지털 PR AE로서 성장할 수 있도록 도움을 주고 있습니다.

#5. 광고/PR을 전공으로 대학에서 공부하려는 후배들에게 해주고 싶은 말

다양한 경험에 대한 중요성을 전하고 싶습니다. 본인의 관심 분야에 대해 자세히 알고 있는 것 역시 유익합니다. 다만, 분야를 구분 짓는 것 보다 여러 사람을 만나 대화를 나누고, 많은 주제에 대해 생각하는 것이 AE로서 일하는 데 많은 도움이 되는 것 같습니다. 실무를 하며 가장 많이 느낀 것이 어떤 일이든, 예측 가능한 상황이 많지 않다는 것입니다. 마주하는 난관을 원만하게 해결하는 것이 AE의 역할인 만큼 다양한 경험이 보다 많은 상황을 능숙하게 대처하는 힘을 길러 준다고 생각합니다.

#6. 본인의 향후 계획 및 포부 (목표 또는 지향점)

저는 젊음을 잃지 않는 것이 목표입니다. 첫째로 정신적인 젊음을 유지하고 싶습니다. 익숙한 것만 보고 들으면 늙는다고 합니다. 늘 새로운 것에 대한 궁금증을 잃지 않으며, 다양한 세대와 공감하고 소통하는 AE가 되고 싶습니다. 더불어 체력적인 측면에서의 젊음을 유지하고 싶습니다. 건강을 잃지 않아야 오랫동안 꿈꿔 온 일, 좋아하는 일을 지속할 수 있습니다. 모든 일의 기반이 되는 체력과 굳지 않는 말랑말랑한 생각으로 현업에서 롱런하고 싶습니다.

이름

한동근

졸업학교 및 학과(부)

동국대학교 광고홍보학과

졸업 년도

2015년

현 재직중인 기업명 및 경력

네이버 (5년차)

#1. 간단한 자기소개 (출신학교, 학과, 학번 등) 및 프로필 (직장경력 등)

동국대학교 광고홍보학과 08학번으로 입학해서 15년도 여름에 졸업한 한동근입니다. 같은 해 4월에 먼저 네이버에 입사해 현재 5년차에 접어들었습니다. Public Relations, 쉽게 말해 홍보실에서 근무하며 언론 기자들을 대상으로 한 언론홍보 업무를 팀원분들과 함께 진행하고 있습니다. 네이버 입사 전에는 공모전을 통해 외국계 카메라 제조사인 캐논코리아에서 마케팅팀에 잠시 인턴으로 근무하기도 했습니다. 졸업 전에는 지금의 여러분들처럼 공모전, 교환학생, 조그만 규모의 미디어 스타트업에서의 인턴을 경험하기도 했습니다.

#2. 현재 다니고 있는 회사 소개 및 업무소개

지금 이 글을 읽고 계신 분들을 포함해 대한민국의 거의 모든 사용자들이 매일 정보를 검색하고, 뉴스나 웹툰을 보고, 스포츠 결과를 보며, 때로는 맛집 정보를 찾기도 하는 검색 엔진 기업인 네이버에 다니고 있습니다. 글로벌 메신저 라인, 웹툰, 카메라 앱 스노우로도 유명한 글로벌 인터넷 기업이기도 합니다. 제가 맡고 있는 업무는 Public Relations, 쉽게 말해 홍보실에서 근무하며 언론 기자들을 대상으로 한 언론홍보입니다. 웹툰, 스노우와 같이 사용자들이 일상적으로 사용하는 서비스들의 언론홍보업무를 진행했었고, 현재는 주로 테크, 투자 분야의 언론홍보를 하고 있습니다.

#3. 학교를 다니면서 가장 기억에 남는 일

길게는 7년이라는 시간 동안 학교를 다니며 수많은 일이 있었던 터라, 어떤 하나를 고르는 것은 아무래도 어렵습니다. 전공과 관련된 수업을 듣고 공모전을 하며 선후배들과 밤을 세웠던 일, 식견을 넓히고 다양한 사람들을 만나볼 수 있었던 교환학생, 졸업 전 실제 회사에서의 업무는 어떤지 경험해보는 인턴 등 다양한 경험들이 기억에 남습니다. 하지만 무엇보다 정답이 없는 광고와 홍보라는 전공을 배우며, 내가 좋아하는 취미를 어떻게 접목해볼 수 있을까 고민할 수 있었다는 대학생활 그 자체가 아닐까 합니다. 하나 더 한다면, 아마 선후배들과의 수많은 술자리도 기억에서 지울 수 없을 것 같네요.

#4. 학교 전공 수업 (광고 또는 PR수업)을 들으면서 본인이 좋아했고, 지금 업무를 하면서 도움이 되는 수업 소개

PR, 언론홍보를 하는 입장이다 보니, 아무래도 PR문장론, PR캠페인과 같은 수업들과 관련이 깊었습니다. 그러나 요즘은 '광고'를 제공하는 네이버라는 플랫폼 회사의 특성상 통계나 조사와 관련된 '조사방법론' 수업을 들었던 경험들 역시 업무나 동향 파악에 많은 도움이 되고 있습니다. '광고는 그 자체로 좋은 정보'라는 광고홍보학과 수업의 명제 중 하나는 여기서도 크게 다르지 않은 것 같습니다. 트렌드를 분석하고 전략을 만들어 발표를 해야했던 수많은 조별과제 수업들의 경험 역시, 기자분들과 대화를 해야하는 업무에 도움이 되고요.

#5. 광고/PR을 전공으로 대학에서 공부하려는 후배들에게 해주고 싶은 말

회사나 업무마다 다르겠지만, 크게는 '커뮤니케이션'이라는 업무라고 볼 수도 있을 것 같습니다. 광고나 PR에 대한 전공지식은 충분히 대학교와 수업에서 배울 수 있고, 또 실제 업무를 통해 성장해나가는 경우 역시 많다고 생각합니다. 학교 수업을 통해 배울 수 있는 전공지식 외에 개인만의 취미나 누구보다 잘 할 수 있다고 자부할 수 있는 전문 분야를 쌓아 두시면 어떨까 합니다. 학교에서 배운 전공지식과 결합돼 분명 큰 시너지를 내리라 생각합니다.

#6. 본인의 향후 계획 및 포부 (목표 또는 지향점)

아직은 개인적으로나 업무적으로나 배울 것이 너무 많다고 생각합니다. 매일매일 한계에 부딪히기도 하고, 공부를 해서 발전해나가야 할 필요성을 느끼곤 합니다. 스스로 조금씩이나마 매일매일 어제보다 더 나은 사람이 될 수 있도록 노력하는 것이 현재의 계획이라면 계획입니다.

이름

우정수

졸업학교 및 학과(부)

상지대학교 미디어영상광고학부

졸업년도

2010년

현 재직 중인 기업명 및 경력

인연엔터테인먼트 창업(2009. 강원도 원주)
316 프로덕션 창업(2012. 경기도 성남)
316 커뮤니케이션 재직(사명 변경. 대표)

#1. 간단한 자기소개 (출신학교, 학과, 학번 등) 및 프로필 (직장경력 등)

상지대학교 미디어영상광고학부 200321023입니다.

2009년 10월 공동 창업으로 인연엔터테인먼트라는 사명으로 강원도 원주 상지대학교 내 창업 보육센터에서 창업을 하였습니다. 2012년 5월, 316 프로덕션이라는 사명으로 독립하여 개인 창업을 시작하여 2016년 사업 확장으로 316 커뮤니케이션으로 사명을 변경 후 현재에 이르고 있습니다.

#2. 현재 재직 중인 회사 소개 및 업무소개

316 커뮤니케이션은 종합 프로덕션으로 기업, 관공서의 홍보, 광고 영상을 기획에서부터 제작을 주 업무로 하고 있습니다. 그 외에도 기업 및 관공서 행사 시스템 오퍼레이터, 기업 바이럴 마케팅 기획 및 제작 등에 참여 하고 있습니다. 담당 업무는 영상 제작 총괄 프로듀서, 기획 행사 시스템 메인 오퍼레이터로 활동 하고 있습니다.

#3. 학교를 다니면서 가장 기억에 남는 일

저는 학생 때 모든 것을 즐길 수 있었습니다. 그리고 그렇게 할 수 있었던 가장 큰 이유는 전공 선택에 있었습니다. 어렸을 때부터 관심 있었고 하고 싶었던 것이 광고, 영상, 사진 등이었고, 관심이 가는 것을 배운 다는 것 자체가 즐거운 활동이었습니다. 밤샘을 하며 촬영을 하고 편집을 하고, 광고 수업을 들으며 기획하고 대회에서 수상 등 을 하며 즐거움은 배가 되었던 것 같습니다. 학교를 다니던 그 시절이 전부 하나하나 기억에 남는 생활이었습니다.

#4. 학교 전공 수업 (광고 또는 PR수업)을 들으면서 본인이 좋아했고, 지금 업무를 하면서 도움이 되는 수업 소개

저는 특별히 어떤 수업이 좋았다거나 도움이 되었다고 꼽기가 어렵습니다. 전공 수업은 특히 저의 모든 관심사를 담았던 것이고, 이론 수업이나 실습 수업 모두에서 지금 업무에서 사용 되는 전문 용어를 그때 배울 수 있었고, 실습과 병행 했던 PPT 제작, 기획, 발표 등이 모두 실무 업무에서 도움이 되고 있습니다. 영상 수업은 저에게 가장 큰 도움이 되었기에 창업에 이르렀습니다.

#5. 광고/PR을 전공으로 대학에서 공부하려는 후배들에게 해주고 싶은 말

너무 뻔한 이야기 같지만 일단 즐겨야 합니다. 즐기려면 그 속에서 정말 내가 즐기고 재미있어 하는지 봐야 합니다. 밤을 새고 기획을 했던 기획서가 어떠한 성과도 없이 끝날 때도 있고, 내가 만족 할 수 없는 영상이나 기획이 어떤 이들에게는 새로움과 자극을 줄 수 있는 기회가 되기도 합니다. 광고/PR을 할 때면 언제나 새로운 것을 찾아야 하고, 육체적으로나 정신적으로 너무나 힘이 들 때도 있습니다. 하지만 작은 즐거움과 만족을 찾을 수 있다면 그 어려움들이 만족으로 다가오는 순간을 느낄 수 있습니다. 무엇보다 자기가 즐길 수 있는 것을 업으로 삼는 다는 것이 최고의 행복이 아닐까 싶습니다.

#6. 본인의 향후 계획 및 포부 (목표 또는 지향점)

저는 사실 오늘이 마지막이라는 생각으로 삽니다. 그러하기에 하루를 헛되이 살 수 없습니다. 유명한 감독님이나 누구나 알법한 기획자는 아니지만, 길거리를 가다 우연히 마주치는 저의 영상이나, 누군가가 보고 만족 할 수 있다면 보람이 있을 것 같습니다. 광고홍보 영상을 비롯해 영상으로 세상을 밝게하는 영상쟁이가 되겠습니다.

이름

Jen Samartkijkul (젠)

졸업학교 및 학과(부)

이화여자대학교 대학원 커뮤니케이션 · 미디어학과

졸업 년도

2017년

현 재직중인 기업명 및 경력

WeWork – Member Support Specialist

#1. 간단한 자기소개 (출신학교, 학과, 학번 등) 및 프로필 (직장경력 등)

안녕하세요, 저는 이화여자대학교 대학원 커뮤니케이션 · 미디어학과를 졸업하고 현재 위워크(https://www.wework.com/) 에서 일하고 있는 Jen(젠) 이라고 합니다.

태국의 대표적인 대학인 출라롱콘 대학교(Chulalongkorn University)에서 커뮤니케이션 아트를 공부하고, 졸업 후 여러 가지 일에 도전해본 뒤에 광고 커뮤니케이션 쪽이 저와 맞는다는 생각을 했습니다. 대학원에서 광고 · 마케팅 분야 공부를 더 해보고 싶다는 생각에 해외 대학원들을 찾아보았고 이화여자대학교의 커뮤니케이션 · 미디어학과가 유명하다는 것을 발견했습니다. 감사하게도 이화여자대학교는 장학금 제도가 잘되어 있어서 IES(International Exchange Scholarship) 장학금을 받고 학교를 다닐 수 있었습니다.

대학원을 졸업한 후 지스마트글로벌 광고사업팀에서 취직해서 뉴미디어 관련 업무를 담당했고 이직 후 현재는 글로벌 기업인 위워크의 Member Support팀에서 일 하고 있습니다.

#2. 현재 다니고 있는 회사 소개 및 업무소개

현재 다니고 있는 회사 위워크는 미국에서 시작된 세계 최대 공유오피스 회사입니다. 창립 9년 만에 전 세계에 425개 지점이 있으며, 2017년부터 소프트뱅크로부터 60억달러 규모의 투자를 받았습니다. 지금 제가 담당하고 있는 역할은 Member Support Specialist 입니다. 주요 업무는 우리 위워크 멤버분들의 다양한 문의를 파악하고 상담하고 응대를 하게 됩니다. 항시 멤버분들에게 이메일 또는 전화를 통해 도움을 드려야 하기 때문에 커뮤니케이션 스킬이 가장 중요하다고 생각합니다.

#3. 학교를 다니면서 가장 기억에 남는 일

모국을 떠나 해외에서 혼자 공부하고 생존해야 했기 때문에 행복한 기억과 힘들었던 모두 있었습니다. 가장 좋은 기억은 다양한 학회에서 논문 발표했던 기억입니다. 제가 관심을 가지고 있는 연구주제(research topic)에 대해 다른 사람들과 공유할 수 있어서 재미

있고 또 의미도 있는 기회가 되었습니다.

#4. 학교 전공 수업 (광고 또는 PR수업)을 들으면서 본인이 좋아했고, 지금 업무를 하면서 도움이 되는 수업 소개

〈광고심리학 세미나〉 수업을 가장 좋아합니다. 소비자의 숨은 심리를 분석하는 수업이었는데 흥미롭기도 했고 또 신기하기도 했습니다. 이 수업 덕분에 주어진 업무를 바라보는 시각이 넓어지고 고객과 소비자를 더 잘 이해할 수 있게 되었습니다.

#5. 광고/PR을 전공으로 대학에서 공부하려는 후배들에게 해주고 싶은 말

커뮤니케이션과 광고/PR 과정을 공부하면서 정말 재미있지만 그래도 가끔도 지치고 힘들었습니다. 하지만, 노력하는 것에 대한 보상은 반드시 온다고 믿습니다. 그 믿음을 가지고 성실하게 공부를 하신다면 원하시는 꿈을 꼭 얻을 것이라고 확신합니다.

그리고, 바로 여러분의 삶을 충분히 즐기고 항상 자신의 꿈을 위해 도전했으면 좋겠습니다.

#6. 본인의 향후 계획 및 포부 (목표 또는 지향점)

저는 회사에서 경력을 더 쌓은 뒤에 기회가 된다면 광고 커뮤니케이션 분야 박사과정에 진학해 공부를 지속하고 싶습니다. 그리고, 학위를 마치고 미래에 교수가 된다면 제 지식과 경험을 다른 사람들과 공유하며 또 세상에 도움이 되고 싶습니다.

이름
고헌

졸업학교 및 학과
단국대학교, 언론영상학부 광고학과

졸업년도
2012년

#1. 간단한자기소개(출신학교,학과) 및 프로필(직장경력 등)

안녕하세요! 저는 단국대학교에 2006년도에 입학하여 언론영상학부(현 커뮤니케이션학부)를 졸업한 고헌이라고 합니다. 2012년 대학교졸업과 동시에 광고학 전공으로 대학원에 진학하여 기존에 배우던 광고/PR 및 커뮤니케이션에 대한 학문을 조금 더 깊이 있게 학습하다가 2013년 상반기에 현재 몸 담고 있는 이곳 CJ파워캐스트에 입사하여 7년째 업무를 진행 하고 있습니다.

#2. 현재 다니고 있는 회사 소개 및 업무소개

제가 다니고 있는 CJ파워캐스트라는 회사는 주로 B2B 업무가 메인 이기에 제일제당, ENM, CGV 등과 같이 우리에게 친숙한 이름의 회사는 아닙니다. 주요 업무는 방송송출/디지털사이니지 구축 및 운영/콘텐츠 기획 및 영화 디지털 색보정 등이 있습니다. 그 중에서도 제가 속해 있는 디지털사이니지 사업은 흔히 우리가 옥외광고라고 칭하는 OOH 미디어들의 개발부터 판매까지 한번에 진행하는 업무라고 보시면 됩니다. 일반적인 고정형 이미지의 옥외 광고물들을 디지털패널로 전환하여 새로운 미디어를 만드는 일, 삼성역 사거리 SM타운에 위치한 K-POP스퀘어 미디어 등과 같이 기존에는 없던 국내 최대 규모의 새로운 미디어를 만드는 일 등을 하며 다양한 광고주들에게 최적화된 미디어 플래닝을 제공하고 판매합니다.

#3. 학교를 다니면서 가장 기억에 남는 일

공강 시간에 선후배, 동기들과 삼삼오오 모여 야외에서 마시던 막걸리 맛이 가장 선명하게 남은 기억이지만 이 책에서 다뤄야 할 내용은 아니겠죠?
아무래도 광고 혹은 마케팅이라는 것이 경제, 소비자 심리, 유통, 최신 트렌드 등이 총 망라되어 있기에 그에 맞게 다양한 학문의 공부를 했던 게 기억이 많이 남는 것 같습니다. 또한 전공 외에도 교양 수업을 최대한 많이 들었습니다. 꼭 제 전공과 관련 없다 하더라도 제가 개인적으로 관심이 많은 분야의 교양수업들을 많이 들었는데 아직도 수영, 재즈의 이해, 우리전통 술과 음식, 구강 건강 관리, 원예치료 등의 수업 내용은 아직도 선명하게 기억나고 많은 도움이 되었던 것 같습니다.

#4. 학교 전공 수업(광고또는PR수업)을 들으면서 본인이 좋아했고, 지금 업무를 하면서 도움이 되는 수업 소개

기업의 마케팅 실무자와 컨텍하여, 향후 있을 광고 캠페인의 컨셉 및 메시지를 공유 받은 후에 수업에 참여하는 학생들과 팀을 구성하여 실제 마케팅 기획서를 작성했던 수업이 기억에 많이 남습니다. 수업 중간중간 교수님 그리고 학생들에게 피드백을 받으면서 기획서 내용들을 수정하고, 발표준비를 하며 같은 팀 학생들과 밤을 지새기도 하면서 많은 추억들도 쌓고 한 회사의 광고 마케팅 실무자가 된 느낌으로 열심히 참여 했던 기억이 납니다.

#5. 광고/PR을 전공으로 대학에서 공부하려는 후배들에게 해주고 싶은 말

처음에는 단지 재미있을 것 같아서, 세련되어 보이고 멋있어서, 창의적이고 즐거워 보여서 등등 광고하면 떠 오르는 이미지들 때문에 관련 학부를 선택하는 학생들이 많습니다. 맞아요 정말 쿨하고 감각도 좋아야 하고 누구보다도 트렌드에 민감해야만 하는 직종 입니다. 또한 일하는 분야도 다양합니다. 기획자, 플래너, 디자이너, 카피라이터, 바이어 등 그리고 본인이 광고주가 될 수도 있고 대행사 혹은 매체사에서 일하게 될 수도 있습니다. 내가 꼭 광고 관련 학부에 진학하고 싶다면 관련 서적이나 인터넷을 통한 정보를 많이 찾아보길 추천 드리며, 진학 후에도 자신이 어떤 업무가 나에게 맞을지 다양한 방면으로 탐색 후 진로를 결정하면 좋을 듯 합니다. 미디어 트렌드가 급속히 변하고 있고 디지털이 발전하면서 광고와 관련된 새로운 업종도 앞으로 지속적으로 생겨 날 가능성이 높기 때문에 항상 미디어와 트렌드를 잘 캐치 하시기 바랍니다!

#6. 본인의 향후 계획 및 포부

저는 앞으로 이곳에서 우리 나라의 OOH 미디어의 발전을 위해 함께 열심히 달려 볼 예정입니다. 그 누구도 시도 하지 않았던 미디어의 구축은 물론 온/오프라인의 인터랙티브를 통한 시너지로 재미있는 광고를 진행해보기도 하고 기존에 없던 OOH미디어 형태나 소재를 통해 바이럴되어 광고대상을 받을 수 있을 만한 다양한 캠페인을 제안 해보고 싶습니다.
이 글을 읽고 있을 많은 학생들과 언젠가는 꼭 함께 하길 바래요!

졸업생 소개

이름
황성하

졸업학교 및 학과(부)
한세대학교 미디어영상학부

졸업 년도
2017년

현 재직중인 기업명 및 경력
레인보우커뮤니케이션/4년차

#1. 간단한 자기소개 (출신학교, 학과, 학번 등) 및 프로필 (직장경력 등)

저는 2016년 6월, 신문방송학과 4학년 1학기 재학 중 공공 PR 전문 회사 ㈜레인보우커뮤니케이션에 산학인턴으로 입사했으니 이제 4년차가 됐습니다. 입사 시 PR 1본부 4팀으로 배정됐었으며, 당시 팀이 맡아 진행중이던 [소상공인시장진흥공단] 1시장 1특색 종합 PR, [한국산업인력공단] K-Move PR 사업 업무 등을 수행했습니다. 산학인턴 과정을 무사히 수료한 후에도 이러한 정부부처 정책/공공PR 업무를 지속해서 수행해오고 있습니다.

#2. 현재 다니고 있는 회사 소개 및 업무소개

저는 정책/공공PR 전문 회사인 레인보우 커뮤니케이션 정책/공공PR 부서에서 근무하고 있습니다. 정책/공공PR은 얼핏 듣기에 생소할 수 있으나, 조금만 관심을 갖고 주변을 둘러보면 생활 접점에서 굉장히 많이 목격할 수 있는 분야입니다. 보건복지부의 금연 캠페인, 환경부의 미세먼지 대책 PR 등이 정책/공공PR에 속합니다. 이러한 PR활동은 특정 정책을 시행하는 주무부처에 대한 인지도를 높이고, 해당 부처에서 시행하는 정책을 국민이 쉽게 이해할 수 있도록 다양한 채널을 통해 정책 정보를 전달하며, 이를 통해 주무부처는 물론, 국민들이 정책에 대해 긍정적 인식을 가질 수 있도록 합니다.

#3. 학교를 다니면서 가장 기억에 남는 일

대학 학보사 기자를 하면서, 동문이 운영하는 패션/의류 전문점을 방문해 인터뷰한 것이 기억에 남습니다. 특히 이를 바탕으로 첫 기획기사를 작성하면서 현장 목소리를 글로 풀어내 하나의 스토리로 만든 것에 성취감을 느꼈었습니다. 이러한 경험이 쌓이고 쌓여 지금 PR 전문가로서 일할 수 있는 기반이 마련됐다고 생각됩니다.

#4. 학교 전공 수업 (광고 또는 PR수업)을 들으면서 본인이 좋아했고, 지금 업무를 하면서 도움이 되는 수업 소개

PR 업무와 관련해 '미디어 기획과 운영' 수업이 큰 도움이 됐습니다. 이 수업에서 저는 인지도 높은 브랜드 기업의 환경분석을 통해 커뮤니케이션 전략 및 목표 설정하고, 공중들과 긍정적인 관계를 구축할 수 있는 커뮤니케이션 프로그램을 제안하고 발표했습니다. 비록 진행과정에서 전략 방향이 바뀌기도 했고, 이 때문에 팀원들과 함께 고통스러워했지만 해당 브랜드 (예: 스타벅스)에 대한 환경분석을 통해 브랜드와 공중 간 우호적 관계를 도출해낼 수 있는 독특한 전략을 구성해냈습니다. 특히 프로젝트 발표 후 느꼈던 긴장감은 지금도 온몸에 전율을 느끼게 합니다.

#5. 광고/PR을 전공으로 대학에서 공부하려는 후배들에게 해주고 싶은 말

공공PR 영역에서 일하다 보면 정부부처의 공무원이 사용하는 공무원 친화적 용어(이하 공친용)들을 자주 접하게 됩니다. 이들을 처음 마주하게 되면 굉장히 생소하며 거의 접해보지 않은 문장/표현도 많습니다. 정책/공공 PR에서 일하려면 이러한 공친용에 익숙해질 필요가 있습니다. 이를 위해 신문기사의 서브 타이틀과 본문을 유심히 읽어야 합니다. 신문기사를 많이 접하며 신문에 사용되는 어휘와 문장에 익숙해지면 자연스럽게 공친용과도 친해집니다. 또한 정부부처의 홈페이지를 들어가 각 기관의 '업무계획' 또는 '보도자료' 등을 학습해야 합니다. 업무계획, 보도자료에 사용된 어휘와 문장들은 공친용의 집합체이자 '정수'입니다. 특히 공친용은 PR 기획서/보고서 작성시 적합한 어휘와 문장을 적절하게 사용하기 위해 꼭 필요합니다.

#6. 본인의 향후 계획 및 포부 (목표 또는 지향점)

정책/공공PR 업무 종사자들은 정부와 정책수혜자 또는 국민 사이에 다리를 놓는 역할을 합니다. 제가 촬영한 사진이 중앙일간지 지면에 대문짝만하게 실리기도 했고, 제가 취재했던 기사 아이템이 채택돼 신문의 기사로 게재돼 놀란 경험도 있습니다. 기획했던 카드뉴스가 네이버 포스트에 게재돼 조회수 10만 이상을 기록하는가 하면, 여기에 무수한 댓글이 달리며 이슈가 돼 신기해하기도 했습니다. 국제 컨퍼런스에서 해외 연사와 기자들 간 인터뷰를 조율한 경험도 인상적이고, 인터뷰 내용이 기사화 된 것을 경험했을 때 그 성취감이 대단했습니다. 저는 현재도 길거리에서 흔히 볼 수 있는 캠페인, 지하철과 버스 또는 전광판에서 흘러나오는 광고 또는 이미지, 페이스북과 인스타그램은 물론 유튜브에서도 쉽게 찾아볼 수 있는 다양한 콘텐츠 등을 기획/제작하고 이를 오프라인, 언론, 온라인을 망라하는 미디어를 활용해 정부 정책을 알리고 있습니다. 앞으로도 정책/공공 PR 전문가로서 국민들과 효율적으로 소통하고 지속적으로 좋은 관계를 유지할 수 있는 커뮤니케이션 방안을 모색하는 PR 전문가가 되고자 합니다. 늘 새로운 결실을 맺고 이를 바탕으로 더 나은 미래를 만들어 가는 공공 커뮤니케이션 전문가가 되고자 합니다.

이름
임대환

졸업학교 및 학과(부)
홍익대학교 광고홍보학부

졸업 년도
2017년

현 재직중인 기업명 및 경력
카카오 (2017~현재)

#1. 간단한 자기소개 (출신학교, 학과, 학번 등) 및 프로필 (직장경력 등)

홍익대학교 광고홍보학부에 11학번으로 입학하여 2017년에 졸업했습니다. 대학교 4학년부터 디지털 에이전시 Dmajor의 인턴으로 업무를 시작한 후 고어텍스, 구글 플레이, 블리자드 등의 디지털 캠페인을 기획하는 AE로 1년 반을 근무했습니다. IT 분야에 관심이 많아 2017년 카카오로 이직했습니다. 카카오톡 선물하기의 서비스 마케터로 시즌 프로모션 기획 및 콘텐츠 기획을 담당하였고, 이후 브랜드센터로 소속을 옮겨 카카오 브랜드 마케터로서 새로운 영역을 경험 중입니다.

#2. 현재 다니고 있는 회사 소개 및 업무소개

카카오의 전사 마케팅 조직인 브랜드 커뮤니케이션 팀에서 마케터로 근무하고 있습니다. 브랜드 커뮤니케이션 팀은 카카오의 다양한 마케팅 활동의 전략을 수립하고 서비스 출시 및 업데이트에 대한 브랜드 캠페인 설계 업무를 담당하는 마케팅 조직입니다. 마케터, 카피라이터, 영상 디렉터, 에디터 등 다양한 분야의 전문가들과 함께 TVC 캠페인, 이벤트 페이지 제작, 캠페인 영상 기획 등 카카오의 브랜드를 알릴 수 있는 다양한 방법들을 고민하고 실행에 옮깁니다.

#3. 학교를 다니면서 가장 기억에 남는 일

2016년 학부에서 진행한 HUAF 행사의 총괄팀 경험이 기억에 많이 남습니다. HUAF는 홍익대학교 광고홍보학부 학생들이 행사의 모든 과정을 주관하는 대학생 광고제입니다. HUAF에 참여한 학생들은 학생 신분으로 쉽게 경험할 수 없는 다양한 실무 경험을 얻을 수 있습니다. 직접 광고주에게 행사 제안서를 보내고, 보도 자료를 작성하는 것은 물론 기업 실무자와 아이디어 미팅을 진행하기도 합니다. PR, 디자인, 기획, 영상 등 100여 명이 넘는 다재 다능한 학생들과 꼬박 1년을 준비한 행사를 마쳤을 때의 성취감은 학교생활 전체를 통틀어 가장 강렬한 경험이었습니다.

#4. 학교 전공 수업 (광고 또는 PR수업)을 들으면서 본인이 좋아했고, 지금 업무를 하면서 도움이 되는 수업 소개

학부 수업 중에서는 세일즈 프로모션 수업이 가장 기억에 남습니다. 이 수업의 최종 과제는 창신동 완구 거리의 소상공인을 위한 세일즈 프로모션을 기획하는 것이었습니다. 팀원들과 함께 완구점 사장님을 만나 고충을 듣고, 기획한 컨셉에 맞는 점포 홍보 페이지를 제작하는 등 다양한 방법으로 문제를 해결하고자 하였습니다. 이 과정에서 수업 때 배웠던 프로모션 이론들을 직접 적용해 볼 수 있었고, 기획안이 실현되는 모든 과정을 몸으로 부딪히면서 배울 수 있었습니다. 실제 실무에서도 기획안 실행 시 발생하는 문제들이 있는데, 이 수업은 그런 문제들을 사전에 인지하고, 대응할 수 있도록 도움을 주었습니다.

#5. 광고/PR을 전공으로 대학에서 공부하려는 후배들에게 해주고 싶은 말

광고/PR을 공부하고자 하는 학생들이 꿈꾸는 다양한 직군들이 있을 것입니다. 마케터, AE, PR 담당자 등 각자의 명칭은 다르지만, 필요한 능력은 모두 같다고 생각합니다. 개인적으로는 '타인을 설득하는 말'과 '논리적인 구조의 글' 이 두 가지가 중요하다고 느끼는데, 광고홍보학부에서는 기본적으로 모든 학부생이 프레젠테이션(말)과 기획서 작성(글)으로 그 두 가지 능력을 발전시킬 수 있다고 생각합니다. 꼭 광고업계에서 일하고 싶은 학생이 아닐지라도 본인 생각을 말과 글로 잘 정리할 수 있는 사람이 되고 싶다면 광고/PR 학부는 분명 좋은 선택지가 될 수 있을 것입니다.

#6. 본인의 향후 계획 및 포부 (목표 또는 지향점)

장기적인 목표는 없지만, 이 직종에서 보다 오랫동안, 그리고 즐겁게 일할 수 있는 방법을 고민 중입니다. 최근에는 아는 것이 많은 사람보다 좋아하는 것이 많은 사람이 되고자 노력하고 있습니다. 무언가를 좋아한다는 것은 단순히 아는 것을 넘어 나만의 인사이트를 더할 수 있다는 것을 의미합니다. 도서, 음악, 영화, TV 프로그램, 맛집 등 내 주변의 사소한 것들을 세심히 관찰하고, 내가 좋아하는 것들에 대한 이유를 혼자 생각하거나 글로 적어봅니다. 거창한 마케터가 아닌 사소한 것들에서부터 멋진 인사이트를 찾을 수 있는 마케터가 되고 싶은 주니어 직장인의 작은 소망이랄까.

이름

최동원

졸업학교 및 학과(부)

국민대학교 언론정보학부 광고홍보학전공

졸업 년도

2011년

현 재직중인 기업명 및 경력

국민대학교 조교수

#1. 간단한 자기소개 (출신학교, 학과, 학번 등) 및 프로필 (직장경력 등)

안녕하세요. 국민대학교 언론정보학부 광고홍보학과 졸업생 02학번 최동원입니다. 저는 현재 광고홍보분야에서 일어나는 다양한 커뮤니케이션에 대한 학문적 연구 활동을 하고 있습니다. 학부 졸업 후 국민대 대학원에서 광고학 석사과정을 시작하게 되었고, 그 후 University of Texas at Austin에서 광고학 석사학위를, University of Georgia에서 매스커뮤니케이션학 박사학위를 수여 받고 현재는 저의 모교인 국민대학교에서 광고홍보학전공 조교수로 재직하고 있습니다.

#2. 현재 다니고 있는 회사 소개 및 업무소개

국민대학교 광고홍보학과는 빠르게 변화하는 매체 환경에 맞춘 광고홍보분야 교과목을 폭넓게 제공하며 광고/PR 대행사, 광고 매체 회사, 기업 또는 정부의 홍보 부서, 등 다양한 광고홍보 전문가를 꾸준히 사회에 배출하고 있는 역동적인 학과입니다. 제가 담당하고 있는 교과목은 마케팅전략, 글로벌광고, 전략커뮤니케이션 등이 있고, 강의를 통해 학생들이 이론적 지식과 실무능력을 함께 습득 할 수 있도록 돕고 있습니다. 광고교육과 더불어 온라인 비디오 광고, 브랜드 엔터테인먼트, 네이티브 광고, 소셜미디어와 바이럴 광고와 같은 디지털 광고 관련 주제에 대해 연구하고 논문을 학술지에 게재하는 것이 저의 또 다른 주요업무라고 할 수 있겠습니다.

#3. 학교를 다니면서 가장 기억에 남는 일

대학교에서 처음 접한 팀 프로젝트 경험들이 가장 기억에 남는 것 같네요. 수업 과제 뿐 아니라 학술제, 광고 공모전 등 거의 매 학기가 팀 프로젝트와 야작의 연속이었어요. 당시에는 팀원 간 소통방식이나 업무 배분 문제 등 어려움도 많이 겪었지만, 돌이켜 생각해 보니 결국 협업과 의견조율을 통해 직면한 문제를 해결해나가는 방법을 배울 수 있는 소중한 기회였던 것 같습니다. 제가 그랬던 것처럼, 광고 홍보 분야의 많은 학생들이 팀 프로젝트를 힘들어 한다는 것을 알고 있습니다. 하지만, 광고/홍보 분야는 특히나 팀 플레이가 중요한 산업으로, 이 분야에서 일하길 희망하는 학생들이라면 팀 프로젝트 경험이 졸업 후 실무에서 매우 유용하게 작용할 것이라고 확신합니다.

#4. 학교 전공 수업 (광고 또는 PR수업)을 들으면서 본인이 좋아했고, 지금 업무를 하면서 도움이 되는 수업 소개

물론 많은 수업들이 현재 저의 업무에 도움이 되고 있지만 개인적으로 '광고와 소비자 행동' 수업을 재미있게 들었던 기억이 납니다. 효과적인 광고를 만들기 위해 광고 카피와 디자인 등 광고 크리에이티브에만 초점을 맞추고 있던 저에게 광고 정보를 처리하는 주체인 소비자에 대한 과학적 이해가 무엇보다 중요하다는 깨달음을 준 수업이었어요. 이 수업에서는 소비자들이 특정 브랜드나 제품을 어떻게 기억하는지, 기억을 바탕으로 어떻게 태도를 형성하는지, 태도와 행동에 차이가 발생하는 이유는 무엇인지 등 흥미로운 주제들은 많이 다뤘습니다. 이 수업에서 배운 내용들이 현재 제가 진행하고 있는 연구들의 중요한 이론적 토대가 되어주고 있습니다.

#5. 광고/PR을 전공으로 대학에서 공부하려는 후배들에게 해주고 싶은 말

우선 광고/PR은 정말 매력 있는 전공이라고 말해주고 싶습니다. 커뮤니케이션 목표를 달성하기 위한 분석과 전략수립에 대한 학습이 주를 이루기 때문에 때로는 고된 작업이 동반되지만 그만큼 성취감이 높은 전공 중에 하나라고 생각합니다. 최근에는 광고/PR 산업 및 인공 지능 기술의 성장과 함께 빅데이터 분석가 등 새로운 전문인력에 대한 수요도 확대되고 있으니, 늘 새로운 트렌드를 유심히 관찰한다면 졸업 후 보다 다양한 기회를 맞이할 수 있을 것입니다. 개인적인 경험을 바탕으로 한가지 더 말씀드리고 싶은 부분이 있어요. 학부 졸업 후 대학원 진학에 대해 막연한 두려움을 가지고 있는 학생들이 많은 것 같아요. 사회현상에 대한 호기심이 많고 요목조목 분석하는 것을 좋아하는 학생들은 대학원 진학을 통해 학계에서 꿈을 펼치는 것도 멋진 진로 선택 중 하나라고 꼭 전해주고 싶네요.

#6. 본인의 향후 계획 및 포부 (목표 또는 지향점)

무엇보다 연구활동을 활발하게 진행할 계획입니다. 특히 빠르게 변화하는 디지털 매체 환경과 그 속에서 일어나는 다양한 브랜드 커뮤니케이션현상에 대한 이해도를 높이고 광고홍보산업에 실무적 함의를 제공할 수 있는 연구를 진행하려고 합니다. 또한 광고인으로서 꿈을 키우는 학생들의 잠재력을 발견하고 관련 전문지식과 프로페셔널한 태도를 고루 갖춘 인재로 성장할 수 있도록 돕 고 싶어요. 이를 위해 저도 광고 및 홍보 산업 기관과 꾸준히 소통함으로서 학생들에게 최신의 전공 지식과 관련분야 진출 기회를 제공할 수 있도록 노력하고 있습니다.

이름
이재원

졸업학교 및 학과(부)
한양대학교 광고홍보학과

졸업 년도
2012년

현 재직중인 기업명 및 경력
제일기획, 7년

#1. 간단한 자기소개 (출신학교, 학과, 학번 등) 및 프로필 (직장경력 등)

2005년에 한양대학교 광고학과에 입학해 2012년에 졸업했습니다. 졸업 후 2012년 제일기획 상반기 공채에 합격하였고, 그 해 8월부터 직장 생활을 시작했습니다.
제일기획 미디어본부 내에서 다양한 미디어 직무를 수행해 왔습니다. 옥외미디어팀에서 업무를 시작하여, 신사업을 담당하는 미디어사업팀, 디지털미디어를 담당하는 인터랙티브미디어팀을 거쳐 현재 미디어플래닝팀에서 근무 중입니다. 옥외와 사업, 디지털, 데이터를 다루며 미디어 생태계에 관한 전반적인 지식을 쌓고 디지털 시대의 미디어 전문성을 키우고 있습니다.

#2. 현재 다니고 있는 회사 소개 및 업무소개

제일기획은 광고 대행 뿐만 아니라 전시, 이벤트, 리테일, 소셜 운영, 데이터 분석 등 다양한 채널과 방식으로 클라이언트가 가진 문제점을 해결해 주거나 성장 기회를 찾을 수 있도록 업무 대행 및 컨설팅을 하는 회사입니다.
그 중에서 제가 담당하는 디지털 미디어 업무는 클라이언트의 소셜 채널 및 비디오 채널, 디지털 자산을 활용하여 미디어 믹스를 제공하고, 미디어 집행 및 광고 운영, 결과 분석을 담당하는 역할입니다.
클라이언트의 마케팅 목표에 따라 비디오, 소셜, 웹사이트 배너, 검색 광고 등 여러 디지털 채널에 예산을 배분하고 성과를 예측합니다. 타겟팅 세분화를 통해 적정 소비자에게 광고가 노출될 수 있도록 하여 효율성을 높입니다. 그 플래닝에 따라 구글, 페이스북, 트위터 등에서 제공하는 다양한 광고 플랫폼을 활용해 프로그래매틱 방식의 미디어 바잉 및 운영을 합니다. 집행 이후에는 광고 성과를 분석하고 인사이트 리포트를 제공하여 다음 캠페인에 반영합니다.

#3. 학교를 다니면서 가장 기억에 남는 일

심성욱 교수님의 수업에서 미디어 개발 과제를 수행했던 경험이 가장 기억에 남습니다.

적외선을 활용한 옥외광고 미디어를 구상하고, 직접 부품을 사서 작은 샘플을 제작하여 졸업 논문에도 그 결과를 남겼습니다. 머릿속에만 있던 아이디어를 실행에 옮기면서 배우게 되는 점도 많았고 뿌듯함도 느낄 수 있었습니다. 다소 무모했던 아이디어와 계획을 직접 실행하며 부딪혔던 가장 기억에 많이 남습니다.

#4. 학교 전공 수업 (광고 또는 PR수업)을 들으면서 본인이 좋아했고, 지금 업무를 하면서 도움이 되는 수업 소개

좋아하는 수업은 카피라이팅 수업이었습니다. 창의적인 발상을 짧은 문장이나 임팩트 있는 이미지로 수렴하며 얻는 재미가 있었습니다. 창작 활동을 좋아하는 저에게는 가장 즐거운 시간이었습니다.

현직 실무에 있어서는 소비자 행동과 소비자 심리에 대해 배운 수업이 도움이 되었습니다. 수업을 통해 소비자의 입장에서 사고하게 되었으며, 업무에 있어서도 어떤 요인들이 소비자의 행동을 결정하는지를 더욱 고민하고 반영하게 되었습니다.

#5. 광고/PR을 전공으로 대학에서 공부하려는 후배들에게 해주고 싶은 말

광고와 PR은 실용적인 학문입니다. 전공 수업에서 배운 지식과 스킬은 브랜드의 마케터나 광고대행사 또는 홍보대행사에서 업무에 활용할 때 큰 도움이 됩니다. 수업에서 배운 마케팅 전반적인 지식, 기획서 작성 능력, 논리적인 흐름, 창의적인 접근법은 브랜딩과 마케팅 영역에서 활용 가능한 우수한 역량이 될 것입니다.

그 지식과 스킬 역량은 다양한 경험과 깊이 있는 사고가 함께할 때 더 빛을 발합니다. 브랜드가 직면한 다양한 유형의 문제 해결을 위해서는 여러 분야의 경험과 스토리들을 활용하게 됩니다. 학교 밖에서도 더 보고, 읽고, 쓰고, 만나고, 만들고, 시도하는 다양한 경험을 해보면 좋겠습니다. 그 경험을 깊이 사고하여 활용한다면 미래의 자신에게 큰 자산이 될 것입니다.

#6. 본인의 향후 계획 및 포부 (목표 또는 지향점)

브랜드와 소비자가 만나는 경로는 매우 다양해졌습니다. 유통 경로도 달라졌고, 커뮤니케이션 경로 또한 달라졌습니다. '광고'에 나온 '유명인'의 자극을 통해서만 상품을 판매하는 시대는 진작에 지났습니다.

이 시대와 가까운 미래에 적확한 커뮤니케이션과 유통 경로를 발굴하고, 기존 자산을 활용해 새롭게 접근할 수 있는 미디어를 직접 만들어보고 싶습니다. 제가 경험해 온 옥외 미디어, 신사업, 디지털 미디어, 데이터 업무 경험을 통해 브랜드와 소비자가 만나는 창의적인 경로를 만들어 내는 것이 저의 목표입니다.

참고문헌

Abramovich, G. (2018). Experts Weigh In On The Future Of Advertising, https://www.cmo.com/features/articles/2018/6/14/welcome-to-the-future-of-advertising-cannes18.html#gs.l2g3yk

BusinessCloud (2019). AR hologram tech is 'future of advertising', https://www.business-cloud.co.uk/news/ar-hologram-tech-is-future-of-advertising

Cassandra, M (2019). 한국, 프로그래매틱 광고의 시대가 온다, 위즈앤비즈 – Wis&Biz, https://21ctheageofdiscovery.com/126

Norcross, N (2018). What You Can Expect From The Future Of Public Relations, https://www.forbes.com/sites/forbesagencycouncil/2018/07/12/what-you-can-expect-from-the-future-of-public-relations/#23406d0d710a

Orchard PR (2017). The future of PR, http://orchardpr.com/the-future-of-pr/

Talk Business (2019). The future of PR: Trends for 2019, https://www.talk-business.co.uk/2019/05/08/the-future-of-pr-trends-for-2019/

강함수 (2016). 브랜드저널리즘 본질은 기업 네러티브 체계 구축이다, 디지털과 커뮤니케이션 리더십, https://brunch.co.kr/@hsdialog/33

공태윤 (2018). 광고홍보 입사 키워드 3가지. 신문읽기, 뉴미디어 이해, 인턴경험. 한국경제. 2018. 7. 4.

교육통계서비스 http://std.kedi.re.kr/

김병희, 김찬석, 김효규, 이유나, 이희복, 최세정, 2017. 100개의 키워드로 읽는 광고와 PR, 한울 아카데미

김수경, 2019. 마케팅 성공신화 쓴 배달의 민족, 광고 브랜딩의 진화, 뉴데일리 경제, http://biz.newdaily.co.kr/site/data/html/2019/02/27/2019022700173.html

김주호, 2008. PR의 힘, 커뮤니케이션북스

김지영 (2015). 인턴십 프로그램 경험이 대학생 진로발달에 영향을 미치는 요인에 관한 질적 연구. 한국직업교육연구. 34(2), 75-108.

김환식, 장원섭, 강문상 (2005). 정부지원 국내 인턴십 활성화 방안. 교육인적자원부 보고서.

노승욱, 김기진 (2019). 유튜브 마케팅 전성시대 | 홍보 영상은 기본 예능에 웹드라마까지…'1020 사로잡아라' 크리에이터 된 기업들, 매경이코노미. 1996호. https://www.mk.co.kr/news/economy/view/2019/02/108576/

박지훈 (2019). [시장분석] 광고대행산업의 특성과 성장, 미래한국.

박진우 (2019). 커리큘럼을 중심으로 살펴본 국내 광고홍보 교육. 광고홍보교육의 현재와 미래. 한경사.

사이언스타임즈 (2016). "4차 산업혁명에 TV 광고도 변화…모바일로 파괴적 혁신" URL: https://www.sciencetimes.co.kr/?news=4%EC%B0%A8-%EC%82%B0%EC%97%85%ED%98%81%EB%AA%85%EC%97%90-tv-%EA%B4%91%EA%B3%A0%EB%8F%84-%EB%B3%80%ED%99%94%EB%AA%A8%EB%B0%94%EC%9D%BC%EB%A1%9C-%ED%8C%8C%EA%B4%B4%EC%A0%81-%ED%98%81%EC%8B%A0

손경호 (2017). 도미노와 스타벅스가 AI 대하는 자세, 지디넷코리아, http://www.zdnet.co.kr/view/?no=20170303165638

송형석 (2019). 아내보다 나를 더 잘 이해한다?…감정 읽는 AI, 대중화 가속, 한국경제, https://www.hankyung.com/it/article/2018102692171

아이온커뮤니케이션즈 (2018). [기술칼럼] 4차 산업혁명 시대의 디지털 마케팅, URL: https://www.i-on.net/news/newsletter/column/1221489_7965.html

움베르토 에코(2006). 움베르토 에코의 논문 잘 쓰는 방법. 열린책들.

유선욱 (2018). 새로운 PR교육이 이끄는 미래 : PR실습교육의 현황과 개선방향. 한국PR학회 가을철정기학술대회, 42-43.

유종숙, 2018. 4차 산업혁명 시대의 광고기획솔루션, 한울 아카데미

유한킴벌리. http://www.yuhan-kimberly.co.kr/

이보형, (2018). [경영칼럼] 4차 산업혁명 시대 도래 커뮤니케이션 달라져야, https://www.mk.co.kr/opinion/columnists/view/2018/10/640758/

이숙인 (2019). 콘텐츠 홍수 시대, 디지털 마케팅 과제. 광고계동향, 5-6월호.

이정미 외(2013). 대학원 교육 운영 실태 및 발전방안 연구. 한국교육개발원

이희복 (2018). 광고론. 한경사.

전상수 (2019). 인공지능이 라이프스타일과 마케팅에 미칠 영향: 포지셔닝에서 개별 고객의 가치로, 광고계동향, 5-6월호.

조삼섭, 2013. 제일기획 출신 교수들이 쓴 광고홍보실무특강 10장 PR 전략 기획, 커뮤니케이션북스

차유철, 이희복, 신명희 (2013). 대학생 공모전이 광고업계 취업에 미치는 영향. 광고학연구, 24(5), 99-116.

최용주 (2002). 광고홍보학과 교육과정에 대한 전문가들의 인식 연구. 광고학연구. 13(2), 27-50.

최진봉 (2019a). 4차 산업혁명과 PR 환경의 변화 ①익숙함과의 결별, http://www.newsian.co.kr/news/articleView.html?idxno=35521

최진봉 (2019b). 4차 산업혁명과 PR 환경의 변화 ②실시간 · 능동적 대처, http://www.newsian.co.kr/news/articleView.html?idxno=35637

최현주 (2018). 테크놀로지로 변화하는 광고 산업 1, URL: https://news.hmgjournal.

com/Group-Story/reissue-tech-advertising1
폴 아르젠티, 제니스 포먼, 2006. 기업 홍보의 힘, 기업의 목소리와 이미지 만들기, 커뮤니케이션북스